Industriebetriebslehre: Investitionen

Von

Prof. Dr. rer. oec. habil. Dieter Slaby

und

Dipl.-Kfm. René Krasselt

R. Oldenbourg Verlag München Wien

Die Deutsche Bibliothek - CIP-Einheitsaufnahme

Slaby, Dieter:
Industriebetriebslehre: Investitionen / von Dieter Slaby und René Krasselt. – München ; Wien : Oldenbourg, 1998
ISBN 3-486-24480-9

Rosenheimer Straße 145, D-81671 München
Telefon: (089) 45051-0, Internet: http://www.oldenbourg.de

Gedruckt auf säure- und chlorfreiem Papier
Gesamtherstellung: R. Oldenbourg Graphische Betriebe GmbH, München

ISBN 3-486-24480-9

Vorwort

Der Titel Industriebetriebslehre - Investitionen knüpft inhaltlich und in der Art der Darstellung direkt an den Titel Industriebetriebslehre - Anlagenwirtschaft an. Auch dieses Buch ist als Studien- und Arbeitsbuch für Studenten betriebswirtschaftlicher und ingenieurwissenschaftlicher Studiengänge gestaltet. Es sollte darüber hinaus, auch durch seinen Praxisbezug und durch die gewählten Beispiele, dem bereits in der Industrie tätigen Betriebswirt und Ingenieur eine Hilfe und Anregung bei der wirtschaftlichen Bewertung und Entscheidungsvorbereitung im Bereich Investitionen eines Industriebetriebes sein.

In der inhaltlichen Konzeption des Buches dominiert ein produktionstheoretischer Ansatz, d.h. im Mittelpunkt der Betrachtung stehen Sachinvestitionen und die für diese Investitionen typischen Anlässe und Merkmale. Das Buch unterscheidet sich hierdurch von den Publikationen, die vordergründig den finanzwissenschaftlichen Ansatz der Investitionstheorie, d.h. den Zusammenhang von Finanzierung und Investitionen verfolgen. Nachdem im 1. Kapitel des Buches die Grundlagen und die Verfahren der Investitionsrechnung behandelt und in ihrer Anwendung auf die wirtschaftliche Bewertung von Sachinvestitionen diskutiert werden, stehen in den folgenden Kapiteln vor allem folgende Anliegen und Themen im Vordergrund

- Modifikationen der klassischen Investitionsrechenverfahren unter dem Anwendungsbezug auf Sachinvestiionen
- Optimale Nutzungsdauer und optimaler Ersatzzeitpunkt von Investitionsprojekten
- Grenzpreise, Grenzaufwand und Opportunitätskosten als Kriterien der Vorteilhaftigkeit von Investitionsprojekten
- Vorauskalkulation und Planung von Leistung, Ertrag, Aufwand und Kosten in den Stadien der wirtschaftlichen Bewertung von Sachinvestitionen
- Verfahren zur Berücksichtigung des Risikos und von zeitdeterminierten Veränderungen entscheidungsrelevanter Einflußgrößen auf die Wirtschaftlichkeit von Sachinvestitionen.

Der Charakter Studien- und Arbeitsbuch führt zu einer konzentrierten Darstellung des Inhaltes und zu einem sehr umfangreichen Übungsteil.

Wie bereits für den Titel Anlagenwirtschaft zutreffend, sind auch in dieses Buch langjährige Erfahrungen aus Lehre, Forschung und Praxis auf dem Gebiet der Investitionen eingeflossen und viele ehemalige Mitarbeiter und Partner haben damit Anteil an diesem Werk. Ihnen allen sei hierfür gedankt. Ein besonderer Dank geht an meinen Mitautor Herrn Dipl.-Kfm. René Krasselt, an Frau Dipl.-Wirt.-Geophys. Birgit Plewka für die kritische Durchsicht des Manuskriptes und an Herrn Dipl.-Vw Martin Weigert vom R. Oldenbourg Verlag für die angenehme Zusammenarbeit. Wir alle sind für jeden Hinweis dankbar, der zu einer sicher notwendigen weiteren Verbesserung dieses Titels beitragen kann.

Dieter Slaby

Inhaltsverzeichnis

1 Grundlagen der Investitionsrechnung

1.1 Investitionen, Investitionsanlässe, Investitionsentscheidungsprozeß

(1) Investitionsbegriff

→ allgemein Realisierung eines Zahlungsstromes, wobei Einzahlungen (Rückflüsse) später realisiert werden als Auszahlungen

→ Erstellung von Wirtschaftsgütern zur Produktion anderer Güter (Sachinvestitionen)

→ Finanzanlagen, z.B. Kauf von Wertpapieren (Finanzinvestitionen)

→ immaterielle Investitionen, z.B. Erwerb von Lizenzen, Rechten und Patenten

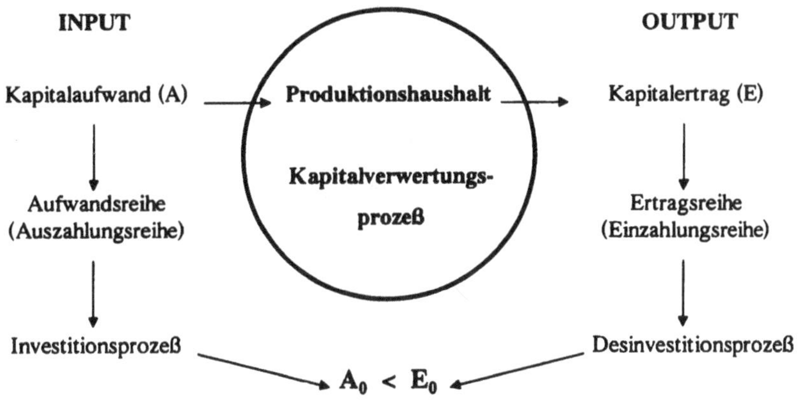

(2) Aspekte des Investitionsbegriffs

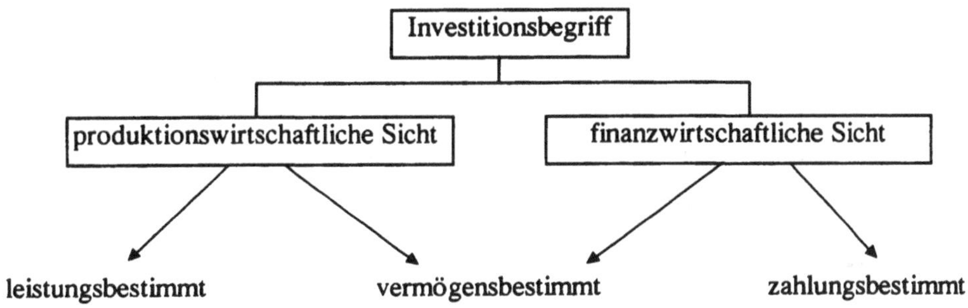

(3) Investitionsarten

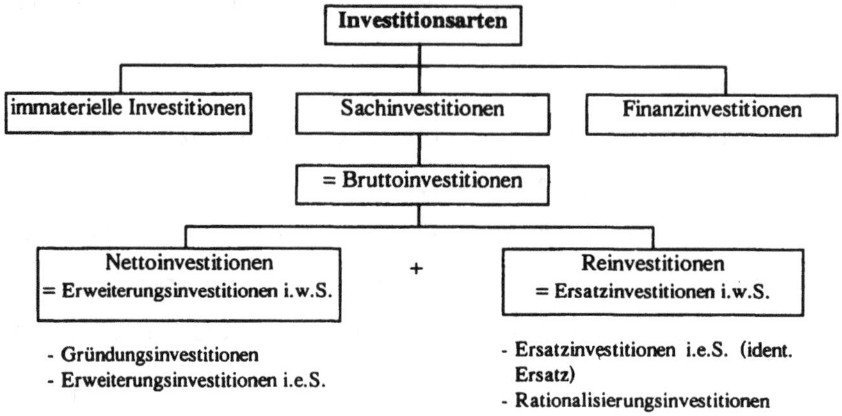

(4) Investitionsanlässe

produktionswirtschaftliche Zwänge:	- Verschleiß der Wirtschaftsgüter
	- Rationalisierungszwänge
	- Erweiterung der Produktionskapazität
finanzwirtschaftliche Zwänge:	- Kapitalverwertungsmöglichkeiten
	- verfügbares Kapital
soziale, rechtliche und ökologische Zwänge:	- Investitionen für Arbeitsschutz und technische Sicherheit
	- Umweltschutzinvestitionen

(5) Phasen des Investitionsentscheidungsprozesses

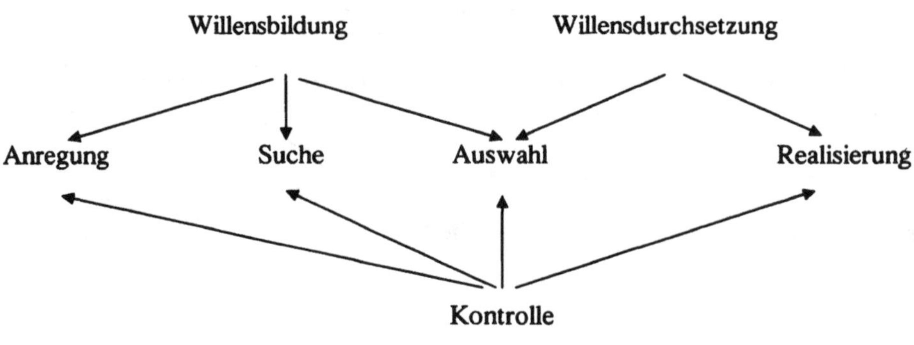

Anregungsphase:

- Ideenfindung
- Erfassung von Investitionsmöglichkeiten und des Investitionsbedarfs
- Marktanalyse, Unternehmensanalyse, Unternehmensziele, Forschung und Entwicklung

Suchphase:

- Ermittlung und Darstellung realer Investitionsmöglichkeiten und möglicher Investitionsalternativen
- Eingrenzung des Entscheidungsfeldes (Durchführbarkeit, Dringlichkeit, Rangfolgen)

Auswahl (Bewertungs- und Entscheidungsphase):

- Festlegung der Bewertungskriterien
- Anwendung von Verfahren der Investitionsrechnung, Auswahl der günstigsten Variante
- Investitionsentscheidung

Realisierungsphase:

- Investitionsvorbereitung, Projektierung, Finanzierungsmodell
- materiell-technische Durchführung der Investition

Kontrollphase:

- Analyse und Kontrolle der Ergebnisse der Investitionsdurchführung (Investitionsaufwand, Wirtschaftlichkeit)
- Verallgemeinerungen und Schlußfolgerungen für weitere Projekte

(6) Investitionsentscheidungen über Sachinvestitionen

Die Entscheidungen, vor denen ein Investor stehen kann, können sich grundsätzlich auf drei betriebswirtschaftliche Problemstellungen beziehen:

a) Bewertung der Wirtschaftlichkeit einer einzelnen Investition → absolute Effektivität

b) das Auswahlproblem → Vergleich alternativer Varianten → relative Effektivität

c) das Ersatzproblem → optimaler Ersatzzeitpunkt → relative/absolute Effektivität

1.2 Überblick über Investitionsrechenverfahren für Sachinvestitionen bei Sicherheit

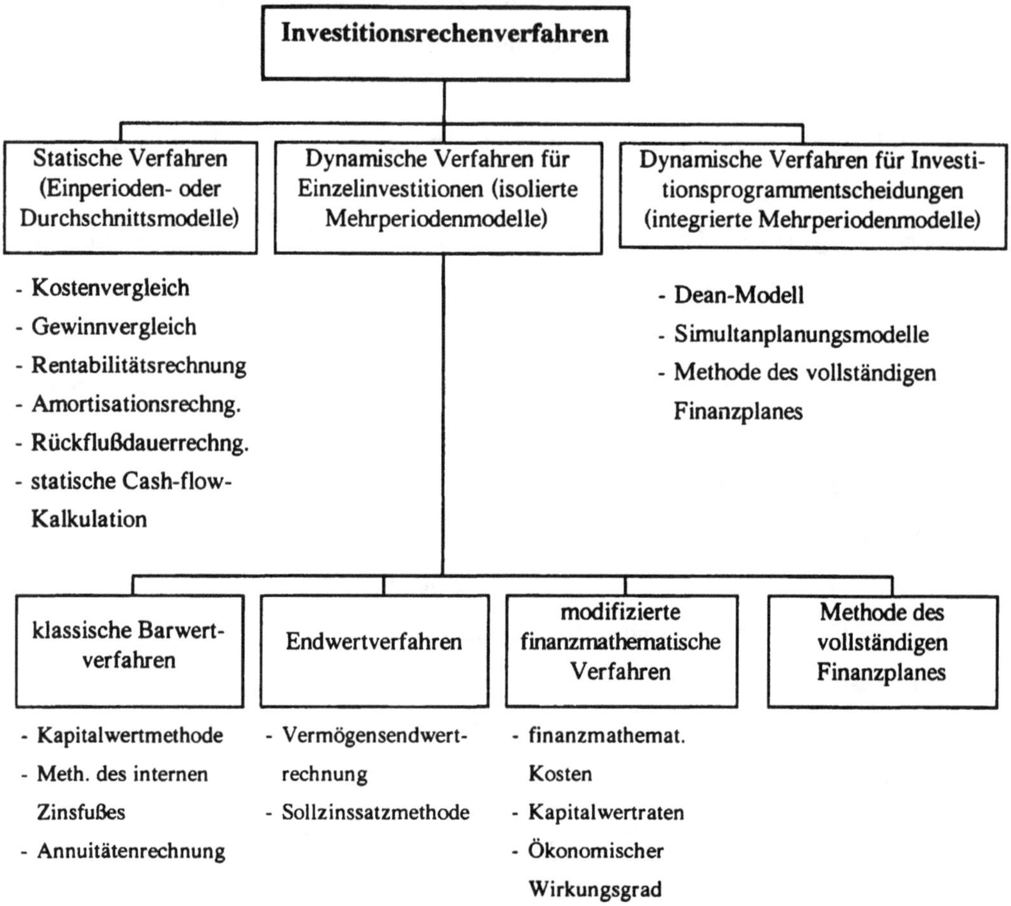

1.3 Statische Investitionsrechenverfahren

1.3.1 Charakteristische Merkmale aller statischen Verfahren

- vereinfachte betriebswirtschaftliche Zielfunktionen (Kostenminimierung, Gewinnmaximierung, Rentabilitätsmaximierung, Rückflußdauerminimierung)
- die zeitliche Struktur der Aufwands- und Erfolgsströme bleibt weitgehend unberücksichtigt; es wird mit periodisierten zeitkonformen Größen (Kosten / Erlösen / Gewinnen), bezogen auf ein durchschnittliches oder repräsentatives Jahr einer vorausgesetzten Wirkungsdauer der Investition, gerechnet

- Vergleichbarkeit der Investitionsalternativen muß gegeben sein (bei Auswahlproblemen)
- in der Praxis beliebte, weil einfache und praktikable, bei gegebenen Voraussetzungen auch geeignete Verfahren

1.3.2 Kostenvergleichsrechnung

Wähle durch Variantenvergleich die Investition mit den im Durchschnitt minimalen entscheidungsrelevanten Kosten!

Für die zu vergleichenden Varianten wird eine gleiche positive Erfolgskomponente (z.B. Erlöse oder Leistung) vorausgesetzt. Besonders geeignet ist diese Methode für den Vergleich und die Bestimmung der Vorteilhaftigkeit technologischer Varianten (V_j) unterschiedlicher Kostenstruktur und zur Berechnung kritischer Produktionsmengen nach dem Wahlpunkt 1 (WP_1) auf der Grundlage eines Splitting der Kosten in fixe und variable Kosten.

Grundmodell: $K(Q) = K_f + k_v \cdot Q$ $\qquad k(Q) = \frac{K_f}{Q} + k_v$

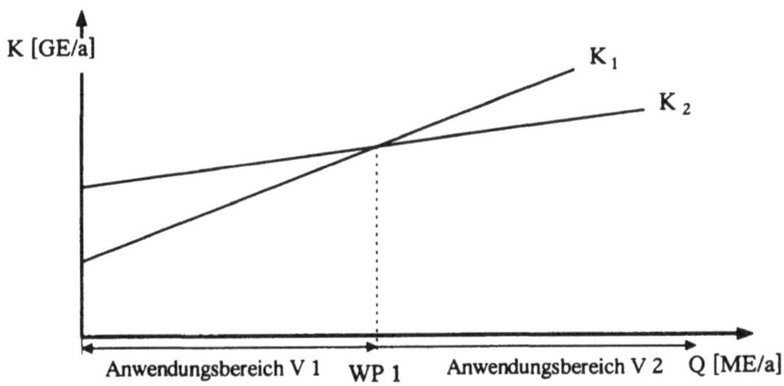

WP 1 - kritische Produktionsmenge nach dem Kostenkriterium

Hauptkritikpunkte des Verfahrens:

- es wird nur eine relative Wirtschaftlichkeit ausgewiesen, kein Rentabilitätsnachweis
- Erfolgskomponenten werden nicht in die Bewertung einbezogen
- vereinfachte, stetige und im Gültigkeitsbereich (vorerst) nicht begrenzte Kostenfunktionen

1.3.3 Gewinnvergleichsrechnung

Ermittle die Investition mit dem maximalen durchschnittlichen Periodengewinn!

Der Ansatz der Kostenvergleichsrechnung wird erweitert, indem die zurechenbaren (entscheidungsrelevanten) Erlöse einbezogen werden.

$$\varnothing G = \frac{\sum_{i=1}^{ND} (E_i - K_i)}{ND}$$

E_i - Erlös im Jahr i [DM/a]

K_i - Kosten im Jahr i [DM/a]

ND - Nutzungsdauer der Anlage

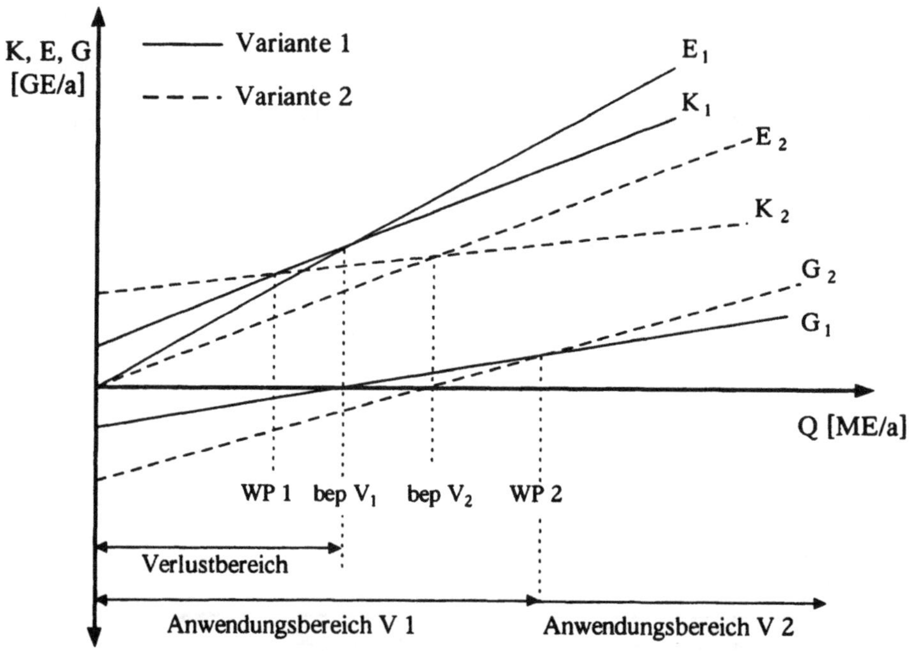

bep - break even point

Die Gewinnvergleichsrechnung ist besonders geeignet, wenn über die allgemeinen Voraussetzungen für die Anwendung statischer Verfahren hinaus Varianten gleicher Nutzungsdauer und gleichen Kapitaleinsatzes verglichen werden.

1.3.4 Rentabilitätsrechnung

Bestimme die Investition mit der maximalen Kapitalrentabilität!

Die Rentabilitätsrechnung erweitert die Kosten- und Gewinnvergleichsrechnung, indem sie die entscheidungsrelevanten Gewinne der Varianten dem erforderlichen Kapitaleinsatz gegenüberstellt und damit eine absolute Aussage über die Effektivität, auch einer einzelnen Variante, nach dem Kriterium der Kapitalrentabilität, ermöglicht.

$$R = \frac{G}{I} = \frac{G}{E} \cdot \frac{E}{I}$$

R - Kapitalrentabilität in %/a

G - Periodengewinn in GE/a

I - Kapitaleinsatz, Investitionsaufwand, Kapitalbindung in GE

E - Periodenerlös, Periodenumsatz in GE/a

Periodengewinn (G), Kapital (I) und Kapitalrentabilität (R) können - in Abhängigkeit von den Gegebenheiten und der beabsichtigten Aussage - in unterschiedlicher Weise berücksichtigt bzw. berechnet werden:

Periodengewinn

- Gewinn vor Zinsen und vor Steuern
- Gewinn nach Zinsen und vor Steuern
- Gewinn nach Zinsen und nach Steuern

Kapital

- Anfangskapital (ursprüngliches Kapital)
- durchschnittlich gebundenes Kapital

Kapitalrentabilität

- Gesamtkapitalrentabilität, sinnvoll bei Gewinn vor Zinsen und Steuern und objektbezogener Betrachtung
- Eigenkapitalrentabilität, sinnvoll bei Gewinn nach Fremdkapitalzinsen und interner Beurteilung der Verwertung des Eigenkapitals bei Mischfinanzierung

$$\text{Eigenkapitalrentabilität} = \frac{\text{Gewinn}}{\text{Eigenkapital}}$$

$$\text{Gesamtkapitalrentabilität} = \frac{\text{Gewinn} + \text{Fremdkapitalzins}}{\text{Gesamtkapital}}$$

1.3.5 Amortisationsrechnung, Rückflußdauerrechnung, statische Cash-flow-Kalkulation

Bestimme die Investition mit der kürzesten Amortisationsdauer!

Die Amortisationsdauer (AD) ist der Zeitraum, über den die Anschaffungsauszahlungen (AK) für ein Projekt über die positiven Erfolgsbeträge der nachfolgenden Perioden (Jahre) zurückgeflossen sind, auch Kapitalrückflußdauer (RFD) oder Pay-back-Periode (PP). Sie ist die kritische Nutzungsdauer des Objektes, welche mindestens erreicht werden muß, um den Rückfluß der vorausgeleisteten Zahlungen zu sichern.

Allgemein (i.w.S.):

$$AD \approx RFD \approx PP = \frac{\text{Anschaffungskosten}}{\varnothing \text{ Periodenerfolg}}$$

Speziell (i.e.S.):

$$AD \approx \frac{I_0}{\varnothing G + \varnothing AfA} \quad \rightarrow \quad I_0 = \sum_{i=1}^{AD} (G_i + AfA_i)$$

I_0 - ursprüngliche Investitionskosten in GE
G_i - Periodengewinn in GE/a
AfA_i - Abschreibungen in GE/a
i - Periode (Jahr)

Mögliche Variationen des durchschnittlichen Periodenerfolges als Grundlage für die Berechnung der Amortisationsdauer:

- Jahreserlös (Umsatz)
- Jahresgewinn (brutto oder netto)
- Jahresgewinn plus Jahresabschreibungen
- Jahresdeckungsbeitrag
- Jahres-Cash-flow

Der Cash-flow (CF) ist eine finanzielle Stromgröße, die den in einer Periode erfolgswirksamen Zahlungsüberschuß angibt.

Hauptaufgaben und Hauptanwendungen des Cash-flow:

- Kenngröße zur Beurteilung des Erfolges, der Innenfinanzierungskraft und der Liquidität von Unternehmen (Finanzierungspotential)
- Kenngröße zur Beurteilung der Wirtschaftlichkeit von Investitionen, z.B. zur Berechnung der Amortisationsdauer (AD) oder des Kapitalwertes (KW)

$$KW = -I_0 + \sum_{i=1}^{n} \frac{CF_i}{q^i} = -I_0 + \sum_{i=1}^{n} \frac{E_i - A_i}{q^i}$$

CF_i - Cash-flow der Periode i

E_i - Einzahlung der Periode i

A_i - Auszahlung der Periode i

Cash-flow I = Deckungsbeitrag für Abschreibungen, Rückstellungen, Fremdkapitalzinsen, Gewinnsteuern, Nettogewinn

Cash-flow II = Deckungsbeitrag für Abschreibung, Rückstellungen und Nettogewinn

Kalkulationsschema für den Cash-flow

	Zahlungswirksame Erträge (Nettoerlöse)
-	Zahlungswirksame Aufwendungen (pagatorische Kosten)
	Betriebskosten (fix und variabel)
	Fremdkapitalzinsen
	gewinnunabhängige Steuern und Abgaben
-	Abschreibungen und Rückstellungsänderungen
=	Gewinn vor Gewinnsteuer
-	Gewinnabhängige Steuern
=	Gewinn nach Steuern
+	Abschreibungen und Rückstellungsänderungen
=	Cash-flow brutto (nach Steuern)
-	Kredittilgung
-	Ersatzinvestitionen
+/-	Umlaufvermögensänderung
=	Cash-flow netto

Der Cash-flow kann auch als Deckungsbeitrag für nicht zahlungswirksame Kosten und für einen erwarteten Gewinn interpretiert werden.

Modifikationen der Rückflußdauerberechnung:

a) Rückflußdauer der zusätzlichen Investitionskosten über den zusätzlichen Periodenerfolg beim Vergleich alternativer Sachinvestitionen, geeignet für die Beurteilung der Wirtschaftlichkeit von Rationalisierungsinvestitionen und im Vergleich mit einer normativen Rückflußdauerforderung, z.B. 3 Jahre für Rationalisierungsinvestitionen.

$$(1)\quad RFD_Z = \frac{I_1 - I_0}{G_1 - G_0}$$

$$(2)\quad RFD_Z = \frac{I_1 - I_0}{(AfA_1 + G_1) - (AfA_0 + G_0)}$$

$$(3)\quad RFD_Z = \frac{I_1 - I_0}{K_0 - K_1}$$

$$(4)\quad RFD_Z = \frac{i_1 - i_0}{k_0 - k_1}$$

$$(5)\quad RFD_Z = \frac{I_1 - I_0}{(K_0 - AfA_0) - (K_1 - AfA_1)}$$

$$(6)\quad RFD_Z = \frac{i_1 - i_0}{(k_0 - afa_0) - (k_1 - afa_1)}$$

K / k - Kosten in GE/a bzw. GE/ME
Index 0 - Basisvariante/-zustand
Index 1 - Vergleichsvariante/-zustand

b) Effektive Amortisations(Rückfluß)dauer

Die effektive AD wird durch eine kumulative Fortschrittsrechnung ermittelt. Der effektive Rückfluß ist dann erreicht, wenn die kumulativen Zahlungsüberschüsse (Deckungsbeiträge) die volle Deckung (Tilgung) der Anschaffungsausgaben ermöglichen.

Berechnungsgrundlagen und Beispiel zur Amortisationsdauer

$$AK = I_0 = \sum_{i=1}^{RFD} DB_i \approx \sum_{i=1}^{RFD} CF_i \approx \sum_{i=1}^{RFD} (G_i + AfA_i)$$

i	1	2	3	4	5	6	7	8	repräsentativer Wert (Index rep)
I_i	200	50							250
AfA_i		20	40	40	40	40	40	30	40
G_i		-10	20	50	50	50	50	40	50

a) $RFD = \dfrac{\sum I}{G_{rep}} = \dfrac{250}{50} = 5\ a$

b) $RFD = \dfrac{\sum I}{(AfA + G)_{rep}} = \dfrac{250}{90} = 2{,}7\ a$

c) kumulative Fortschrittsrechnung: RFD = 8 a bzw. 5 a

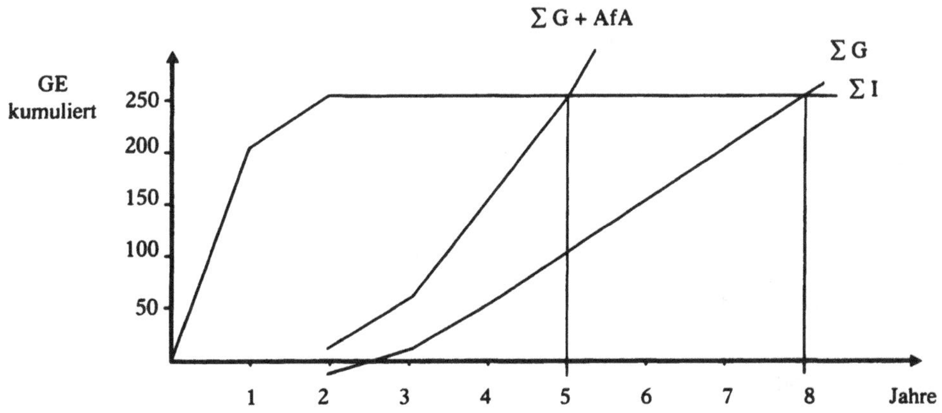

Spezielle Kritik am Verfahren der Wirtschaftlichkeitsbewertung nach der Amortisationsdauer:

- die AD ist streng genommen kein Kriterium der Wirtschaftlichkeit, sondern die Kapitalbindungsfrist
- der Zeitraum nach der AD (RFD) bleibt unberücksichtigt

1.3.6 Beispiel zur Anwendung statischer Investitionsrechenverfahren

(1) Ausgangsdaten

	Projekt A	Projekt B
Anschaffungsauszahlung in DM	100.000	200.000
erwartete Nutzungsdauer in a	4	5
Restwert der Anlage nach Ablauf der ND in DM	0	20.000
Kapazität in ME/a	12.000	15.000
variable Kosten in DM/ME	5	3
zahlungswirksame Fixkosten in DM/a	8.000	5.000
nicht zahlungswirks. Fixkosten (ohne AfA und Zins) in DM/a	0	10.000
Erlös in DM/ME	9	10
Kalkulationszins in % p.a.	10	10

Es stehen 100.000 DM Eigenkapital zur Verfügung, erforderliches Fremdkapital kann zu 10 % p.a. aufgenommen werden. Die zu produzierende Menge soll 10.000 ME/a betragen.

(2) Kostenvergleich

$$K_A = \frac{100.000}{4} + \frac{100.000}{2} \cdot 0{,}1 + 8.000 + 5 \cdot Q$$

$$K_B = \frac{180.000}{5} + \frac{220.000}{2} \cdot 0{,}1 + 15.000 + 3 \cdot Q$$

K_A (10.000 ME/a) = 88.000 DM/a $\quad$ K_B (10.000 ME/a) = 92.000 DM/a

Q_{krit} = 12.000 ME/a

(3) Gewinnvergleich

$$G_A = (9 - 5) \cdot Q - \frac{100.000}{4} - \frac{100.000}{2} \cdot 0{,}1 - 8.000$$

$$G_B = (10 - 3) \cdot Q - \frac{180.000}{5} - \frac{220.000}{2} \cdot 0{,}1 - 15.000$$

G_A (10.000 ME/a) = 2.000 DM/a $\quad$ G_B (10.000 ME/a) = 8.000 DM/a

Q_{krit} = 8.000 ME/a

(4) Rentabilitätsvergleich

a) Gesamtkapitalrentabilität auf der Basis des durchschnittlich gebundenen Kapitals

$$GKR_A = \frac{(9 - 5) \cdot Q - \frac{100.000}{4} - 8.000}{\frac{100.000}{2}}$$

$$GKR_B = \frac{(10 - 3) \cdot Q - \frac{180.000}{5} - 15.000}{\frac{220.000}{2}}$$

GKR_A (10.000 ME/a) = 14 % p.a. GKR_B (10.000 ME/a) = 17 % p.a.

Q_{krit} = 12.000 ME/a

b) Eigenkapitalrentabilität auf der Basis des durchschnittlich gebundenen Eigenkapitals

$$EKR_A = \frac{(9 - 5) \cdot Q - \frac{100.000}{4} - 8.000}{\frac{100.000}{2}}$$

$$EKR_B = \frac{(10 - 3) \cdot Q - \frac{180.000}{5} - 50.000 \cdot 0,1 - 15.000}{\frac{100.000 + 20.000}{2}}$$

EKR_A (10.000 ME/a) = 14 % p.a. EKR_B (10.000 ME/a) = 23 % p.a.

Q_{krit} = 7.454 ME/a

(5) Amortisationsdauer des Gesamtkapitals

a) auf der Basis des Gewinns brutto (vor Zins und Steuern) und der Abschreibungen

$$RFD_A = \frac{100.000}{(9-5) \cdot 10.000 - 8.000} = 3,2 \text{ a}$$

$$RFD_B = \frac{200.000}{(10-3) \cdot 10.000 - 15.000} = 3,6 \text{ a}$$

b) auf der Basis des Jahresgewinns (vor Steuer und nach Fremdkapitalzins) plus Jahresabschreibung

$$RFD_A = \frac{100.000}{(9-5)\cdot 10.000 - 8.000} = 3{,}1 \text{ a}$$

$$RFD_B = \frac{200.000}{(10-3)\cdot 10.000 - 15.000 - 100.000 \cdot 0{,}1} = 4{,}4 \text{ a}$$

c) auf der Basis des Jahresgewinns (nach Steuer und Fremdkapitalzins) plus Jahresabschreibung bei einem Steuersatz von 50 %

$$RFD_A = \frac{100.000}{(9-5)\cdot 10.000 - 8.000 - 7.000 \cdot 0{,}5} = 3{,}5 \text{ a}$$

$$RFD_B = \frac{200.000}{(10-3)\cdot 10.000 - 15.000 - 100.000 \cdot 0{,}1 - 9.000 \cdot 0{,}5} = 4{,}9 \text{ a}$$

d) auf der Basis des Cash-flow brutto nach Steuern

$$RFD_A = \frac{100.000}{(9-5)\cdot 10.000 - 8.000 - 7.000 \cdot 0{,}5} = 3{,}5 \text{ a}$$

$$RFD_B = \frac{200.000}{(10-3)\cdot 10.000 - 5.000 - 100.000 \cdot 0{,}1 - 9.000 \cdot 0{,}5} = 4{,}0 \text{ a}$$

Zusammenfassung der Vorteilhaftigkeiten bei Q = 10.000 ME/a

Kriterium	vorteilhafte Variante
Kosten	A
Gewinn	B
GKR	B
EKR	B
RFD (G vor Zins und Steuer + AfA)	A
RFD (G vor Steuer + AfA)	A
RFD (G nach Steuer + AfA)	A
RFD (Cash-flow)	A

1.4 Finanzmathematische Grundlagen für dynamische Investitionsrechenverfahren

(1) Grundlegende Definitionen und Festlegungen

q - Zinsfaktor

p - Zinssatz in % p.a.

i - Zins in Anteilen von 1

$$q = 1 + \frac{p}{100} = 1 + i$$

Wenn nicht anders festgelegt, wird in den Berechnungen und Übungen von einer nachschüssigen Verzinsung ausgegangen. Die Zinsperiode ist ein Jahr. Die Zinsen werden jeweils am Jahresende dem Kapital zugerechnet und künftig mit dem gleichen Zinssatz verzinst (Zinseszinsrechnung).

(2) Aufzinsung eines Betrages auf einen späteren Zeitpunkt

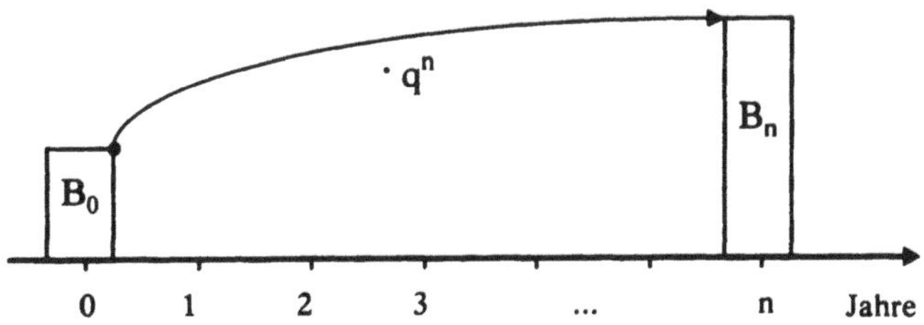

Faktor: $(1 + i)^n = q^n$ - Aufzinsungsfaktor (Auf)

Der Aufzinsungsfaktor zinst einen jetzt fälligen Geldbetrag B_0 mit Zins und Zinseszins auf einen nach n Jahren fälligen Geldbetrag B_n auf (verwandelt "Einmalzahlung jetzt" in "Einmalzahlung nach n Jahren").

$$B_n = B_0 \cdot q^n$$

Anwendungen:

- Festgeldanlagen
- Vermögensendwertberechnungen
- Darlehensrückzahlungsbeträge zum Zeitpunkt n

(3) Abzinsung eines Betrages auf einen früheren Zeitpunkt

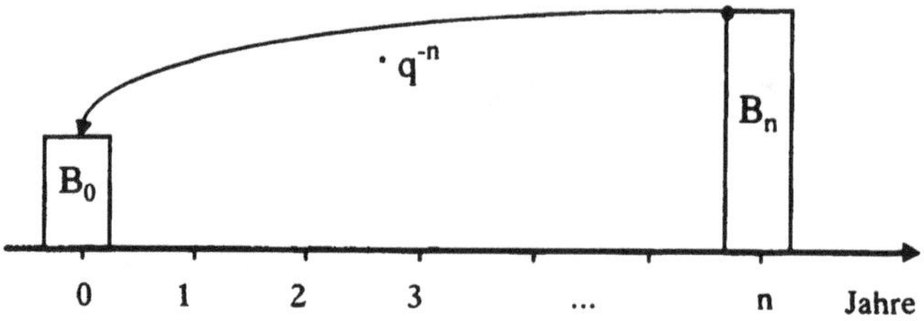

Faktor: $(1 + i)^{-n} = q^{-n}$ - Abzinsungsfaktor (Ab)

Der Abzinsungsfaktor zinst einen nach n Jahren fälligen Geldbetrag B_n unter Berücksichtigung von Zins und Zinseszins auf einen jetzt fälligen Geldbetrag B_0 ab (verwandelt "Einmalzahlung nach n Jahren" in "Einmalzahlung jetzt"), Umkehroperation zur Aufzinsung.

$$B_0 = B_n \cdot q^{-n}$$

Anwendungen:

- Barwertberechnungen
- Tilgung zum Zeitpunkt n bestehender Zahlungsverpflichtungen (Verbindlichkeiten) zum Zeitpunkt 0

(4) Abzinsung und Summierung von Annuitäten

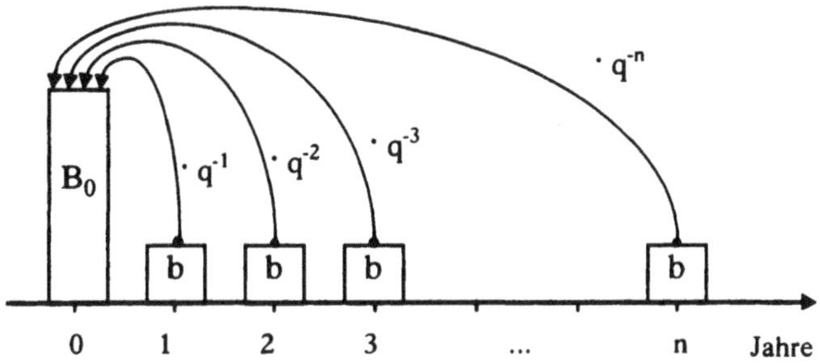

Faktor: $\frac{q^n - 1}{q^n \cdot (q-1)}$ - Abzinsungssummenfaktor (Ab - SF)

synonyme Bezeichnungen: - Diskontierungssummenfaktor
- Barwertfaktor
- Rentenbarwertfaktor

Der Abzinsungssummenfaktor zinst die Glieder b gleichen Betrages einer Zahlungsreihe unter Berücksichtigung von Zins und Zinseszins ab und addiert gleichzeitig die Barwerte (verwandelt Zahlungsreihe von n gleichen Beträgen in "Einmalzahlung jetzt").

$$B_0 = b \cdot q^{-1} + b \cdot q^{-2} + b \cdot q^{-3} + \dots + b \cdot q^{-(n-1)} + b \cdot q^{-n}$$

$$B_0 = b \cdot \frac{q^n - 1}{q^n \cdot (q-1)}$$

Anwendungen:

- Barwertberechnung für eine n-periodige Zahlungsreihe gleicher Periodenbeträge (Annuitäten)
- Berechnung des Barwertes einer endlichen oder unendlichen Rente

Barwert einer unendlichen Rente ($n \rightarrow \infty$):

$$B_0 = b \cdot \frac{q^n - 1}{q^n \cdot (q-1)} = \frac{b}{i} \quad \text{weil}$$

$$\frac{q^n \cdot (q-1)}{q^n - 1} = \frac{q-1}{1 - \frac{1}{q^n}} \rightarrow \lim_{n \to \infty} \frac{q-1}{1 - \frac{1}{q^n}} = q - 1 = i$$

(5) Aufzinsung und Verteilung eines Betrages in Annuitäten

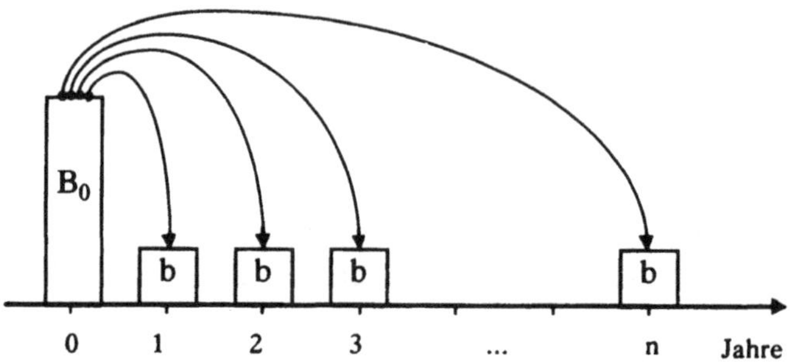

Faktor: $\frac{q^n \cdot (q-1)}{q^n - 1}$ - Aufzinsungsverteilungsfaktor (Auf - VF)

synonyme Bezeichnungen:
- Kapitalwiedergewinnungsfaktor
- Verrentungsfaktor
- Annuitätenfaktor
- Kapitaldienstrate

Der Aufzinsungsverteilungsfaktor teilt unter Berücksichtigung von Zins und Zinseszins einen jetzt fälligen Geldbetrag B_0 in n gleiche Annuitäten b auf (verwandelt "Einmalzahlung jetzt" in Zahlungsreihe n gleicher Beträge (Rentenformel)), Umkehroperation zur Abzinsung und Summierung.

$$b = B_0 \cdot \frac{q^n \cdot (q-1)}{q^n - 1}$$

Anwendungen:

- Berechnung der jährlichen Kapitaldienste (Tilgung bzw. Abschreibung und Zins) oder Kapitalwiedergewinnungsbeträge über n Perioden bei gegebenem Ausgangsbarwert
- Verrentung eines Barwertbetrages über n Perioden in Annuitäten (Rentenbeträge)
- Berechnung der jährlichen Zahlungen bei Annuitätendarlehen

(6) Aufzinsung und Summierung von Annuitäten

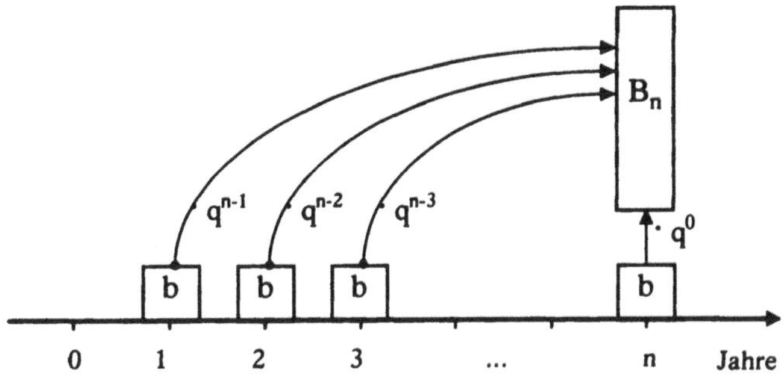

Faktor: $\frac{q^n - 1}{q - 1}$ - Aufzinsungssummenfaktor (Auf - SF)

synonyme Bezeichnung: - Endwertfaktor

Der Aufzinsungssummenfaktor zinst n gleiche Beträge b unter Berücksichtigung von Zins und Zinseszins auf und addiert gleichzeitig die Endwerte (verwandelt Zahlungsreihe n gleicher Beträge in Einmalzahlung nach n Jahren), der Faktor ergibt sich auch aus dem Abzinsungssummenfaktor, multipliziert mit q^n (Aufzinsung des Barwertes B_0 auf B_n).

$$B_n = b \cdot \frac{q^n - 1}{q - 1}$$

Anwendungen:

- Endwertberechnungen für n-periodige Zahlungsreihen gleicher Periodenbeträge (Annuitäten)
- Vermögensendwertberechnung bei gleichen Periodenbeträgen
- Berechnung der semidynamischen Vorhaltedauer von Lagerstättenvorräten

(7) Abzinsung und Verteilung eines Betrages in Annuitäten

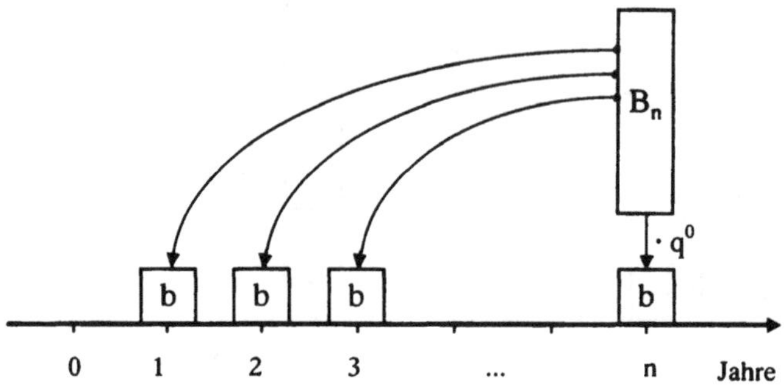

Faktor: $\frac{q-1}{q^n-1}$ - Abzinsungsverteilungsfaktor (Ab - VF)

synonyme Bezeichnungen: - Restwertverteilungsfaktor

- Endwertverteilungsfaktor

Der Abzinsungsverteilungsfaktor teilt eine nach n Jahren fällige Einmalzahlung B_n unter Berücksichtigung von Zins und Zinseszins in n gleiche Beträge b auf (verwandelt Einmalzahlung nach n Jahren in Zahlungsreihe n gleicher Beträge), Umkehroperation zu Aufzinsung und Summierung von Annuitäten

$$b = B_n \cdot \frac{q-1}{q^n-1}$$

Anwendungen:

- Berechnung der erforderlichen Perioden-Cash-flows über n Jahre als Voraussetzung für einen bestimmten Vermögensendwert oder eine Kredittilgung zum Zeitpunkt n
- erforderliche Vorauszahlung eines zum Zeitpunkt n fälligen Betrages in gleichen Jahresraten

1.5 Klassische Barwertverfahren für Sachinvestitionen

1.5.1 Kapitalwertmethode

Der Kapitalwert (KW oder C_0) einer Investition ist der Nettogegenwartswert des über die Projektdauer (n) durch die Investition determinierten Zahlungsstrommodells (Ein- und Auszahlungen - E bzw. A); mit anderen Worten: der Kapitalwert ist der Summennettobarwert der Zahlungsüberschüsse (C = E - A) zuzüglich des Barwertes gegebenenfalls auftretender Liquidationserlöse (L) und abzüglich des Barwertes der Anschaffungskosten (AK oder I_0).

Modell der Kapitalwertmethode

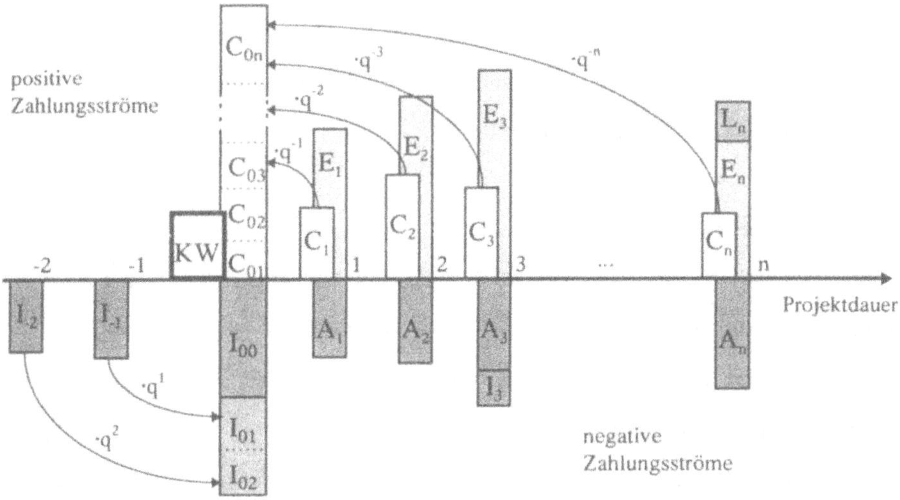

$$KW = C_0 = -I_0 + \sum_{i=1}^{n} \frac{C_i}{q^i} + \frac{L_n}{q^n} \quad \text{oder}$$

$$KW = E_0 - A_0 = \left(\sum_{i=1}^{n} \frac{E_i}{q^i} + \frac{L_n}{q^n} \right) - \sum_{i=0}^{n} \frac{A_i + I_i}{q^i}$$

Im Fall mehrjähriger Vorproduktionsperiode (im Beispiel 2 Jahre) sind diese Jahre in der Summenformel zu berücksichtigen (im Beispiel i = -2 ... n).

E_0	-	Summenbarwert der Einzahlungen in GE
E_i	-	Einzahlung im Jahr i in GE
L_n	-	Liquidationserlös im Jahr n in GE
A_0	-	Summenbarwert der Auszahlungen in GE
A_i	-	Auszahlungen im Jahr i in GE
I_0	-	Barwert der Investitionsaufwendungen bzw. Investitionsaufwendungen im Jahr 0 in GE (Anschaffungskosten)
C_0	-	Kapitalwert der Investition in GE
C_i	-	Cash-flow (Zahlungsüberschuß) im Jahr i in GE
n	-	Projektdauer
q	-	Zinsfaktor

Eine Investition ist vorteilhaft, wenn sich ein positiver Kapitalwert ergibt. Ein positiver Kapitalwert ist Ausdruck überdurchschnittlicher (über dem Kalkulationszins liegender) Kapitalverwertung durch die Sachinvestition.

Kapitalwertinterpretationen:

- Vorteilhaftigkeitskriterium für geplante Investitionen gegenüber einer Alternative (alternative Investition oder Kapitalmarkt), wenn der Kapitalwert positiv ist
- Ausdruck des Konsumvermögens in t_0, wenn die Investition fremdfinanziert und der Kalkulationszins der Fremdkapitalzins ist
- Ausdruck des Mehrkonsums in t_0 gegenüber der Alternative, wenn die Investition eigenkapitalfinanziert und der Kalkulationszins der alternative Anlagezins ist
- Mindest-/Höchstpreis in Verkaufs-/Kaufsituationen, wenn man sich gegenüber der alternativen Anlage nicht schlechter stellen will
- Summenbarwert der finanzmathematischen Übergewinne (Differentialrendite)

Voraussetzungen/Aussagegrenzen der Kapitalwertmethode

- unbegrenzter Kapitalmarkt (Kapital kann in beliebiger Höhe zum Kalkulationszins aufgenommen und angelegt werden)
- Kapitalbeschaffung und Anlage freien Kapitals zu einem einheitlichen Kalkulationszins (Sollzins gleich Habenzins)
- im Variantenvergleich Vernachlässigung von Supplementinvestitionen (Ergänzungsinvestitionen) bzw. Annahme, daß Ergänzungsinvestitionen mit einem Kapitalwert = 0 realisiert werden
- keine Aussage über die interne Kapitalrendite der Investition (Verhältnis erwirtschafteter Kapitalwert zu eingesetztem Kapital)

Supplementinvestitionen haben ihren Ursprung in unterschiedlichem Kapitalaufwand, in unterschiedlicher Kapitalwiedererwirtschaftung und in unterschiedlicher Projektdauer alternativer Investitionsprojekte. Sie dienen dazu, die jeweils freien Mittel zinsbringend anzulegen. Einfachste Supplementinvestition ist eine Kapitalmarktanlage, es kann und sollte aber durchaus auch eine Sachinvestition sein.

Beispiel:

Grundinvestition		1. Supplementinvestition		2. Supplementinvestition
$I_{01} = 100$				
$I_{02} = 80$				
$\Delta I_0 = 20$	⟶	$I_{01} = 20$		
		$I_{02} = 15$		
		$\Delta I_0 = 5$	⟶	$I_{01} = \ldots$
				$I_{02} = \ldots$

Beispiel zur Kapitalwertmethode (q = 1,08):

Jahr	Zahlungsströme			Zinsfaktor	Barwerte		
i	$A_i + I_i$	E_i	C_i	q^{-i}	$A_0 + I_0$	E_0	C_{0i}
0	30	-	-30	1,000	30,00	0	-30,00
1	20	20	0	0,926	18,52	18,52	0
2	14	30	16	0,857	12,00	25,71	13,71
3	12	30	18	0,794	9,53	23,82	14,29
4	12	25	13	0,735	8,82	18,38	9,56
5	12	20	8	0,681	8,17	13,62	5,45
Σ	100	125	25	-	87,04	100,05	13,01

1.5.2 Methode des internen Zinsfußes

Der interne Zinsfuß (IZF) eines Investitionsprojektes ist der Zins, bei dem der Kapitalwert der Investition gleich 0 ist.

$$KW\ (q = IZF) = -I_0 + \sum_{i=1}^{n} \frac{C_i}{q^i} + \frac{L_n}{q^n} \overset{!}{=} 0$$

Lösungsansätze:

- Für eine näherungsweise Berechnung kann der Zusammenhang KW (q = IZF) = 0 genutzt werden. Man ermittelt durch systematisches Probieren zwei Zinssätze, für die der Kapitalwert des Investitionsprojektes nahe Null liegt, jedoch der eine Kapitalwert positiv und der andere negativ ist. Durch Interpolation (regula falsi) oder grafische Lösung erhält man eine Näherung für den internen Zinsfuß.

am Beispiel (S. 30)

$$p = 20\,\% \rightarrow KW = 74{,}954 - 73{,}943 = 1{,}012$$

$$p = 22\,\% \rightarrow KW = 71{,}755 - 72{,}265 = -0{,}510$$

Interpolation: $$20 + \left(\frac{1{,}012}{1{,}012 - (-0{,}510)} \cdot (22 - 20) \right) = 21{,}33\,\%$$

- Lösung mittels programmierter Rechner

$$IZF = 21{,}31\,\%$$

Der interne Zinsfuß ist Ausdruck der internen Kapitalverwertung durch das Projekt unter den Annahmen

- der Möglichkeit der Beschaffung gegebenenfalls erforderlichen Fremdkapitals zu einem Kapitalbeschaffungszins in Höhe des internen Zinsfußes
- der Möglichkeit der Wiederanlage erwirtschafteter Mittel einschließlich Ergänzungsinvestitionen zu einem Zins in Höhe des internen Zinsfußes

Diese Annahmen sprechen gegen eine Anwendung des internen Zinsfußes als Entscheidungskriterium beim Variantenvergleich (vgl. hierzu Kruschwitz, Investitionsrechnung, S. 85 - 93).

Ein weiterer Kritikpunkt ist, daß bei nicht stetigen Zahlungsströmen (Wechsel positiver und negativer Periodenbeträge) der interne Zinsfuß der Zahlungsreihe mathematisch nicht eindeutig bestimmt sein muß.

Beispiel:

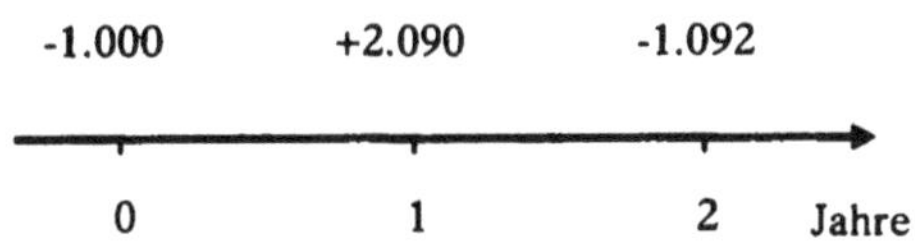

$IZF_1 = 4\,\%$ $IZF_2 = 5\,\%$

Unter dem Anwendungsbezug Sachinvestitionen (hier vor allem stetige Zahlungsströme) treten diese Einwände zum Teil in den Hintergrund.

Bevorzugte Anwendung der Methode:

Beurteilung von Einzelinvestitionen und von Investitionsprogrammen durch Vergleich der internen Zinsfüße mit einem realen Kapitalbeschaffungszins (Sollzins); interner Zins als kritischer Kapitalbeschaffungszins; vor allem dann, wenn der reale Kapitalbeschaffungszins nicht erheblich vom internen Zins abweicht und Wiederholungsinvestitionen (Investitionsketten) möglich sind (Sachinvestitionen).

1.5.3 Annuitätenmethode

Die Annuität einer Zahlungsreihe/eines Investitionsprojektes erhält man durch Transformation des Summenbarwertes oder des Summenendwertes der Zahlungsreihe in eine Reihe gleich hoher Zahlungsbeträge (Annuitäten) über die Projektdauer n.

$$\text{Annuität} = \text{Summenbarwert} \cdot (\text{Auf - Vf})$$
$$\text{Annuität} = \text{Summenendwert} \cdot (\text{Ab - Vf})$$

Eine Investition ist vorteilhaft, wenn die Kapitalwertannuität (KWA) positiv ist, im Variantenvergleich ist die vorteilhaftere Variante durch die höhere Kapitalwertannuität bestimmt.

Anwendungsbeispiel (S. 30):

$$f = (\text{Auf - Vf}) = \frac{1{,}08^5 \cdot 0{,}08}{1{,}08^5 - 1} = 0{,}250456$$
$$\text{Annuität } (C_0) = 13 \cdot 0{,}250456 = 3{,}2559 = (\text{KWA})$$
$$\text{Annuität } (E_0) = 100 \cdot 0{,}250456 = 25{,}0456$$
$$\text{Annuität } (A_0) = 87 \cdot 0{,}250456 = 21{,}7897$$

Interpretation der Kapitalwertannuität (KWA):

- Ausdruck des maximal möglichen uniformen Entnahme(Einkommens)stromes bei vollständiger Fremdkapitalfinanzierung
- Ausdruck des zusätzlich zur alternativen Anlagemöglichkeit erzielbaren uniformen Entnahme(Einkommens)stromes bei vollständiger Eigenkapitalfinanzierung

Eine Investitionsbeurteilung auf der Basis von Kapitalwert(Gewinn)annuitäten ist dann zweckmäßig, wenn die zu vergleichenden Varianten eine unterschiedliche Nutzungsdauer aufweisen und für die Wiederholung von Investitionen identische Wirtschaftlichkeit vorausgesetzt wird; anderenfalls führt die Entscheidung nach der Kapitalwertannuität zum gleichen Ergebnis wie die Entscheidung nach dem Kapitalwert.

Beispiel: 2 Sachinvestitionen gleicher produktionswirtschaftlicher Zielstellung, z.B. Beseitigung eines Engpasses im Kapazitätsprofil

	Zins	KW	n	Auf-VF	KW-Annuität
Variante 1	10 %	1000	8	0,187444	187,444
Variante 2	10 %	800	5	0,263797	211,038

Unter Berücksichtigung der Nutzungsdauer und unter der Voraussetzung von Kapitalwiederanlagen nach Ablauf der Nutzungsdauer in Höhe der internen Rentabilität (Wiederholungsinvestitionen) ist die Variante 2 günstiger!

2 Modifizierte dynamische Investitionsrechenverfahren für Einzelinvestitionen

2.1 Kapitalwertrate und ökonomischer Wirkungsgrad

Die **Kapitalwertrate** erweitert die Aussage- und Anwendungsgrenzen des Kapitalwertkalküls. Der Kapitalwert oder die Kapitalwertannuität eines Projektes wird relativiert in bezug auf die erforderlichen Anschaffungskosten (das Anfangskapital). Die Kapitalwertrate ist damit ein finanzmathematisch bestimmter Ausdruck der internen Kapitalrentabilität eines Projektes. Sie ist besonders für den Vergleich alternativer Investitionsprojekte unterschiedlichen Kapitalbedarfes und/oder unterschiedlicher Projektdauer geeignet.

$$KWR = \frac{KW}{AK \text{ bzw. } I_0} \qquad \text{oder} \qquad KWR' = \frac{KWA}{AK \text{ bzw. } I_0}$$

Anwendung am Beispiel S. 30

$$KWR = \frac{13{,}01}{30} = 0{,}4337 \qquad \text{oder} \qquad KWR' = \frac{3{,}2559}{30} = 0{,}1085$$

KWR' gibt Auskunft über die über dem Kalkulationszins liegende Rendite (Differentialrendite) für das Projekt.

Der **ökonomische Wirkungsgrad** ($\eta_ö$) ist als Quotient aus Ein- und Auszahlungsbarwerten eines Projektes definiert:

$$\eta_ö = \frac{E_0}{A_0}$$

Eine Investition ist gegenüber einer alternativen Kapitalanlage zum Kalkulationszins vorteilhaft, wenn $\eta_ö > 1$ ermittelt wird; diese Aussage entspricht einem Kapitalwert $KW > 0$. Der ökonomische Wirkungsgrad relativiert wie die Kapitalwertrate die absolute Aussage über die Wirtschaftlichkeit eines Projektes in bezug auf den hierfür erforderlichen Kapitaleinsatz. Zusätzlich reagiert der ökonomische Wirkungsgrad jedoch noch auf das Verhältnis von Betriebskosten zu Investitionssumme:

$$E_0 = A_0 + KW \qquad\qquad A_0 = I_0 + B_0$$

$$\eta_ö = \frac{E_0}{A_0} = \frac{A_0 + KW}{A_0} = 1 + \frac{KW}{A_0} = 1 + \frac{KW}{I_0 + B_0} = 1 + \frac{KWR}{1 + \frac{B_0}{I_0}}$$

Das Vorteilhaftigkeitskriterium ökonomischer Wirkungsgrad hat gegenüber dem Kapitalwert den Vorzug, daß, z.B. für durch den Kapital- oder Absatzmarkt begrenzte Investitionsprogramme, die in einem Investitionsprogramm Platz findenden Investitionsprojekte in ihrer Rangfolge sinnvoll geordnet werden können.

Beispiel zur Berechnung des ökonomischen Wirkungsgrades (vgl. Beispiel Seite 30)

Zinssatz	5,00%	10,00%	15,00%	20,00%	21,31%	25,00%	30,00%
A_0	91,387	84,415	78,695	73,943	72,827	69,951	66,564
E_0	108,412	95,008	84,038	74,955	72,827	67,354	60,931
$\eta_ö$	1,186	1,125	1,068	1,014	1,000	0,963	0,915

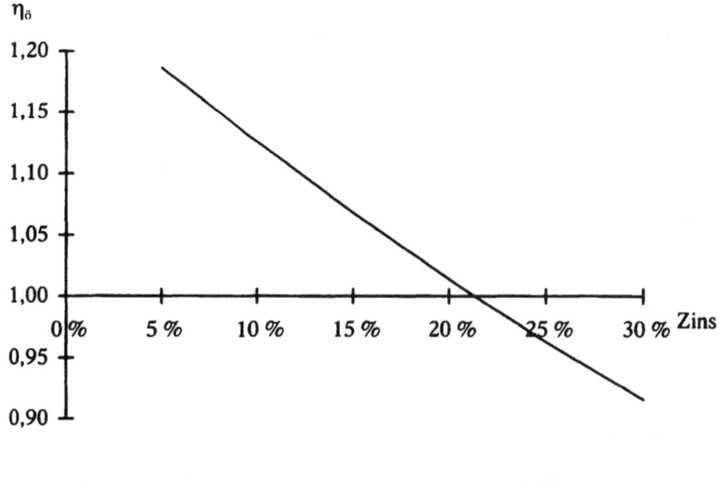

Die Methode des ökonomischen Wirkungsgrades wurde entwickelt und findet bevorzugt Anwendung bei der Bestimmung der Wirtschaftlichkeit typischer Bergbauinvestitionen (Variantenvergleiche, unterschiedliche Investitionskosten und Projektdauer, unterschiedliches Lagerstättenausbringen, unterschiedliche Bergbaubetriebsgrößen).

2.2 Endwertverfahren

Endwertverfahren wählen den Kalkulationszeitpunkt n, das heißt also den Endzeitpunkt eines Projektes. Sie führen zu den gleichen Bewertungsergebnissen wie Barwertrechnungen, vorausgesetzt, es wird von gleichen Prämissen ausgegangen.

Endwertverfahren werden bevorzugt angewandt wenn

- Soll- und Habenzins voneinander abweichen
- konkrete Vorstellungen über mögliche Kapitalwiederanlagen und Supplementinvestitionen bestehen
- der Investor das Ziel Vermögensmaximierung verfolgt.

Positive Endwerte sind Ausdruck über dem Kalkulationszins liegender Kapitalverwertung (Analogie zur Kapitalwertinterpretation).

2.2.1 Vermögensendwertmethode

$$VEW = -I_0 \cdot q^n + \sum_{i=1}^{n} C_i \cdot q^{n-i}$$

Bei Rechnung mit gespaltenen Zins:

$$VEW = E_{(n)} - A_{(n)} = C_{(n)}$$

$C_{(n)}$ - kumulativer verzinster **Zuwachs** an Vermögen nach n Perioden in n

$$E_{(n)} = \sum_{i=1}^{n} E_i \cdot (1+r)^{n-i}$$

r - Kapitalanlage-/Habenzins

$$A_{(n)} = \sum_{i=1}^{n} A_i \cdot (1+p)^{n-i}$$

p - Kapitalbeschaffungs-/Soll-/Kreditzins

Von besonderer Bedeutung für die Höhe des VEW bei gespaltenem Zins sind die Festlegungen zum Ausgleich positiver und negativer Zahlungsströme in einer Periode.

Kontenausgleichsverbot: Einzahlungen und Auszahlungen werden voneinander isoliert betrachtet und mit dem jeweils zutreffenden Zins (Soll- oder Habenzins) behandelt

Kontenausgleichsgebot: Ein- und Auszahlungen der Perioden werden innerhalb der Perioden bilanziert und mit dem zutreffenden Zins verzinst

Zum Beispiel S. 30 Sollzins = 15 % p.a., Habenzins = 10 % p.a.

a) Kontenausgleichsverbot

Einzahlungsreihe mit 10 % p.a. aufgezinst:

$$E_{(n)} = 20 \cdot 1{,}1^4 + 30 \cdot 1{,}1^3 + 30 \cdot 1{,}1^2 + 25 \cdot 1{,}1^1 + 20 = 153{,}01$$

Auszahlungsreihe mit 15 % p.a. aufgezinst:

$$A_{(n)} = 30 \cdot 1{,}15^5 + 20 \cdot 1{,}15^4 + 14 \cdot 1{,}15^3 + 12 \cdot 1{,}15^2 + 12 \cdot 1{,}15^1 + 12 = 158{,}28$$

Vermögensendwert:

$$VEW = E_{(n)} - A_{(n)} = 153{,}01 - 158{,}28 = \mathbf{-5{,}27}$$

b) Kontenausgleichsgebot: kumulative Fortschrittsrechnung bei Bilanzierung von Ein- und Auszahlungen in den Perioden

Stand nach Periode 0:			- 30,00
Stand nach Periode 1:	$-30 \cdot 1{,}15$	=	- 34,50
Stand nach Periode 2:	$-34{,}5 \cdot 1{,}15 + 16$	=	- 23,68
Stand nach Periode 3:	$-23{,}68 \cdot 1{,}15 + 18$	=	- 9,23
Stand nach Periode 4:	$-9{,}23 \cdot 1{,}15 + 13$	=	2,39
Stand nach Periode 5:	$2{,}39 \cdot 1{,}1 + 8$	=	**10,63**

Beachte: Verzinsung mit Soll- oder Habenzins in Abhängigkeit vom Stand des Rückflusses!

2.2.2 Sollzinssatzmethode

Analog der Methode des internen Zinsfußes wird der kritische Sollzins bestimmt, bei dem der Vermögenswertzuwachs C(n) = 0 ist. Bei gegebenen Habenzins ist dann der Sollzins gleich dem kritischen Kapitalbeschaffungszins (Grenzzinssatz), d.h. bei einem Sollzins gleich effektiver Kapitalbeschaffungszins erfolgt im Projekt eine Kapitalverwertung in Höhe des kalkulatorischen Habenzins.

Lösungsansätze: - Lösung durch schrittweise Näherung und lineare Interpolation
- Lösung mittels programmierter Rechner

2.3 Vollständiger Finanzplan

Die Methode des vollständigen Finanzplanes verfolgt das Ziel der Herstellung einer vollständigen Vergleichbarkeit von Handlungsalternativen beim Vergleich alternativer Investitionsprojekte. Die Notwendigkeit dieses Vorgehens liegt in der Tatsache begründet, daß Sachinvestitionsprojekte sich üblicherweise in Investitionssumme, Laufzeit usw. unterscheiden. Nehmen wir an, ein Investor mit 150 GE verfügbarem Eigenkapital will zwei Investitionen mit den Zahlungsreihen A = {-70; 60; 36} und B ={-180; 60; 80; 100} miteinander vergleichen. Für eine fundierte Entscheidung muß er sich z.B. bei Projekt A Gedanken über die Verwendung der restlichen 80 GE Eigenkapital und ebenso bei Projekt B über die Beschaffung der fehlenden 30 GE in der Periode 0 machen.

Vergleichbarkeit setzt voraus:

- gleichhohe Anschaffungsauszahlungen/Investitionssummen (AK/I_0)
- gleiche Projektdauer (n)
- die Beseitigung zwischenzeitlich anfallender Salden und die Herstellung einer zielentsprechenden zeitlichen Struktur der Zahlungsströme bestimmt durch einen gleichen Zielzahlungsstrom für die bestehenden Handlungsalternativen über alle Perioden

Die Bewertung erfolgt in Abhängigkeit von der durch den Investor gesetzten Zielfunktion. Mögliche Zielfunktionen sind:

- Maximierung des Vermögens am Ende des Zeitraumes n bei gegebenen (festgelegten) Entnahmen über n
- Maximierung der Entnahmen bei gegebenem (festgelegtem) Vermögen am Ende des Zeitraumes n

Der **methodische Weg** ist eine sukzessive (schrittweise, periodenweise) Berechnung der wirtschaftlichen Effekte unter Einbeziehung der gesetzten Zielprämisse in den Perioden (Zielzahlungsstrom) und unter Beachtung der real zur Verfügung stehenden und erforderlichen Handlungen, z.B. Supplementinvestitionen, Kapitalanlagen oder Kreditaufnahmen.

Die wesentlichen Vorzüge vollständiger Finanzpläne sind das zieladäquate Vorgehen, die Berücksichtigung aller (vollständigen) Handlungsalternativen und die hierin eingeschlossene Möglichkeit des Rechnens mit gespaltenen und im Zeitablauf variablen Zinsfüßen.
Die Grenzen der Anwendung liegen in den zum Bewertungszeitpunkt nur unvollständig vorliegenden Informationen zu den Zielpräferenzen des Investors und zu den real bestehenden Handlungsalternativen.
Schwierigkeiten kann unter Umständen auch die große Zahl von Kombinationsmöglichkeiten der Handlungen bereiten, insbesondere wenn Interdependenzen zwischen verschiedenen Handlungen vorliegen.

Beispiel zur Anwendung der Methode des vollständigen Finanzplanes:
Gegeben sind die Zahlungsströme von zwei alternativen Investitionsprojekten

Zeitpunkt t	0	1	2	3
Projekt A	- 1.000	+ 400	+ 400	+ 400
Projekt B	- 1.200	0	0	+ 1.700

Eigenkapital steht in Höhe von 1.100 zur Verfügung. Der Sollzins beträgt 20 % p.a. und der Habenzins 10 % p.a.

Für welches der Projekte entscheidet sich der Investor, wenn er

(a) eine Maximierung des Endvermögens ohne Entnahmen

(b) eine Maximierung des Endvermögens bei jährlichen Entnahmen t_1 = 200, t_2 = 400 und t_3 = 600 anstrebt?

Vollständiger Finanzplan für Variante A ohne Entnahmen:

Zeitpunkt t	0	1	2	3
Projektzahlungsstrom	-1.000	400	400	400
EK-Einsatz	1.100			
Anlage	-100			
Rückzahlung Anlage t=0		110		
Anlage		-510		
Rückzahlung Anlage t=1			561	
Anlage			-961	
Rückzahlung Anlage t=2				1.057,10
Zielzahlungsstrom	0	0	0	0
Endvermögen				1.457,10

Vollständiger Finanzplan für Variante B ohne Entnahmen:

Zeitpunkt t	0	1	2	3
Projektzahlungsstrom	-1.200	0	0	1.700
EK-Einsatz	1.100			
Kreditaufnahme	100			
Kreditrückzahlung t=0		-120		
Kreditaufnahme		120		
Kreditrückzahlung t=1			144	
Kreditaufnahme			-144	
Kreditrückzahlung t=2				-172,8
Zielzahlungsstrom	0	0	0	0
Endvermögen				1.527,2

Variante B liefert im Vergleich zu A das höhere Endvermögen. Bei reinen Kapitalmarktanlage wird ein Endvermögen von 1.464,1 (1.100 · $1{,}1^3$) erreicht.

Vollständiger Finanzplan für Variante A mit Entnahmen:

Zeitpunkt t	0	1	2	3
Projektzahlungsstrom	-1.000	400	400	400
EK-Einsatz	1.100			
Anlage	-100			
Rückzahlung Anlage t=0		110		
Anlage		-310		
Rückzahlung Anlage t=1			341	
Anlage			-341	
Rückzahlung Anlage t=2				375,1
Zielzahlungsstrom		-200	-400	-600
Endvermögen				175,1

Vollständiger Finanzplan für Variante B mit Entnahmen:

Zeitpunkt t	0	1	2	3
Projektzahlungsstrom	-1.200	0	0	1.700
EK-Einsatz	1.100			
Kreditaufnahme	100			
Kreditrückzahlung t=0		-120		
Kreditaufnahme		320		
Kreditrückzahlung t=1			-384	
Kreditaufnahme			784	
Kreditrückzahlung t=2				-940,8
Zielzahlungsstrom		-200	-400	-600,0
Endvermögen				159,2

Variante A liefert im Vergleich zu B das höhere Endvermögen. Das günstigste Ergebnis wird aber hier durch eine reine Kapitalmarktanlage mit 182,1 erreicht.

3 Investitionsprogrammentscheidungen

3.1 Problemstellung

Investitionsentscheidungen können nicht allein auf der Grundlage einer isolierten Bewertung einzelner Projekte getroffen werden. Zu beantworten ist die Frage nach der optimalen Kombination von Investitionsprojekten aus einer Menge sich teils ausschließender, teils unabhängiger und sich zum Teil bedingender Vorhaben über einen vorzugebenden Planungszeitraum. Die Schwierigkeit der Problemlösung resultiert zum einen aus der Vielfalt der Programmalternativen (bei n Projekten = 2^n), aus der Vielfalt von begrenzenden oder fordernden Nebenbedingungen für die Erarbeitung von Investitionsprogrammen, aus ggf. bestehenden Abhängigkeiten zwischen Projekten und Entscheidungsfolgen und aus der erforderlichen mehrperiodigen Betrachtung. Grundsätzlich zu unterscheiden sind produktionstheoretische und kapital(finanz)theoretische Ansätze der Erarbeitung von Investitionsprogrammen.

Produktionstheoretische Modelle behandeln Investitions- und Produktionsprogramm als variabel, **kapitaltheoretische Modelle** Investitions- und Finanzierungsprogramm als variabel. In Zukunft werden an der Vernutzung und Belastung der natürlichen Umwelt orientierte Ansätze der Investitionsprogrammplanung Bedeutung erlangen. Wichtige Nebenbedingungen sind Begrenzungen der Ressourcen (Beschaffungsmärkte), im Absatz (unter Beachtung von Preis-Mengen-Funktionen) und in der Verfügbarkeit über die Natur, der technische Zustand und das Leistungsvermögen bereits vorhandener Produktionskapazitäten.

Anspruchsvolle Lösungen erfordern die Anwendung von Verfahren der linearen Optimierung, der simultanen Investitions- und Produktionsplanung bzw. der simultanen Investitions- und Finanzplanung bei mehrperiodiger und dynamischer Betrachtung (z.B. vollständige Finanzpläne).

Grundlage der Investitionsprogrammplanung ist die Feststellung einer Rang- und Reihenfolge von Investitionsprojekten unter Beachtung begrenzender Faktoren, bereits getroffener Grundsatzentscheidungen (z.B. Weiterführung bereits begonnener Projekte), der Wirtschaftlichkeit von Einzelinvestitionen und ggf. bestehender Abhängigkeiten und Folgen zwischen den Einzelprojekten nach einem komplexen wirtschaftlichen Zielkriterium.

3.2 Investitionsprogrammplanung nach kapitaltheoretischem Ansatz

Die Planung fußt auf einem finanzwirtschaftlichen Verständnis des Investitionsbegriffes. **Bestimme aus den möglichen Kapitalanlagen (Investitionsgelegenheiten) die Kombination, die unter Berücksichtigung der gegebenen Finanzierungsmöglichkeiten (Kapitalmarkt) zu einer maximalen Wirtschaftlichkeit führt!**

Nach diesem Konzept werden Erfordernisse des Produktionsprogramms, des kapazitiven und technischen Zustandes der Produktionsvoraussetzungen auf das Investitionsprogramm sowie Rückkopplungen der Variation des Investitionsprogramms auf die materielle Produktion vernachlässigt oder in Form von Nebenbedingungen (Beschränkungen in der Verfügbarkeit der Produktionsfaktoren, Begrenzung der Produktionsprogramme) berücksichtigt.

Klassische kapitaltheoretische Ansätze der Kapitaltheorie gehen darüber hinaus von weiteren vereinfachenden Annahmen aus, z.B.:

- bezüglich der Zielvariablen (Barwerte, Endwerte, Entnahmestrategien), dominierend der Kapitalwert und entsprechende bzw. abgeleitete Zielkriterien
- bezüglich der Kapitalbeschaffungs- und Wiederanlageprämissen, ausgedrückt in der Höhe der Zinsfüße, auch in Abhängigkeit vom Grad der Vollkommenheit der Kapitalmärkte
- bezüglich der Rangordnungskriterien für Investitionsprojekte, dominierend die Kapitalwerte, internen Zinsfüße, Kapitalwertraten oder ökonomischen Wirkungsgrade der Investitionsprojekte
- bezüglich der sachlichen Eingrenzung des Entscheidungsfeldes durch die Fixierung von Nebenbedingungen und durch gesetzte Projekte auf der Grundlage einer begründeten Vorauswahl
- bezüglich der zeitlichen Eingrenzung des Entscheidungsfeldes unter Berücksichtigung der wirtschaftlichen Wirkungsdauer von Investitionsprojekten, im Extremfall bis zur Vereinfachung mehrperiodiger Modelle in einperiodige Modelle
- bezüglich der Teilbarkeit von Investitionsprojekten und Finanzierungsquellen

3.3 Demonstration des klassischen kapitaltheoretischen Ansatzes der Investitionsprogrammplanung am Beispiel

Gegeben:

5 teilbare zweiperiodige Investitionsprojekte (A bis E) und

5 (V bis Z) teilbare Finanzierungsmöglichkeiten mit den folgenden Daten:

Projekt	Auszahlungen			Einzahlungen	
	J_0	A_1	A_2	E_1	E_2
A	- 400	- 650	- 650	+ 1000	+ 800
B	- 200	- 170	- 125	+ 300	+ 250
C	- 100	- 335	- 230	+ 400	+ 300
D	- 100	- 100	- 90	+ 150	+ 150
E	- 50	- 10	- 10	+ 40	+40

Finanzierungs-möglichkeit	maximaler Kapitalbetrag	Kapitalkosten in % p.a.
V	200	10
W	100	12
X	200	13
Y	50	15
Z	50	20

Aufgabenstellung:

Bestimme das optimale Investitions- und Finanzierungsprogramm unter den vorgegebenen Daten und vereinfachenden Annahmen, sowie unter der Annahme, daß sich die Investitionsprojekte gegenseitig nicht beeinflussen und daß keine Zusammenhänge zwischen interner Rentabilität der Projekte und Finanzierungsvariante (Kapitalkosten) bestehen!

Allgemeine Entscheidungsregel:

Bringe alle Investitionsprojekte in eine Rangordnung, beginnend mit dem Projekt höchster Wirtschaftlichkeit und endend mit dem Projekt niedrigster Wirtschaftlichkeit! Begrenze das Investitionsprogramm durch Vergleich dieser Wirtschaftlichkeit mit den insbesondere durch die Finanzierungskonditionen gestellten Mindestforderungen an das Kriterium der Wirtschaftlichkeit!

Beachte: Wachsende Investitionsprogramme erfordern eine Finanzierung zu steigenden Kapitalkosten (Kapitalbeschaffungszinsen/Leverage-Effekt) !

Lösung/ Ergebnisse:

a) Isolierte Bewertung der Investitionsprojekte und Rangfolgenbestimmung

Projekt	Kapitalwert [1)]		Kapitalwertrate [1)]		interner Zins in % p.a.		ökonomischer Wirkungsgrad [1]	
A	+ 42,15	(1)	0,105	(3)	19,1	(2)	1,0276	(4)
B	+ 21,49	(2)	0,107	(2)	18,5	(3)	1,0469	(1)
C	+ 16,94	(3)	0,169	(1)	22,0	(1)	1,0284	(3)
D	- 4,60	(5)	- 0,046	(5)	6,5	(5)	0,9813	(5)
E	+ 2,07	(4)	0,041	(4)	13,0	(4)	1,0307	(2)

[1)] Kalkulationszins = 10 % p.a.

b) Optimales Investitionsprogramm nach der Zielvariablen Kapitalwert

Im Investitionsprogramm finden alle Projekte mit positivem Kapitalwert Platz. Das Programm wird darüber hinaus durch die absolute Höhe des verfügbaren Kapitals begrenzt (begrenzter Kapitalmarkt).

im Beispiel: 1 × Projekt A (400)

1 × Projekt B (200)

Kritik: Wiederanlageprämisse Kalkulationszins, differenzierte Kapitalkosten bleiben unberücksichtigt, keine Rentabilitätsaussage (Gesamtertrag als Zielgröße); bevorzugte Anwendung dann, wenn unbegrenzter Kapitalmarkt und einheitliche Kapitalkosten

c) Optimales Investitionsprogramm nach der Zielvariablen Kapitalwertrate

Im Investitionsprogramm finden alle Projekte mit einer positiven Kapitalwertrate Platz. Das Programm wird weiter durch die absolute Höhe des verfügbaren Kapitals begrenzt (begrenzter Kapitalmarkt).

im Beispiel:	1 × Projekt C	(100)
	1 × Projekt B	(200)
	¾ × Projekt A	(300)

Kritik: wie bei b), aber durch Bezug des Kapitalwertes auf Anfangskapital Rentabilität als Rangordnungskriterium; bevorzugte Anwendung bei absolut begrenztem Kapitalmarkt, einheitlichen Kapitalkosten und auf maximale Rentabilität gerichtete Betrachtung

d) Optimales Investitionsprogramm nach der Zielvariablen ökonomischer Wirkungsgrad

Im Investitionsprogramm finden alle Projekte mit einem Wirkungsgrad größer 1 Platz. Das Programm wird weiter durch die absolute Höhe des verfügbaren Kapitals begrenzt.

im Beispiel:	1 × Projekt B	(200)
	1 × Projekt E	(50)
	1 × Projekt C	(100)
	⅝ × Projekt A	(250)

Kritik: wie bei b) und c), aber durch Bezug des Summenbarwertes der Einzahlungen auf den Summenbarwert der gesamten Auszahlungen Einbeziehung des Kapitalaufwandes über alle Perioden, weitere Relativierung der Rentabilitätsaussage nach b); bevorzugte Anwendung bei unstetigen Zahlungsströmen mit negativen Überschüssen in einzelnen Perioden, bei absolut begrenztem Kapitalmarkt und einheitlichen Kapitalkosten

e) Optimales Investitionsprogramm nach der Zielvariablen interner Zinsfuß **(DEAN-Modell)**

Dieser Ansatz geht von den Prämissen

- Rangfolge der Investitionsprojekte nach der Zielvariablen interner Zins, d.h. schrittweise Erweiterung des Investitionsprogramms durch Einbeziehung von Projekten abnehmender Wirtschaftlichkeit,
- Rangfolge der Finanzierungsmöglichkeiten nach der Höhe der Kapitalkosten, d.h. schrittweise Erweiterung des Kapitalmarktes durch Einbeziehung zunehmend ungünstigerer Finanzierungsmöglichkeiten und
- Interpretation des internen Zinsfußes als kritischer Kapitalbeschaffungszins aus.

Im Investitionsprogramm finden alle Projekte Platz, für die ein interner Zins größer als der Kapitalbeschaffungszins ausgewiesen wird. Das optimale Investitionsprogramm wird durch den Schnittpunkt von Kapitalnachfrage- und Kapitalangebotsfunktion begrenzt.

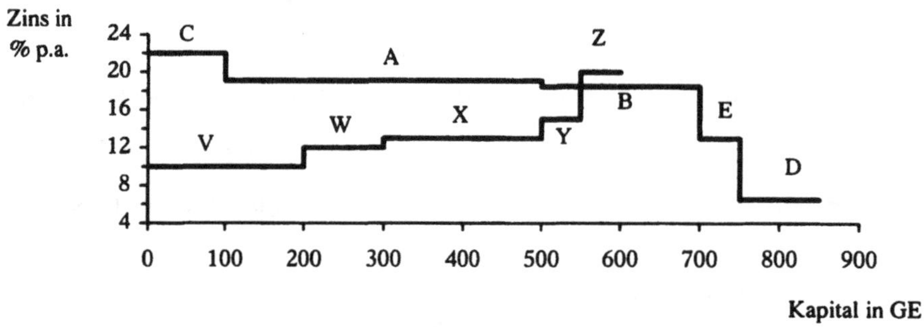

im Beispiel: 1 × Projekt C (100)

1 × Projekt A (400)

¼ × Projekt B (50)

Kritik: Wiederanlageprämisse für die Projekte ist der *interne Zinsfuß* Möglichkeit zur Berücksichtigung sich verändernder Finanzierungskonditionen, ganzheitliche Optimierung von Investitions- und Finanzierungsprogramm, gute Anschaulichkeit und Praktikabilität

Zusammenfassung der Ergebnisse:

Eine Bewertung der nach dem Rangordnungskriterium Kapitalwert, Kapitalwertrate, ökonomischer Wirkungsgrad und interner Zinsfluß jeweils als optimal ermittelten Investitionsprogramme nach dem Kapitalwert und nach dem maximalen Endvermögen (vollständiger Finanzplan) führt zu den nachstehenden Ergebnissen:

Rangordnungskriterium	Optimales Investitionsprogramm	$KW_{Programm}$	$EV_{Programm}$
Kapitalwert	$1 \times A, 1 \times B$	63,64	59,95
Kapitalwertrate	$1 \times C, 1 \times B, \frac{3}{4} \times A$	70,04	67,34
ökonomischer Wirkungsgrad	$1 \times B, 1 \times E, 1 \times C, \frac{5}{8} \times A$	66,84	63,19
IZ/ BZ bei Kapitalanlagezins = 10 % p.a. (DEAN-Modell)	$1 \times C, 1 \times A, \frac{1}{4} \times B$	64,46	66,45

Die unterschiedliche Bewertung der Programme nach den Zielkriterien Kapitalwert und Endvermögen unterstreicht die Forderung nach voraussetzungs- und zieladäquater Auswahl des Rangordnungskriteriums als Grundlage der Optimierung. Am Beispiel werden die Fehler deutlich, die z.B. bei Anwendung des Kriteriums KW bei einem begrenzten Kapitalmarkt oder bei Anwendung der Kriterien IZ/ BZ bei einer Wiederanlageprämisse abweichend vom IZ auftreten können.

3.4 Investitionsprogrammplanung nach produktionstheoretischem Ansatz

Dieses Planungskonzept fußt auf einem produktionswirtschaftlichen Verständnis des Investitionsbegriffes. Die Investitionsgelegenheiten und der Investitionsbedarf werden vor allem aus dem Zustand und den Entwicklungserfordernissen der materiell-technischen Basis der Produktion abgeleitet. Bedeutsame Investitionszwänge sind der Verschleiß der Wirtschaftsgüter (Ersatzinvestitionen), notwendige Rationalisierungen (z.B. Engpaßinvestition), Erweiterung der Produktionskapazitäten und Neugründungen, Veränderungen der Produktionsprogramme (Produktinnovationen), Verfahrens- und Technologieinnovationen, aber auch Erfordernisse der technischen Sicherheit und des Umweltschutzes. Es ist ein Programm von Sachinvestitionen. Verfügbares Eigenkapital und die Kapitalmarktsituation

(Finanzierungszwänge) gehen als begrenzende Faktoren ebenso wie die Höhe des Kapitalmarktzinses in die Planung ein. Für dieses Planungskonzept ist charakteristisch, daß ein hoher Anteil an den in einer Planperiode zu realisierenden Investitionen (z.B. für ein Planjahr) auf Investitionsplanungen und Investitionsentscheidungen vorangegangener Perioden beruht und in der betreffenden Planperiode nicht mehr zur Disposition steht (Fortführungsvorhaben). Dieser Umstand und erforderliche Vorbereitungszeiten für Sachinvestitionen zwingen - mehr als finanzwirtschaftliche Ansätze - zu langfristigen Investitionsprogrammplanungen (Flexibilität der Entscheidungsprozesse).

Bestimme, ausgehend von bestehenden produktionswirtschaftlichen Zwängen und Verhaltensalternativen bei langfristiger simultaner Betrachtung von Produktion und Investitionen, das Investitionsprogramm, welches zu einer maximalen Wirtschaftlichkeit für das Unternehmen führt!

Die Investitionsprogrammplanung ist damit wesentliches Element der strategischen Unternehmensplanung.

Die inhaltliche Komplexität dieser Aufgabe zwingt auch hier zu methodischen Vereinfachungen, z.B.

- bezüglich des Zielkriteriums der Investitionsplanung, dominierend der Ertragswertansatz (Einheit von Produktionsprogramm, Investitionsprogramm und Unternehmensbewertung),
- bezüglich der Erlös- und Ertragswirksamkeit von Produktionsprogrammen und Produkten, zweckmäßig unter Nutzung produktbezogener Kalkulationen von Deckungsbeiträgen und Cash-flows als Funktionen des Produktionsprogramms/ Investitionsprogramms,

$$DB_i = \sum_{j=1}^{n} db_j \cdot Q_{ij}$$

$$CF_i = \sum_{j=1}^{n} cf_j \cdot Q_{ij}$$

i - Index für die Planperiode
j - Index für die Produktart

- bezüglich bestehender Grenzen im Absatz und in der Verfügbarkeit der Produktionsfaktoren und der Kapazität, z.B. durch Festlegungen zur Höhe der Totalkapazität und der Periodenkapazität für die kapazitätsrelevanten Produktionseinheiten/ Investitionsobjekte (Maschinenzeitfonds/ verfügbare Kapazität) und Einführung von Kapazitätsbedingungen und deren Inanspruchnahme in Abhängigkeit von Produktionsprogramm/ Investitionsprogramm,

$$B_{ik} \geq \sum_{j=1}^{m} a_{kj} \cdot Q_{ikj}$$

a_{kj} - Verbrauchskoeffizient des k-ten Einsatzgutes/ Zeitfonds (Produktionsfaktoreinsatz) für das j-te Produkt

B_{ik} - maximale Verfügbarkeit des Produktionsfaktors k in der Planperiode i

- durch sachliche Eingrenzung des Entscheidungsproblems, z.B. durch Fixierung nicht mehr zur Disposition stehender Investitionen und durch Berücksichtigung von Ersatzinvestitionen in Form von Investitionsketten unter der Annahme identischer Wiederholungsinvestitionen und
- bezüglich der Berücksichtigung der Finanzierungsmöglichkeiten durch absolute Begrenzung des Investitionsprogrammes in Abhängigkeit von der Kapazitätssituation und durch Variation des Kapitalbeschaffungszinses in Abhängigkeit von der Größe des Produktions- und Investitionsprogramms.

Generell sind Investitionsprogrammplanungen mit produktionstheoretischer Fundierung noch komplexer und konfliktreicher als finanztheoretische Ansätze. Die praktische Anwendung in der Theorie entwickelter allgemeingültiger Planungsmodelle ist begrenzt. Es dominieren Investitionsprogrammplanungen, die auf die spezifischen Reproduktionsbedingungen der Unternehmen zugeschnitten sind.

Ein Beispiel hierfür ist im Bergbau die simultane Optimierung von Abbaubetriebspunkten (Förderstätten) bezüglich Anzahl und kapazitiver Auslegung (Betriebsgröße) nach der Zielfunktion maximaler ökonomischer Wirkungsgrad $\eta_ö$ über den Planungshorizont n und in Abhängigkeit weiterer entscheidungsrelevanter Einflußfaktoren, was in diesem Fall ein optimales Investitionsprogramm integriert.

Zielfunktion:

$$\eta_{ö}(n,m,p,q) = \sum_{i=1}^{n} \frac{\sum_{j=1}^{m} \sum_{g=1}^{p} \sum_{h=1}^{q} f_{jghi} \cdot \eta_{jgh} \cdot b_{jghi}}{\sum_{i=1}^{n} B_i} \rightarrow \text{Max}$$

Inputs:

[1] der über n in den Zeitintervallen t_i bestehende Bedarf an Nutzmineral B_i ($i = 1 \dots n$)

[2] zur Verfügung stehende Abbaueinheiten f_j ($j = 1 \dots m$)

[3] technologische Grundkonzeptionen für den Abbau von f_j, f_{jg} ($g = 1 \dots p$)

[4] (Betriebsgrößen) Variationen der Grundkonzeptionen f_{jgh} ($h = 1 \dots q$)

[5] die den Variationen zugeordneten ökonomischen Wirkungsgrade η_{jgh}

[6] die im Zeitintervall t_i aus der Abbaueinheit j bei Grundkonzeption jg und Variante jgh mögliche zu fördernde Menge Nutzmineral b_{jghi}

[7] der durch den Lagerstätteninhalt und die getroffene Entscheidung über die Lagerstättennutzung begrenzt gewinnbare Vorrat F_{jg} der Konzeption f_{jg}

4 Optimale Nutzungsdauer und optimaler Ersatzzeitpunkt von Investitionsprojekten

4.1 Problemstellung

Die Nutzungsdauer von Investitionsprojekten ist weder in der Phase der Vorbereitung/Planung noch in der Phase der Nutzung der Investition a priori vorgegeben, sie wird für Sachinvestitionen höchstens von der technischen Nutzungsdauer nach oben begrenzt. Aus betriebswirtschaftlicher Sicht ist es daher erforderlich, eine Optimierung des Zeitraumes der Nutzung von Investitionsprojekten vorzunehmen. Ergebnis dieser Bewertung ist die Bestimmung der **wirtschaftlichen** Nutzungsdauer. Methodisch erfordert dies die Darstellung einer gewählten Zielgröße, z.B. des Kapitalwertes, in Abhängigkeit von der Einflußvariablen Nutzungsdauer.

Von der Nutzungsdauer abhängig und damit Haupteinflußfaktoren der Optimierung sind:

- Entwicklung des Verschleißes und der Instandhaltungskosten
- Entwicklung der Verfügbarkeit und der Leistungsfähigkeit
- Entwicklung der Produktpreise
- Entwicklung der Wirtschaftlichkeit vorhandener Rationalisierungspotentiale und Ersatzalternativen
- Entwicklung des Liquidationserlöses

Charakteristische betriebswirtschaftliche Aufgaben und Entscheidungsprobleme:

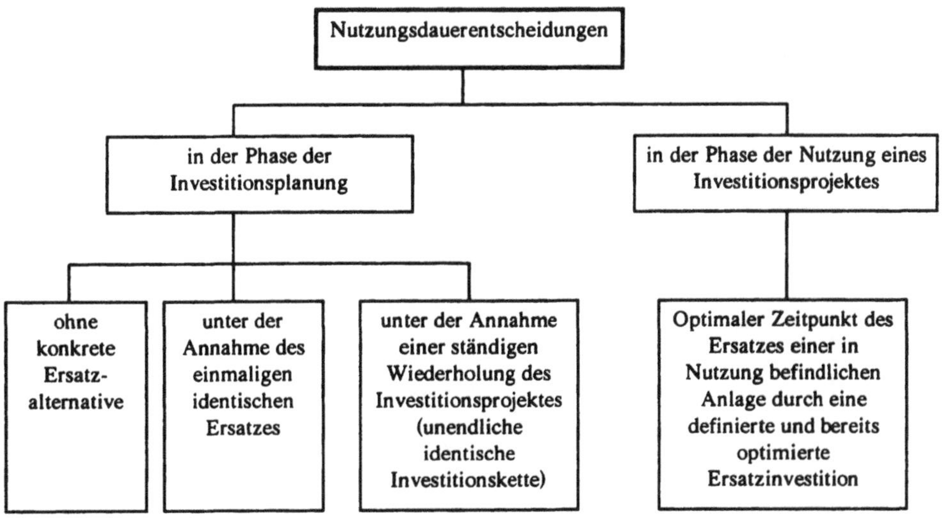

4.2 Nutzungsdaueroptimierung in der Phase der Planung von Investitionsprojekten

4.2.1 Optimale Nutzungsdauer ohne konkrete Ersatzalternative

(1) Lösung nach dem Kapitalwertkalkül

Der Kapitalwert wird als Funktion der Nutzungsdauer n optimiert (d.h. n ist die Variable in der Zielfunktion).

Zielfunktion:

$$KW(n) = E_0 - A_0 = \sum_{i=1}^{n} \frac{C_i}{q^i} + \frac{L_n}{q^n} - I_0 \rightarrow \text{Max}$$

E_0 - Barwert aller Einzahlungen
A_0 - Barwert aller Auszahlungen
C_i - Cash-flow des Jahres i ($C_i = E_i - A_i$)
L_n - Liquidationswert im Jahr n
I_0 - Barwert der Investitionen

Tendenzieller Verlauf des Kapitalwertes bei Variation der Nutzungsdauer:

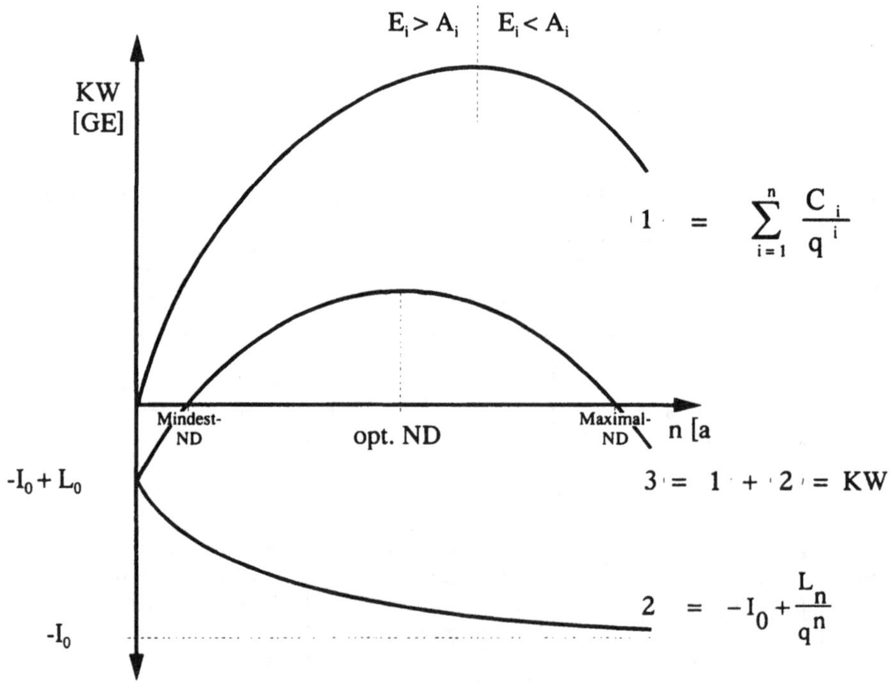

(2) Lösung nach dem Grenzwertkalkül

Das Grenzwertkalkül orientiert auf eine periodenweise Betrachtung der mit der Nutzungsdauerverlängerung um ein Jahr verbundenen finanziellen Wirkungen. Die optimale Nutzungsdauer ist durch die Periode i bestimmt, in der (bei stetigen Zahlungsströmen) der Zahlungsüberschuß aus der Nutzung des Projektes C_i letztmalig größer ist als die Summe aus Rest-/Liquidationswertminderung $(L_{i-1} - L_i)$ und dem Verzicht auf Zinsen auf den Restwert-/Liquidationserlös $(L_{i-1} \cdot \frac{p}{100})$.
Bei nichtstetigen Zahlungsströmen muß auf eine Durchschnittsbetrachtung übergegangen werden oder direkt das Kapitalwertkalkül angewendet werden.

$$C_i \geq (L_{i-1} - L_i) + (L_{i-1} \cdot \frac{p}{100}) \quad \rightarrow \text{ Weiternutzen}$$

p - Kalkulationszinssatz in %/a

4.2.2 Optimale Nutzungsdauer bei einmalig identischem Ersatz

Optimiert werden soll die Nutzungsdauer einer zweigliedrigen Investionskette aus identischen Projekten.
Wird eine wirtschaftlich identische Investition einmal als Einzelinvestition (ohne Ersatz) und das zweite Mal als erstes Glied einer Investitionskette betrachtet, so ist (einen positiven Kapitalwert vorausgesetzt) die optimale Nutzungsdauer der Einzelinvestition tendenziell länger als die optimale Nutzungsdauer des ersten Kettengliedes der zweigliedrigen Kette. Ursache hierfür ist, daß die Zahlungsüberschüsse des zweiten Gliedes für das erste Kettenglied Opportunitätskosten sind. Die Rückflüsse des ersten Kettengliedes müssen zusätzlich (zum Fall ohne Ersatz) die Zinsen auf den positiven Kapitalwert des zweiten Kettengliedes abwerfen.
Die Nutzungsdauer einzelner Glieder der Investitionskette wird mit zunehmender Kettenlänge (Zahl der Wiederholungsinvestitionen) bei positivem Kapitalwert der Basisinvestition immer kürzer, ohne jemals den Betrag n = 0 zu erreichen (die Kürzungsbeträge gehen gegen 0!). Im Fall negativer Kapitalwerte der Basisinvestition (für Sachinvestitionen nicht

prinzipiell auszuschließen) führt die Optimierung zu einer Verlängerung der Nutzungsdauer vorlaufender Kettenglieder.

Voraussetzung für die Bestimmung der wirtschaftlichen Nutzungsdauer des ersten Kettengliedes ist die Optimierung der Nutzungsdauer des zweiten Gliedes (bei mehrgliedrigen Ketten aller nachfolgenden Kettenglieder).

(1) Lösung nach dem Kapitalwertkalkül

Die optimale Nutzungsdauer ist durch den maximalen Kapitalwert der zweigliedrigen Investitionskette bestimmt.

$$KW_{Kette}(n_1) = KW_{1.\,Glied}(n_1) + KW_{Max\,2.\,Glied} \cdot q^{-n_1} \qquad \rightarrow \text{ Max}$$

KW_{Kette}	-	Kapitalwert der Investitionskette (Zielgröße)
$KW_{1.\,Glied}$	-	Kapitalwert des ersten Gliedes
n_1	-	Nutzungsdauer des ersten Gliedes (Variable)
$KW_{Max\,2.\,Glied}$	-	Kapitalwert des optimierten zweiten Gliedes (ohne Ersatz)

(2) Lösung nach dem Grenzwertkalkül

Die optimale Nutzungsdauer ist durch die Periode i bestimmt, in der (bei stetigen Zahlungsströmen) der Zahlungsüberschuß aus der Nutzung des Projektes C_i letztmalig größer ist als die Summe aus Rest-/Liquidationswertminderung $(L_{i-1} - L_i)$, dem Verzicht auf Zinsen auf den Restwert-/Liquidationserlös $(L_{i-1} \cdot \frac{p}{100})$ und dem Verzicht auf Zinsen auf den Kapitalwert des zweiten Gliedes $(KW_{Max\,2.\,Glied} \cdot \frac{p}{100})$

$$C_i \geq (L_{i-1} - L_i) + (L_{i-1} \cdot \frac{p}{100}) + (KW_{Max\,2.\,Glied} \cdot \frac{p}{100}) \qquad \text{oder}$$

$$C_i - (L_{i-1} - L_i) - (L_{i-1} \cdot \frac{p}{100}) \geq KW_{Max\,2.\,Glied} \cdot \frac{p}{100} \qquad \rightarrow \text{ Weiternutzen}$$

(3) Lösung nach dem Grenzwertkalkül auf Basis von Barwerten

Die optimale Nutzungsdauer ist durch die Periode i bestimmt, in der letztmalig der Kapitalwertzuwachs des 1. Gliedes der Kette größer ist als die zeitlich entsprechenden (abgezinsten) Zinsen auf den Kapitalwert der Wiederholungsinvestition (des 2. Gliedes) bei optimaler Nutzungsdauer der Wiederholungsinvestition.

$$KW_{1.\,Glied}(i) - KW_{1.\,Glied}(i-1) \;\geq\; KW_{Max\,2.\,Glied} \cdot \frac{p}{100} \cdot q^{-i}$$

4.2.3 Optimale Nutzungsdauer bei unendlich identischem Ersatz

Bewertungsobjekt ist eine unendliche Kette wirtschaftlich identischer Investitionen. Die optimale Nutzungsdauer jedes Gliedes dieser Kette ist wieder durch den maximalen Kapitalwert dieser unendlichen Kette bestimmt. Identisch mit dem Zielkriterium Kapitalwert ist im Fall des unendlichen Ersatzes jedoch das Kriterium der Kapitalwertannuität ($KWA = KW \cdot \frac{p}{100}$ - unendliche Rente). Kapitalwertannuität der unendlichen Kette und Kapitalwertannuität eines Gliedes der Kette sind gleich, daher kann die Kapitalwertannuität eines Gliedes als Optimierungskriterium dienen.

$$KW_{Kette}(n) = KW_{1.\,Glied}(n) + KW_{2.\,Glied}(n) + \ldots + KW_{\infty.\,Glied}(n) \quad \rightarrow \quad Max$$

$$KW_{Kette}(n) = KW_{1.\,Gl.}(n) + KW_{1.\,Gl.}(n) \cdot q^{-n} + KW_{1.\,Gl.}(n) \cdot q^{-2n} + \ldots + KW_{1.\,Gl.}(n) \cdot q^{-x \cdot n}$$

wenn Zahl der Kettenglieder $x \rightarrow \infty$, dann

$$KW_{Kette}(n) = \frac{KW_{1.Gl.}(n) \cdot \frac{q^n \cdot (q-1)}{q^n - 1}}{q-1} \qquad \text{(unendliche Rente)}$$

$$KW_{Kette}(n) = \frac{KWA_{1.Gl.}(n)}{q-1} \quad \rightarrow \quad Max \qquad \text{ist identisch mit}$$

$$KWA_{1.\,Gl.}(n) \quad \rightarrow \quad Max$$

Beispiel zur Bestimmung der optimalen Nutzungsdauer für ein Investitionsprojekt

Projektzahlungsreihe (Zins 10 % p.a.)

Zeitpunkt i	0	1	2	3	4	5	6
Cash-flow C_i	-10.000	5.000	5.000	4.400	2.000	1.000	500
Restwert R_i		6.000	4.000	2.000	1.000	500	0
KW ohne Ersatz		0	1.983	3.486	4.033	**4.281**	4.253
KW einm. Ersatz		3.892	5.521	6.702	**6.957**	6.939	6.670
KWA		0	1.143	**1.402**	1.272	1.129	976

Ergebnisse der Berechnung

a) Optimale ND ohne Ersatz: 5 Jahre

b) Optimale ND bei 1x identischem Ersatz: 4 Jahre

c) Optimale ND bei ∞ ident. Ersatz: 3 Jahre

4.3 Optimaler Ersatzzeitpunkt in Nutzung befindlicher Betriebsmittel

Der allgemeine Lösungsansatz ist auch hier die Maximierung des Kapitalwertes für die bestehenden Verhaltensalternativen Weiternutzung einer vorhandenen Anlage oder deren Aussonderung mit der hieraus resultierenden Konsequenz zur Durchführung einer Ersatzinvestition (Variantenvergleich). Die alternativen Varianten sind durch die Zahlungsströme der zukünftigen (noch ausstehenden beeinflußbaren und damit entscheidungsrelevanten) Ein- und Auszahlungen bestimmt. Das Entscheidungsproblem ähnelt der Optimierung der Nutzungsdauer bei einmalig identischen Ersatz, wesentlicher Unterschied ist jedoch, daß alle vor dem Betrachtungszeitpunkt liegenden Zahlungen (z.B. Investitionen) nicht in die Rechnung eingehen (sunk costs).

Voraussetzung für die Bestimmung des optimalen Ersatzzeitpunktes ist die vorhergehende Optimierung der Ersatzalternative bezüglich gegebenenfalls bestehender Alternativen und der Nutzungsdauer.

4.3.1 Lösung auf der Grundlage der Grenzzahlungsüberschüsse und des Annuitätenkalküls

Bei stetigen Zahlungsströmen der zu vergleichenden Varianten ist der Ersatz vor Beginn der Periode vorzunehmen, in welcher der Grenzzahlungsüberschuß ($\Delta\ C_{i\ alt}$) der alten Anlage erstmals kleiner wäre als der durchschnittliche finanzmathematische Überschuß der neuen Anlage bei deren optimaler Nutzungsdauer.

Nimmt man an, daß die Ersatzalternative selbst nach Ablauf ihrer Nutzungsdauer nicht ersetzt wird, so ist dieser finanzmathematische Überschuß durch die Zinsen auf den maximalen Kapitalwert der Ersatzalternative bestimmt ($KW_{Max\text{-}neu} \cdot \frac{p}{100}$).

Nimmt man an, daß die Ersatzalternative nach Ablauf ihrer Nutzungsdauer unendlich oft ersetzt werden soll, so ist dieser finanzmathematische Überschuß durch die maximale Kapitalwertannuität der Ersatzalternative bestimmt ($KWA_{Max\text{-}neu}$).

$$\Delta\ C_{i\ alt} \geq KW_{Max\text{-}neu} \cdot \frac{p}{100} \quad \rightarrow \text{ Weiternutzen} \quad \text{(Fall ohne Ersatz)}$$

$$\Delta\ C_{i\ alt} \geq KWA_{Max\text{-}neu} \quad \rightarrow \text{ Weiternutzen} \quad \text{(Fall mit unendlichem Ersatz)}$$

$$\Delta\ C_{i\ alt} = C_i - (L_{i-1} - L_i) - (L_{i-1} \cdot \frac{p}{100})$$

$$KWA_{neu} = KW_{neu}(n) \cdot \frac{q^n \cdot (q-1)}{q^n \cdot -1}$$

4.3.2 Näherungslösung auf der Grundlage der approximativen Durchschnittskosten (dem Durchschnittsausgabenkalkül)

Diese Methode kann dann angewendet werden, wenn sich die zu vergleichenden Alternativen auf die erwarteten Einzahlungen neutral verhalten. Der optimale Ersatzzeitpunkt ist dann erreicht, wenn die Grenzkosten (Zusatzkosten) der in Nutzung befindlichen Anlage die Durchschnittskosten der Ersatzanlage (bei optimaler Nutzungsdauer dieser Anlage) erstmals überschreiten würden.

Die Berechnungen können statisch (statische Kostenvergleichsrechnung) oder dynamisch (Auszahlungsannuitäten) durchgeführt werden.

Statischer Ansatz:

$a_{alt} \leq a_{neu} \quad \rightarrow$ weiternutzen

$$a_{alt}(i) = B_{i\,alt} + (L_{i-1} - L_i) + L_{i-1} \cdot \frac{p}{100}$$

(Grenzkosten der alten Anlage, für stetig steigende Kostenverläufe) [1]

$$a_{alt}(k) = \frac{\sum_{i=1}^{k} B_{i\,alt}}{k} + \frac{L_0 - L_k}{k} + \frac{L_0 + L_k}{2} \cdot \frac{p}{100}$$

(Durchschnittskosten der alten Anlage, für nichtstetige Kostenverläufe) [1]

$$a_{neu} = \frac{\sum_{i=1}^{n} B_{i\,neu}}{n} + \frac{I_0 - L_n}{n} + \frac{I_0 + L_n}{2} \cdot \frac{p}{100}$$

(bei optimaler Nutzungsdauer n der Ersatzanlage) [1]

- k - verbleibende Restnutzungsdauer bis zum Ersatzzeitpunkt (Variable)
- n - optimale Nutzungsdauer der Ersatzanlage
- $a_{alt}(i)$ - Grenzkosten der alten Anlage bei Verlängerung der Nutzungsdauer auf das Jahr i
- $a_{alt}(k)$ - Durchschnittskosten der alten Anlage über die Restnutzungsdauer k in GE/a
- a_{neu} - Durchschnittskosten der neuen Anlage bei deren optimaler ND in GE/a
- B_i - Betriebskosten im Jahr i in GE/a
- L_i - Liquidationserlös zum Zeitpunkt i
- p - kalkulatorischer Zins in %/a
- I_0 - Investitionssumme (AK) für die neue Anlage in GE

Finanzmathematischer Ansatz:

Der finanzmathematische Ansatz führt zur Berechnung von Auszahlungsannuitäten:

$a_{alt}(i) \leq b_{neu}$ oder $b_{alt}(k) \leq b_{neu} \quad \rightarrow$ weiternutzen

$$b_{alt}(k) = \left(\sum_{i=1}^{k} \frac{B_{i\,alt}}{q^i} - \frac{L_k}{q^k} \right) \cdot \frac{q^k \cdot (q-1)}{q^k - 1}$$

(Auszahlungsannuität der alten Anlage für nichtstetige Kostenverläufe)

$$b_{neu} = \left(I_0 + \sum_{i=1}^{n} \frac{B_{i\,neu}}{q^i} - \frac{L_n}{q^n} \right) \cdot \frac{q^n \cdot (q-1)}{q^n - 1}$$

(Auszahlungsannuität der neuen Anlage bei optimaler Nutzungsdauer)

[1] alle Berechnungen einschließlich der Wirkung von Liquidationserlösen

5 Abschreibungen, Steuern und Investitionsverhalten

5.1 Problemstellung und Ansätze zur Lösung

An der Nettorentabilität orientierte Investitionsentscheidungen erfordern die Berücksichtigung von Steuern.

Relevant ist die Einbeziehung steuerlicher Aspekte besonders bei Aussagen zur relativen Vorteilhaftigkeit alternativer Varianten, wenn sich die zu vergleichenden Alternativen steuerlich nicht neutral verhalten. Aber auch die absolute Wirtschaftlichkeit eines Projektes kann von steuerlichen Wirkungen beeinflußt werden. Von besonderer Bedeutung sind in diesem Zusammenhang die steuerlichen Konsequenzen der Finanzierung (Eigen- oder Fremdkapital) und der bestehenden Abschreibungsalternativen (Steuerstundungswirkung vorgezogener Abschreibungen).

Steuern sind in den Zahlungsreihen der Investitionsprojekte Auszahlungen. Für Substanzsteuern (z.B. Gewerbekapitalsteuer), Verbrauchssteuern (Produktionsfaktor- oder Produktsteuern), Öko-Steuern, Versicherungssteuern u.ä. ist bei vorgegebener Bemessungsgrundlage und festgelegten Steuersätzen deren Berücksichtigung als Auszahlungsbeträge ohne Probleme möglich. Gleiches gilt für Abgaben (z.B. Feldes- und Förderabgaben im Bergbau).

Problemrelevant sind in der Investitionsrechnung die Ertrags- oder Gewinnsteuern, also die Steuern, deren Höhe gewinnabhängig ist (Einkommenssteuer, Körperschaftssteuer, Gewerbeertragssteuer). Diese Steuern haben Wirkung auf die Wirtschaftlichkeit einer Investition in dreierlei Hinsicht:

a) Wirkung auf die Zahlungsreihe des Projektes, indem in Perioden mit steuerlichem Gewinn Auszahlungen für gewinnabhängige Steuern und in Perioden mit steuerlichem Verlust „Einnahmen“ in Form vermiedener Auszahlungen durch Verminderung der Gesamtsteuerschuld des Unternehmens als Ganzes entstehen

b) Wirkung auf die Zinssätze von Ergänzungsinvestitionen (Wiederanlagen) - die Gewinne daraus sind ebenfalls steuerpflichtig

c) Wirkung auf die Zinssätze für Ergänzungsfinanzierungen - Zinsaufwendungen sind im Fall der Fremdkapitalfinanzierung steuerlich abzugsfähig

Der Zins nach Steuer p_S ist jeweils kleiner als der Kalkulationszins (Haben- oder Sollzins)

$$p_S = p \cdot (1 - s)$$

p_S - Zins nach Steuer
p - Zins vor Steuer
s - Steuersatz

Die Einbeziehung der Steuerwirkung in die Investitionsrechnung führt zu Modifikationen der Bewertungsmodelle, z.B. des Kapitalwertkalküls:

KW_S unter der Annahme, daß Abschreibungszeitraum und Projektdauer n gleich sind:

$$KW_S = -I_0 + \sum_{i=1}^{n} \frac{C_i - S_i}{q_s^i} \qquad S_i = s \cdot (E_i - A_i - AfA_i)$$

$$KW_S = -I_0 + \sum_{i=1}^{n} \frac{E_i - A_i - s \cdot (E_i - A_i - AfA_i)}{q_s^i} + \frac{L_n \cdot (1-s) + RBW_n \cdot s}{q_s^n}$$

KW_S unter der Annahme, daß Abschreibungszeitraum m kleiner als die Projektdauer n ist:

$$KW_S = -I_0 + \sum_{i=1}^{m} \frac{E_i - A_i - s \cdot (E_i - A_i - AfA_i)}{q_s^i} + \sum_{i=m+1}^{n} \frac{E_i - A_i - s \cdot (E_i - A_i)}{q_s^i} + \frac{L_n \cdot (1-s) + RBW_n \cdot s}{q_s^n}$$

KW_S - Kapitalwert nach Steuern
C_i - Zahlungsüberschuß nach Kostensteuern im Jahr i
S_i - Ertragssteuerzahlung im Jahr i
s - Ertragssteuersatz i. T. v. 1
AfA_i - steuerliche Abschreibung im Jahr i
q_S - Kalkulationszins nach Steuern (Zins der Alternativanlage nach Steuern)
L_n - tatsächlicher Liquidationserlös zum Zeitpunkt n
RBW_n - Buchwert zum Zeitpunkt n

In der Praxis haben sich Methoden der sukzessiven Endwertrechnung (Vollständige Finanzpläne) und das sogenannte Standardmodell zur Berücksichtigung von Ertragssteuern in der Investitionsrechnung bewährt.

5.2 Berechnung von Ertragssteuern und Abschreibungsalternativen

(1) Berechnung der Körperschaftssteuer bei Kapitalgesellschaften

Bei der Berechnung der Körperschaftssteuer wird zwischen einbehaltenen und ausgeschütteten Gewinnen unterschieden, für die jeweils unterschiedliche Steuersätze gelten.

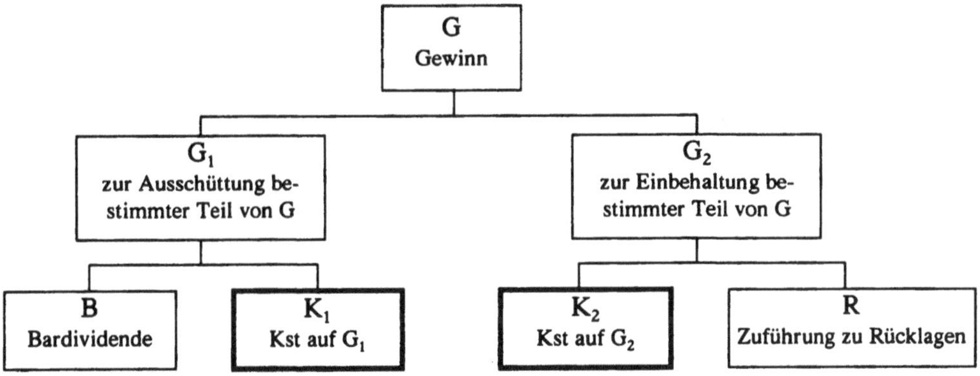

$$Kst = K_1 + K_2$$

$$K_1 = G_1 \cdot s_1 = (B + K_1) \cdot s_1 = B \cdot \frac{s_1}{1-s_1}$$

$$K_2 = G_2 \cdot s_2 = (R + K_2) \cdot s_2 = R \cdot \frac{s_2}{1-s_2}$$

$$Kst = B \cdot \frac{s_1}{1-s_1} + R \cdot \frac{s_2}{1-s_2} \qquad R = G - B - Kst$$

$$Kst + Kst \cdot \frac{s_2}{1-s_2} = B \cdot \frac{s_1}{1-s_1} + G \cdot \frac{s_2}{1-s_2} - B \cdot \frac{s_2}{1-s_2}$$

$$Kst \cdot \left(1 + \frac{s_2}{1-s_2}\right) = B \cdot \left(\frac{s_1}{1-s_1} - \frac{s_2}{1-s_2}\right) + G \cdot \frac{s_2}{1-s_2} \qquad \left(1 + \frac{s_2}{1-s_2}\right) = \left(\frac{1}{1-s_2}\right)$$

$$Kst = B \cdot \left(\frac{s_1 \cdot (1-s_2)}{1-s_1} - s_2\right) + G \cdot s_2$$

Für die 1996 gültigen Steuersätze von $s_1 = 0{,}3$ und $s_2 = 0{,}45$ ergibt sich:

$$Kst = 0{,}45 \cdot G - \frac{3}{14} \cdot B$$

(2) Berechnung des Summensteuersatzes für Einkommens- und Gewerbeertragssteuer

(unter der vereinfachenden Annahme, daß Gewerbeertrag und zu versteuerndes Einkommen übereinstimmen (gleiche Bemessungsgrundlage))

Gewerbeertragssteuer ist im Rahmen der Einkommenssteuer abzugsfähige Betriebsausgabe.

$$\text{Gest.} = s_{GE} \cdot G$$

$$\text{Est} = s_E \cdot (G - \text{Gest.}) = s_E \cdot G - s_E \cdot s_{GE} \cdot G$$

$$s = \frac{\text{Gest} + \text{Est}}{G} = s_{GE} + s_E - s_E \cdot s_{GE} = s_E + s_{GE}\ (1 - s_E)$$

Für $s_E = 0{,}40$ und $s_{GE} = 0{,}13$ ergibt sich:

$$s = 0{,}40 + 0{,}13 \cdot 0{,}60 = 0{,}478$$

(3) Wirkung von Abschreibungsalternativen

Steuerstundungswirkung vorgezogener Abschreibungen

Abschreibungen bestimmen den Gewinn als Bemessungsgrundlage der Steuer mit. Werden Abschreibungen in frühere Perioden vorgezogen (z.B. durch degressive Abschreibung oder Sonderabschreibungen), führt dies zu einem geringeren steuerlichen Gewinn und damit zu einer niedrigeren Steuerzahlung in den früheren Perioden und zu einer höheren Steuerzahlung in den späteren Perioden. Bei proportionalem Steuersatz bleibt die Summe der Steuerzahlungen über alle Perioden konstant, die Steuerzahlung wird durch die Vorziehung der Abschreibungen nur aus den früheren Perioden in spätere verlagert, d.h. zinslos gestundet. (Vergleiche hierzu auch Industriebetriebslehre - Anlagenwirtschaft, R. Oldenbourg Verlag 1997)

Entwicklung des Gewinns in Abhängigkeit von der Abschreibungsmethode

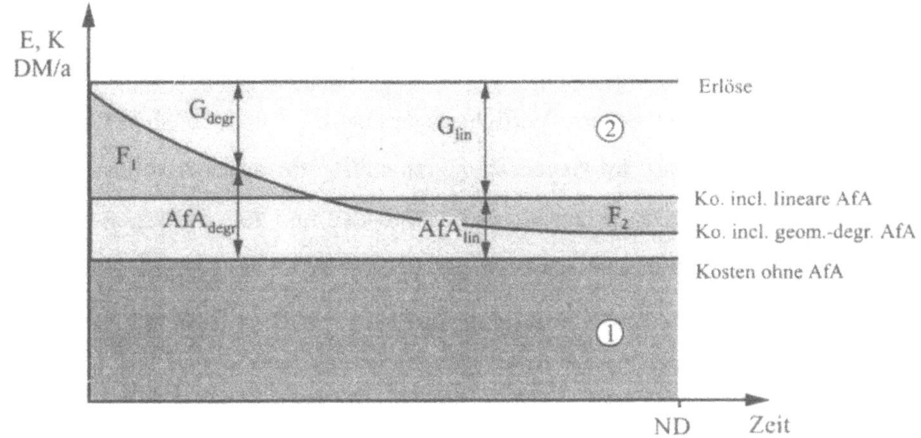

① Anlagenbezogene Kosten ohne Abschreibungen
② Deckungsbeitrag (Abschreibung und Gewinn)
F_1 muß gleich F_2 sein !

(4) Auswahl wichtiger Sonderabschreibungsmöglichkeiten (Stand 1996):

a) Umweltschutzinvestitionen (§ 7d EStG)

- im Jahr der Anschaffung/Herstellung dürfen bis zu 60 %, in den Jahren 2 bis 5 jeweils bis zu 10 % abgeschrieben werden
- Sonderabschreibungsmöglichkeit bereits auf Anzahlung bzw. Teile der HK

b) Sonderabschreibungen zur Förderung kleiner und mittelständischer Betriebe (§ 7g EStG)

- im Jahr der Anschaffung/Herstellung und den 4 darauffolgenden Jahren dürfen neben den normalen Abschreibungen bis zu insgesamt 20 % der AK/HK zusätzlich abgeschrieben werden (Vorziehung)
- unter bestimmten Bedingungen ist die Bildung einer Rücklage für zukünftige (beabsichtigte) Investitionen bis zur Höhe von 50 % der künftigen AK/HK zulässig (Ansparabschreibungen)

c) Baumaßnahmen an Gebäuden in Sanierungsgebieten und städtebaulichen Entwicklungsbereichen

- dürfen über 10 Jahre linear abgeschrieben werden

(5) Kritische Wertung der Berücksichtigung von Steuern bei Investitionsrechnungen

Die Berücksichtigung vorhersehbarer Kostensteuern, z. B. Steuern auf Produktionsfaktorverbräuche (Rohstoffe, Energie ...) und weiterer einem Objekt zurechenbarer anderer Steuern (Öko-Steuern, Grundsteuern, Versicherungssteuern ...) und Abgaben ist ein Gebot der wirtschaftlichen Vernunft. Im Gegensatz hierzu sollten Ertragssteuern nur dann in die Bewertung einbezogen werden, wenn die zu bewertenden und zu vergleichenden Verhaltensalternativen vor allem durch unterschiedliche steuerliche Konsequenzen bestimmt sind. Ausschlaggebend hierfür ist, daß Ertragssteuerobjekt nicht eine zu bewertende Investition, sondern immer Unternehmen (Personen- oder Kapitalgesellschaften) sind.

5.3 Beispiel zur Berücksichtigung von Ertragssteuern

Ausgangsdaten:

- Projektzahlungsreihe vor Steuern:

  - 1.000, 300, 600, 500

- steuerliche Abschreibung: linear über 2 Jahre auf den Restwert 0
- Finanzierung durch Kontokorrentkredit zu einem Zins von 10 % p.a.
- Steuersätze für Gewerbeertrag 13 % und für Einkommen 40 %

Steuerliche Verluste sind im gleichen Jahr gegen anderweitige Gewinne des Unternehmens aufrechenbar.

Sukzessive Endwertrechnung (Vollständiger Finanzplan):

Zeitpunkt	0	1	2	3
Einzahlungen vor Steuer und Zinsen		300,00	600,00	500,00
Abschreibungen		-500,00	-500,00	
Fremdkapitalzinsen		-100,00	-65,66	-13,87
Gewerbeertrag		-300,00	34,34	486,13
Gewerbeertragssteuer		39,00	-4,46	-63,20
zu versteuerndes Einkommen		-261,00	29,88	422,94
Einkommenssteuer		104,40	-11,95	-169,17
Projektzahlungsreihe vor Steuer und Zinsen	-1.000	300,00	600,00	500,00
Steuern		143,40	-16,41	-232,37
Zinsen		-100,00	-65,66	-13,87
Zahlungsreihe nach Steuer und Zinsen (= Kredittilgung)		343,40	517,93	253,76
Projekt-/Kreditstand		-656,60	-138,67	**115,09**

Rechnung nach dem Standardmodell

Zeitpunkt	0	1	2	3
Erträge		300,00	600,00	500,00
Abschreibungen		-500,00	-500,00	
zu versteuernder Betrag		-200,00	100,00	500,00
Steuerzahlungen		95,60	-47,80	-239,00
Zahlungsreihe nach Steuern	-1.000	395,60	552,20	261,00
aufgezinst mit 5,22 % p.a. [1]	-1.164,92	437,98	581,02	261,00
Vermögensendwert				**115,09**

[1] Den Zinssatz nach Steuern von $p_S = 5{,}22\ \%$ erhält man durch

$p_S = p \cdot (1 - s) = 10\ \% \cdot (1 - 0{,}478)$ $(s = s_E + s_{GE}\ (1 - s_E) = 0{,}478)$

vgl. hierzu Seiten 62 und 64

6 Grenznutzen, Grenzpreise, Grenzaufwand und Opportunitätskosten als Kriterien der Wirtschaftlichkeit von Investitionsprojekten

6.1 Problemstellung und theoretische Ansätze der Problemlösung

Die begrenzten Ressourcen an Kapital, Natur, Produktionsfaktoren, Wissen, gesellschaftlicher Akzeptanz etc. sind - in möglichst frühen Stadien der Forschung, Entwicklung und Investitionsplanung - auf die Felder und Aktivitäten der wirtschaftlichen Tätigkeit zu lenken, welche die höchste Ertragswirksamkeit erwarten lassen (Wirtschaftlichkeitsprinzip, Orientierungsfunktion der Betriebswirtschaft). Ein Weg zur Durchsetzung dieses Anliegens ist eine betriebswirtschaftliche Fundierung von Entscheidungen und Handlungen auf der Grundlage maßnahme(objekt)- oder produktbezogener Limite des zulässigen Aufwandes (Grenzkosten, Grenzinvestitionsaufwand) oder des Mindestertrages (z.B. Grenzpreise für neue Produkte) mit dem Ziel

- der Bestimmung der für Wirtschaftlichkeitssteigerungen besonders tragfähigen Potentiale (Bereiche, Entwicklungen, Projekte, Maßnahmen, Produkte),
- der frühzeitigen Lenkung der technisch-wirtschaftlichen Aktivitäten auf eben diese Potentiale,
- der Ermittlung wirtschaftlicher Handlungsspielräume für die Durchsetzung von Entscheidungen und Handlungen und der Erhöhung der Flexibilität der Entscheidungsprozesse,
- der Berücksichtigung des Faktes der Unsicherheit bei stets in die Zukunft gerichteten Wirtschaftlichkeitsaussagen (-prognosen) im Entscheidungsprozeß und
- der grundsätzlichen Qualifizierung der Entscheidungsprozesse.

Den theoretischen Ansatz zur Problemlösung bieten die Grenznutzentheorie und das Alternativkostenkonzept. Welchen Mindestnutzen muß eine Handlung/Maßnahme stiften, wenn durch sie eine Verdrängung der nächst günstigen Verhaltensalternative erfolgen soll?

Wird diese Mindestforderung an den erforderlichen Nutzen methodisch durch maximal zulässige(n) Kosten/Aufwand **oder** durch mindestens erforderliche(n) Preise/Ertrag zum Ausdruck gebracht, dann fungieren diese Werte als Grenzkonditionen (Limite) für die in ihrer Wirtschaftlichkeit zu beurteilende Handlung/Maßnahme. Werden beim wirtschaftlichen Vergleich von Handlungsalternativen in den monetären Wirtschaftlichkeitskriterien noch nicht erfaßte Wirkungen (z.B. externe Effekte in Form unterschiedlicher ökologischer Konsequenzen) auf der Grundlage eines entgangenen Nutzens (z.B. Kostendifferenz/Kostensteigerung) zur nächst günstigen Variante ermittelt, dann sind diese Differenzkosten Opportunitätskosten. Sie begrenzen in diesem Fall aus betriebswirtschaftlicher Sicht die maximal zulässigen Kosten zur Minderung der ökologischen Belastung (Grenzkosten, Alternativ-/ Opportunitätskosten) für die betriebswirtschaftlich vorteilhaftere, ökologisch (extern) aber höher belastende Variante, im Vergleich zum ökologischen Belastungsniveau der Vergleichsvariante. Auf diese Weise ermittelte Opportunitätskosten geben Auskunft über wirtschaftliche Handlungsspielräume zur Vermeidung unerwünschter externer (nicht- oder außerwirtschaftlicher) Effekte.

Arten von Grenznutzens-, Grenzpreis- und Grenzaufwandskategorien:

- **Ertragswert als Preisobergrenze und Preisuntergrenze** bei der Bewertung von Unternehmen, Investitionsprojekten und Lagerstätten
- **Investitionsaufwandslimite** (Obergrenzen) für Rationalisierungs- und Einsparungseffekte
- **Kosten-, Preis- und Gewinnlimite** für neue Erzeugnisse
- **Alternativ- (Opportunitätskosten) als Grenzpreis** für die wirtschaftliche Bewertung außerwirtschaftlicher (externer) Effekte
- **Kritische Produktionsmengen**, Betriebsgrößen, Losgrößen, Amortisationsdauern, Nutzungsdauern und Lagerstättenkonditionen (z.B. Mindestgehalte, Grenzteufen)

Diese Limite sind dynamische Größen. Ihre Dynamik entspringt der Entwicklung und den Veränderungen der Bedingungen, Zielstellungen und Möglichkeiten. Hinzu kommt der subjektive Einfluß bei ihrer Ermittlung. Sie sind zeit- und maßnahmebezogen wirksam und gültig, und sie stehen zueinander in wechselseitigem Zusammenhang. So bestimmen die aus den Marktchancen für ein Produkt abgeleitete Preisobergrenze (POG) für ein Produkt und eine festgelegte Rentabilitätsforderung, z.B. in Form der Erlösrentabilität (ER), die Kostenobergrenze (KOG) für das Produkt.

$$KOG = POG \cdot (1 - ER)$$

Grundbeziehungen zwischen betriebswirtschaftlichen Kategorien in ihrer Funktion als Limite für Innovationen und Investitionen:

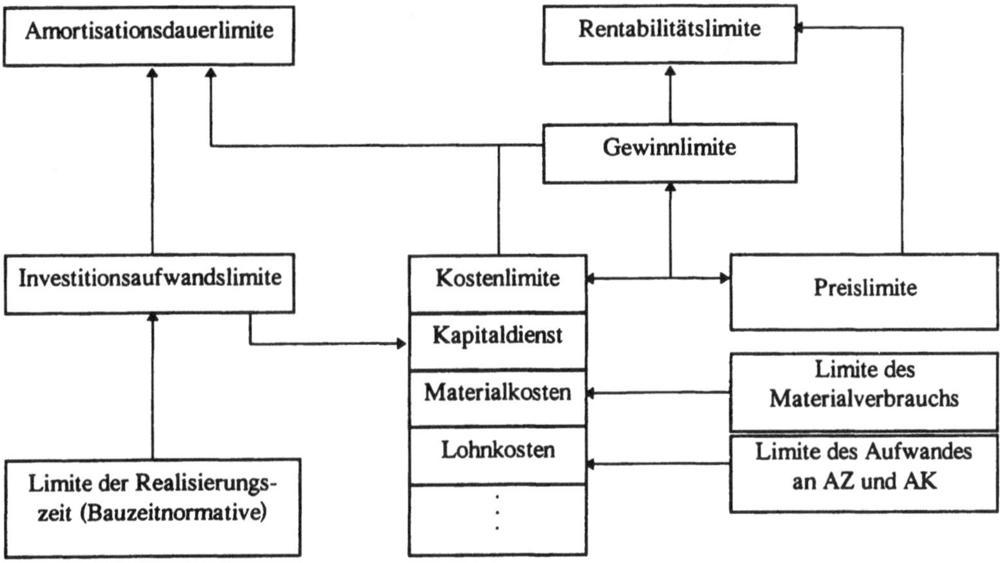

6.2 Ausgewählte Anwendungen

6.2.1 Ertragswert als Grenzpreis bei der Unternehmens- und Investitionsbewertung

Grundlage der Bewertung ist der dem Bewertungsobjekt zurechenbare Kapitalwert. Es werden alle verursachungsgerecht direkt zurechenbaren, noch ausstehenden und damit noch entscheidungsrelevanten Zahlungen im **Zahlungsstrommodell für das Projekt** erfaßt, bilanziert und auf einen einheitlichen Kalkulationszeitpunkt t = 0 diskontiert. Bei Vorliegen einer Vorproduktionsperiode werden in dieser Zeit auftretende Zahlungen auf t = 0 aufgezinst.

$$EW = \sum_{i=0}^{-n} \frac{-A_i}{q^i} + \sum_{j=1}^{m} \frac{C_j}{q^j} + \sum_{t=m+1}^{m+k} \frac{-A_t}{q^t}$$

EW - auf den Zeitpunkt 0 bezogener Kapitalwert/ Ertragswert/ Zukunftserfolgswert/ Barwert/ Gegenwartswert des Investitionsprojektes/ Unternehmens

A_i - noch zahlungswirksame Aufwendungen in der Vorproduktionsperiode i (i = 0 ... -n), z.B. für Investitionen oder Kaufpreis

Cj - Zahlungsüberschüsse (Cash-flows) in der Produktionsperiode j (j = 1 ... m), ggf. auch negative Periodensalden

A_t - noch zahlungswirksame Aufwendungen in der Nachproduktionsperiode t (t = m + 1 ... m + k), z.B. für die Beseitigung entstehender ökologischer Lasten (Altlasten) und Liquidationserlöse/ -kosten, ggf. auch positive Periodensalden

q - Zinsfaktor

Ertragswertinterpretationen:

- allgemein: ein positiver Ertragswert als finanzmathematischer Ausdruck des Barwertes der über der Grundrendite (dem Kalkulationszins) liegenden Übergewinne und als Grenzpreis für in der Ertragswertrechnung bisher noch nicht berücksichtigte Aufwendungen, verzinst auf den Zeitpunkt t = 0, damit Ertragswert als Entscheidungswert, Arbitrium- oder Schiedsspruchwert und Argumentationswert
- im Fall einer geplanten Transaktion (Verkauf - Kauf von Unternehmen/Wirtschaftsgütern): die aus der jeweils subjektiven Sicht der Transakteure ermittelten objektkonkreten Ertragswerte als Preisobergrenze für den Käufer und als Preisuntergrenze für den Verkäufer
- im Fall der Entscheidungsfindung über Investitionsprojekte der Ertragswert als Obergrenze für den maximal zulässigen Investitionsaufwand für die Projektrealisierung
- im Fall der Bewertung von Lagerstätten der Ertragswert als Barwert der Differentialrente der Bergbauunternehmung und monetärer Wert der Lagerstätte (Grenzpreisfunktion)

Bei den Berechnungen und Interpretationen der Ertragswerte werden die Prinzipien der Vorsicht und Risikovorsorge Berücksichtigung finden.

Anwendungsbeispiel Ertragswert als Grenzpreis in der Unternehmensbewertung

Ein Unternehmer steht vor der Entscheidung, einen Teil seines Unternehmens zu veräußern. In der Bilanz werden die Vermögenswerte für diesen Unternehmensbereich mit netto 530 GE (Substanzwert - SW) ausgewiesen. Die aus Einzelliquidation zu erzielenden Erlöse sollen 400 GE (Liquidationswert - LW) betragen. Kaufinteresse, mit der Absicht das Unternehmen weiterzuführen, bekunden 4 potentielle Käufer. Die Zukunftserfolgsaussichten bei Weiterführung des Unternehmens durch den Verkäufer und die Käufer werden subjektiv unterschiedlich wie folgt eingeschätzt und die entsprechenden Ertragswerte (EW) ermittelt.

	ND in a	Summenbarwert der erforderlichen Investitionen für Weiterführung in GE	Durchschnittliche Periodenzahlungs-überschüsse - ohne Investitionen in GE/a	Alternative Kapitalanlage in % p.a.	Ertragswert in GE
Verkäufer	8	200	100	8	EW = 375 LW = 400
Käufer 1	10	250	120	10	486,8
Käufer 2	10	350	150	12	497,5
Käufer 3	12	500	140	8	555,6
Käufer 4	5	200	130	7	333,0

- Für den Verkäufer ist die Preisuntergrenze durch LW = 400 bestimmt.
- Käufer 4 hat bei einem EW = 333 keine Erfolgsaussichten (POG = 333 < PUG = 400).
- Käufer 3 hat die größten Erfolgsaussichten (Handlungsspielraum).
- Im Fall der Nutzenteilung zwischen Verkäufer und Käufer 3 würde der Kaufpreis 477,8 GE betragen.
- Der Substanzwert des Unternehmens SW = 530 wird, abgesehen von den erforderlichen Investitionen bei Weiterführung und ggf. erforderlichen Aussonderungen durch die Transaktion nicht beeinflußt und hat seinerseits auch keinen Einfluß auf die Entscheidung.

6.2.2 Investitionsaufwandslimite für Rationalisierungsinvestitionen

Rationalisierungsinvestitionen tragen Einsparungscharakter. Durch einen einmaligen zusätzlichen Aufwand (Investitionsaufwand) wird über die optimale Wirkungsdauer der Investition laufender Aufwand gesenkt (Periodeneinsparung). Welcher Investitionsaufwand ist, bezogen auf einen bestimmten Einsparungseffekt, maximal zulässig (Preisobergrenze für die Investition)? Den Ansatz zur Problemlösung bietet die **Grenznutzentheorie.**
Ausgehend von einer im Ergebnis der Investition erwarteten oder angestrebten jährlichen Einsparung, quantifiziert in einer Senkung der pagatorischen Betriebskosten (B_i) **und einer Rentabilitätsforderung in Höhe des Kalkulationszinses (q) ist der maximal zulässige Investitionsaufwand (I_{lim}) durch die Höhe des Summenbarwertes der Einsparungen über n (B_0) begrenzt.**

allgemein: Δ A aus Inv. $\leq$ Δ Einsparungen über n

konkret: $$I_0 \leq B_0 = B\frac{q^n - 1}{q^n(q-1)}$$

oder: $$I_0 \cdot \frac{q^n(q-1)}{q^n - 1} = KD \leq B$$

Hieraus folgt: $$I_{lim} = B\frac{q^n - 1}{q^n(q-1)} = B_0$$

I_{lim} - maximal zulässiger Investitionsaufwand in GE/a

B - Einsparungsannuität in GE/a über n

KD - Kapitaldienst in GE/a

Grenzinvestitionsaufwand (I_{lim}) für einen jährlichen Einspareffekt (B) in Höhe von 100 GE in Abhängigkeit von der Wirkungsdauer (n) und der Höhe des Zinsfaktors (q)

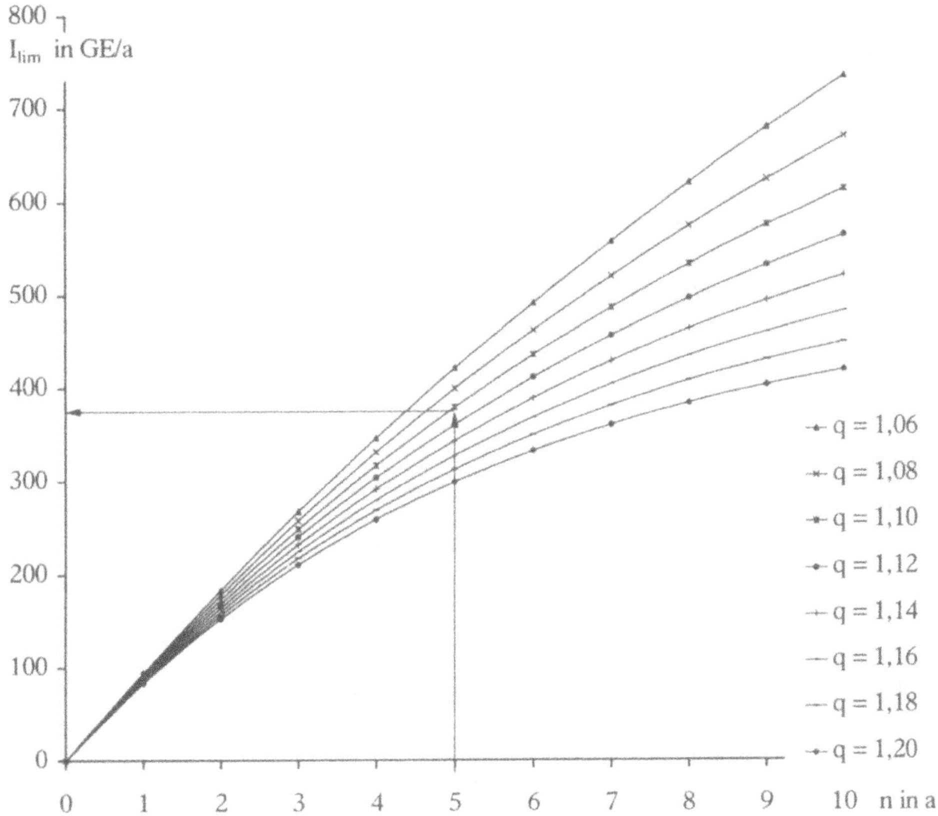

Beispiel: n = 5 a; q = 1,10; I_{lim} = 379 GE

Der Unterschiedsbetrag zwischen dem als maximal zulässig ermittelten Investitionsaufwand und dem effektiv erforderlichen Investitionsaufwand für eine Maßnahme (I_{lim} - I_{eff}) ist der Kapitalwert der Rationalisierungsinvestition.

Berechnungsgrundlagen für Einsparungseffekte durch Rationalisierungsinvestitionen

(1) Einsparungseffekt aus Senkung des Verbrauchs an Rohstoffen, Material und Energie

$$B = \Delta m \cdot p \cdot Q - B' \qquad \text{in GE/a}$$

Δm - Senkung des spezifischen Verbrauchs an Rohstoff, Material oder Energie in $ME/ME_{Erzeugnis}$
p - Preis für eine ME Material in $GE/ME_{Material}$
Q - Jahresproduktion in $ME_{Erzeugnisse/a}$
B' - ggf. erforderliche zusätzliche investitionsbedingte Kosten außerhalb des Kapitaldienstes, z.B. für Instandhaltung und Energie in GE/a

(2) Einsparungseffekt aus der Einsparung von Arbeitsplätzen

$$B = \Delta APL \cdot f_A \cdot B_L \cdot f_L - B' \quad \text{in GE/a}$$

ΔAPL - Zahl der eingesparten Arbeitsplätze
f_A - Arbeitskräfte je Arbeitsplatz (Besetzungsfaktor)
B_L - Lohnkosten je Arbeitskraft und Jahr
f_L - Faktor zur Berücksichtigung der Lohnnebenkosten

(3) Einsparungseffekt aus Leistungssteigerung vorhandener Prozesse

$$B = \Delta Q \cdot db \qquad \text{in GE/a}$$

ΔQ - Leistungssteigerung in ME/a
db - Deckungsbeitrag in GE/ME ($db = e - k_d$)
e - spezifischer Erlös in GE/ME
k_d - direkt zurechenbare Kosten in GE/ME ohne Kapitaldienst

(4) Einsparungseffekt aus komplexer Nutzung von Rohstofflagerstätten (Senkung der Vorratsverluste, Gewinnung von Begleitrohstoffen)

$$B = \Delta L \cdot (k_{Grenz} - k')$$

ΔL - zusätzliches Lagerstättenausbringen in ME/a
k_{Grenz} - aus der Bauwürdigkeitsgrenze oder alternativer Gewinnung abgeleitete Grenzkosten in GE/ME
k' - für das zusätzliche Lagerstättenausbringen erforderliche und entscheidungsrelevante Kosten ohne Kapitaldienst in GE/ME

(5) Ist eine Berechnung des Einsparungseffektes auf der Grundlage von Grenzkosten (k_{Grenz}) nicht möglich, bietet sich auch hier die Bewertung von Vorratsverlusten mittels entgangener Deckungsbeiträge an.

$$B = \Delta V\,(e - k_d) = \Delta DB$$

ΔV - Senkung der Vorratsverluste in ME/a oder ME (bezogen auf einen Lagerstättenteil)

ΔDB - zusätzlicher Deckungsbeitrag in GE/a oder GE (bezogen auf einen Lagerstättenteil)

6.2.3 Finanzmathematische Durchschnittskosten als Grenzpreis für Produkte

Wirtschaftlichkeitsrechnungen für Investitionen sind Prognosen und erfolgen unter Unsicherheit. Von Unsicherheit besonders betroffen sind die Preise für Produkte. Von Interesse ist damit der Preisspielraum für diese Produkte. Welcher Preis muß auf dem Markt im Durchschnitt durchgesetzt werden, damit eine Mindestrentabilität der hiervon beeinflußten Investition garantiert ist (Grenzpreis für Produkte)? Ausgangspunkt für die Beantwortung dieser Frage ist eine gesetzte Erwartung bezüglich der Höhe des Kapitalwertes der Investition, wobei die Mindestforderung KW = 0 lauten wird. Bei dieser Mindestforderung und dem dieser Bedingung entsprechenden durchschnittlichen Produktpreis (FMK) wäre eine Rentabilität des eingesetzten Kapitals genau in Höhe des Kalkulationszinses garantiert, ein Marktpreis größer den berechneten FMK (Mindestpreis) zeigt eine überdurchschnittliche Kapitalrentabilität. Beim Vergleich von technologischen Varianten fungieren die FMK als Vorteilhaftigkeitskriterien, die Variante mit den geringeren FMK ist wirtschaftlich vorteilhafter.

Mathematische Ableitung der finanzmathematischen Durchschnittskosten für Produkte (Grenzpreis) unter der Prämisse einer Mindestrentabilität.

Die Mindestrentabilität wird durch den Kapitalwert der nächstbesten Anlagealternative ($KW_{altern.}$), im schlechtesten Falle durch einen KW = 0 charakterisiert.

$$KW_{altern.} = -I_0 + \sum_{i=1}^{n} \frac{C_i}{q^i} = E_0 - A_0$$

$$\frac{A_0 + KW_{altern.}}{E_0} = 1 = \frac{\sum_{i=1}^{n} \frac{A_i}{q^i} + KW_{altern.}}{\sum_{i=1}^{n} \frac{Q_i \cdot p}{q^i}} = \frac{\sum_{i=1}^{n} \frac{A_i}{q^i} + KW_{altern.}}{p \cdot \sum_{i=1}^{n} \frac{Q_i}{q^i}}$$

$$p = FMK = \frac{\sum_{i=1}^{n} \frac{A_i}{q^i} + KW_{altern.}}{\sum_{i=1}^{n} \frac{Q_i}{q^i}} = \frac{A_0 + KW_{altern.}}{Q_0}$$

$$p = FMK = \frac{I_0 + B \cdot \frac{q^n - 1}{q^n \cdot (q-1)} + KW_{altern.}}{Q \cdot \frac{q^n - 1}{q^n \cdot (q-1)}}$$ (wenn Betriebskosten Annuitäten sind)

Für $KW_{altern.} = 0$ ergibt sich:

$$p = FMK = \frac{\sum_{i=1}^{n} \frac{A_i}{q^i}}{\sum_{i=1}^{n} \frac{Q_i}{q^i}} = \frac{A_0}{Q_0}$$

$KW_{altern.}$ - Kapitalwert der Anlagealternative
A_i - $I_i + B_i$
Q_i - Produktmenge in Periode i in ME/a
p - Grenzpreis (Mindestpreis) in GE/ME

Beispiel zur Berechnung von FMK (q = 1,1)

Periode		0	1	2	3	4	Σ
Variante	A_i	120	20	20	20	20	200
A	Q_i	-	40	30	20	10	100
Variante	A_i	100	25	25	25	25	200
B	Q_i	-	10	20	30	40	100

$$\text{FMK (A)} = \frac{183{,}40}{83{,}01} = 2{,}21 \text{ GE / ME}$$

$$\text{FMK (B)} = \frac{179{,}25}{75{,}48} = 2{,}37 \text{ GE / ME}$$

Die offensichtlichen zahlungsstrombedingten Nachteile der Variante A

- Barwert der Auszahlungsreihe Var. A = - 183,40
- Barwert der Auszahlungsreihe Var. B = - 179,25

werden bei Dynamisierung der Leistungsströme mehr als kompensiert. Die auf der Grundlage der FMK ermittelten Grenzpreise betragen für Variante A 2,21 GE/ME und für Variante B 2,37 GE/ME. Variante A ist die Vorzugsvariante.

6.2.4 Finanzmathematische Kosten und Aufwandskenngrößen als Kriterien der Vorteilhaftigkeit von Investitionsprojekten

Sachinvestitionen sind häufig dadurch charakterisiert, daß

- ihnen direkt keine finanzielle Ertragswirksamkeit zugerechnet werden kann, z.B. Investitionen in Hilfsprozessen,
- mit diesen Investitionen keine finanziell meßbaren Zielstellungen verfolgt werden, z.B. Investitionen im Umwelt-, Sicherheits- und Sozialbereich,
- sich die zu vergleichenden Varianten in ihrer Ertragswirksamkeit nicht unterscheiden, z.B. gleiche Produktionszeitprofile und Einzahlungsströme.

In all diesen Fällen ist das Bewertungs- und Entscheidungsproblem durch Vergleich alternativer technisch-technologischer Varianten gegeben. Sind die zur Auswahl stehenden Varianten durch einen **gleichen Grad der Zielerfüllung** gekennzeichnet, dann kann die wirtschaftlich vorteilhaftere Variante durch **Aufwandsvergleich** ermittelt werden (relative Effektivität). Die wirtschaftliche Bewertung von Unterschieden in den Aufwandsströmen der zu vergleichenden Varianten erfordert auch hier über einen statischen Kostenvergleich hinausgehende finanzmathematische Berechnungen, d.h. die Bestimmung der Vorteilhaftigkeit der Varianten auf der Grundlage finanzmathematischer Kosten. Dieses Vorgehen ermöglicht auch die Berücksichtigung ggf. bestehender Unterschiede zwischen den Varianten in der wirtschaftlichen Nutzungsdauer und im Produktionszeitprofil (Leistungsstrom) durch Modifikationen der finanzmathematischen Kosten, d.h. die Berechnung spezieller Aufwandskenngrößen, die dann an bestimmte Anwendungsvoraussetzungen gebunden sind. In jedem Fall ist die wirtschaftliche Vorzugsvariante durch den kleinsten Wert der Aufwandskenngröße bestimmt.

Aufwandskenngrößen als modifizierte FMK:

$$AW_{(n)} = I_0 \cdot q^n + B\,\frac{q^n - 1}{q - 1} \qquad \text{in GE (Endwert)}$$

$$AW_{(0)} = I_0 + B\,\frac{q^n - 1}{q^n (q - 1)} \qquad \text{in GE (Barwert)}$$

$$aw = I_0 \cdot \frac{q^n \cdot (q - 1)}{q^n - 1} + B \qquad \text{in GE/a (Annuität)}$$

$$aw' = i_0 \cdot \frac{q^n \cdot (q - 1)}{q^n - 1} + b \qquad \text{in GE/ME (Einheitswert)}$$

$$FMK = p = \frac{I_0 + B \cdot \dfrac{q^n - 1}{q^n (q - 1)}}{Q \cdot \dfrac{q^n - 1}{q^n \cdot (q - 1)}} \qquad \text{in GE/ME}^{1)} \text{ (Einheitswert)}$$

[1)] vgl. hierzu auch S. 78

$AW_{(n)}$ - Aufwandsendwert für ein Projekt in GE
$AW_{(0)}$ - Aufwandsbarwert für ein Projekt in GE
aw - Aufwandsannuität für ein Projekt in GE/a
aw' - spezifische Aufwandsannuität für ein Projekt in GE/ME
I_0 - Anschaffungskosten in GE
i_0 - spezifische Anschaffungskosten in GE/ME und a
B - Annuität der Betriebskosten in GE/a
b - spezifische Annuität der Betriebskosten in GE/ME
Q - Annuität der Produktmenge in ME/a

Anwendungsvoraussetzungen und Aussagegrenzen beim Vergleich alternativer Varianten:

Anwendungsvoraussetzung[1]	$AW_{(n)}$	$AW_{(0)}$	aw	aw'	FMK
Unterschiede in n (a)	nein	ja	ja	ja	ja
Unterschiede in Σ Q (ME)	nein	nein	ja	ja	ja
Unterschiede in $\varnothing$ Q (ME/a)	nein	ja	nein	ja	ja
Varianz im Leistungsstrom zulässig	nein	nein	nein	nein	ja
Varianz im Auszahlungsstrom für Betriebskosten zulässig[2]	nein	nein	nein	nein	nein

1) Angaben beziehen sich auf die zu vergleichenden Varianten

2) Diese Einschränkung entfällt, wenn nicht mit durchschnittlichen Betriebskosten über n, sondern mit originären Periodendaten des Zahlungsstromes gerechnet wird.

6.2.5 Optimale/ kritische Produktionsprogramme, Losgrößen, Amortisationsdauer und Nutzungsdauer von Investitionsprojekten

Die Wirtschaftlichkeit von Investitionsprojekten (Sachinvestitionen) wird entscheidend durch die bestehenden Variationsmöglichkeiten bezüglich der Nutzungsdauer, der Betriebsgröße, der Anlagengröße, der Produktionsprogramme und der Losgrößen beeinflußt. Diese Größen sind wichtige Leitvariable der Investitionsplanung. Es drängt sich die Frage auf, welche Mindestanforderungen an diese Größen zu stellen sind (kritische Werte) und wo der wirtschaftlich optimale Zuschnitt liegt. Diesbezügliche Entscheidungen werden, wenn sie dem Wirtschaftlichkeitsprinzip entsprechen und nach komplexen und damit anspruchsvollen wirtschaftlichen Zielkriterien getroffen werden, zweckmäßig aus dem allgemeinen Ertragswertansatz abgeleitet. Grundlage hierfür ist die Entwicklung des Ertragswertes für ein Investitionsprojekt in Abhängigkeit von der Variablen X

$$\mathbf{EW = f(X)}$$

wobei X vor allem in den Entscheidungsalternativen bezüglich

- Betriebsgröße, Anlagengröße, Produktionsprogramm, Losgröße,
- Projektdauer, Nutzungsdauer
- und im Bergbau in der Fixierung der Bauwürdigkeitsgrenzen von Lagerstätten durch Festlegungen zu den Lagerstättenkonditionen der Qualität (z.B. Grenzgehalte, Schwellengehalte) und der Bonität (z.B. Grenzteufen) und der hiermit verbundenen Aufgabe der Vorratsmengenoptimierung und des Lagerstättenausbringens im Prozeß der Bergbauplanung gegeben sind.

Allgemeine Ertragswertfunktion EW (X)

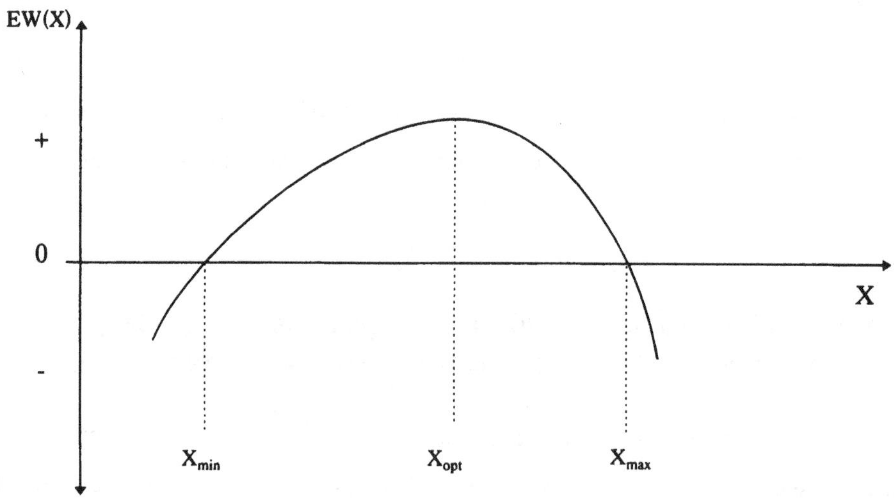

Die Werte für X_{min}, X_{opt} und X_{max} fungieren im Entscheidungsprozeß über Investitionsprojekte als Grenz- und Orientierungswerte. Sie führen zu einer fundierten und rationellen Gestaltung der Entscheidungsprozesse.

Spezielle Optimierungsanliegen

(1) Optimale Betriebs- und Anlagengrößen, Optimierung der Produktionsprogramme und Losgrößen (Q)

$$EW = f\ (Q) \rightarrow Max$$

Haupteinflußfaktoren:

- Aufwandsdegressionen bei steigenden Betriebs- und Anlagengrößen sowie wachsenden Produktionsprogrammen und Losgrößen (begrenzten Gültigkeitsbereich beachten!)

$$A = a \cdot Q^D ; \qquad D < 1$$

- Preisverfall bei steigenden Absatzmengen (Preis-Absatzmengen-Funktion)

Im Bergbau erlangen bezüglich der Betriebsgrößenoptimierung und -begrenzung (min/max) weitere Faktoren Einfluß, insbesondere

- die absolute Begrenzung des Lagerstätteninhaltes (L) und die damit durch Betriebsgrößenvariation (Q) beeinflußte Projektdauer (n)

$$n = \frac{L}{Q},$$

- mit steigender Betriebsgröße sich ergebende Konsequenzen auf die speziellen bergbaulichen Risiken (höherer Kapitalvorschuß, Verkürzung des Wiedererwirtschaftungszeitraumes), durch wachsende Betriebsgrößen bedingte tendenzielle Erweiterung der bauwürdigen Vorratsmengen (der Abbaugrenzen) und hierdurch mögliche Einbeziehung von Lagerstättenteilen ungünstigerer Bonität und Qualität infolge der Kompensation bonitäts- und qualitätsbedingter Kostensteigerung und ggf. qualitätsbedingter Erlösminderung (bei nichthomogenen Vorratsmengen),
- Einordnung der Betriebsgrößenentscheidung in übergeordnete Konzeptionen und Rahmenbedingungen (Markt, Standortbedingungen u.a.).

Die wechselseitigen Abhängigkeiten der verschiedenen Einflußfaktoren erfordern simultane Modelle der Betriebsgrößenoptimierung.

(2) Optimale Nutzungsdauer (n) von Investitionsprojekten

$$EW = f\,(n) \rightarrow Max$$

Haupteinflußfaktoren:

- mit der Nutzungsdauer steigender materieller Verschleiß und steigende Instandhaltungskosten,
- mit der Nutzungsdauer steigender moralischer Verschleiß und sinkende Verfügbarkeit sowie ökonomische Wirksamkeit (vgl. hierzu auch 4. Kapitel).

(3) Optimierung der Lagerstättenkonditionen X (z.B. Grenzgehalte, Grenzteufen...) im Bergbau

$$EW = f\,(X) \rightarrow Max$$

Die Optimierung dieser Größen muß in jedem Fall simultan mit der von der Variation der Lagerstättenkonditionen abhängigen Veränderung von Gesamtvorratsmenge, Betriebsgröße und Projektdauer erfolgen. Einen direkten Einfluß haben hierbei bonitäts- und qualitätsbedingte Kosten- und Erlösveränderungen.

Diese Werte fungieren im Entscheidungsprozeß über Sachinvestitionen als Orientierungsgrößen und Grenzkonditionen. Ihre Einhaltung garantiert die Erfüllung der bei ihrer Ermittlung zugrunde gelegten Forderungen an die Wirtschaftlichkeit. Sie sind darüber hinaus Grundlage für die Ableitung weiterer Rentabilitätsforderungen, z.B. nach einer Amortisationsdauer für Rationalisierungsinvestition (Grenzamortisationsdauer) im 1. Drittel der wirtschaftlichen (optimalen) Nutzungsdauer.

6.2.6 Alternativ(Opportunitäts)kosten als Grenzpreis für die wirtschaftliche Bewertung externer Effekte

„Externe Effekte stellen (Inter-) Dependenzen zwischen ökonomischen Aktivitäten verschiedener Wirtschaftssubjekte dar, die nicht über marktmäßige Austauschbeziehungen vermittelt werden." (aus Gabler: Wirtschaftslexikon).

Im Fall der Beurteilung von Investitionen: Externe Effekte sind Wirkungen von Investitionen, die in den der Ermittlung und Beurteilung der Wirtschaftlichkeit/Vorteilhaftigkeit von Investitionen zugrunde liegenden Kriterien (noch) nicht erfaßt sind.

Das sind bei einer betriebswirtschaftlichen Bewertung von Investitionen nach betriebswirtschaftlichen Kategorien (z.B. Gewinn, Rentabilität, Kapitalwert ...) vor allem volkswirtschaftliche, regionalwirtschaftliche, soziale und ökologische Effekte. Die Bestimmung der Vorteilhaftigkeit von Handlungsalternativen auf der Grundlage ausschließlich betriebswirtschaftlicher Kriterien setzt Neutralität der zu bewertenden Alternativen hinsichtlich der betriebswirtschaftlich noch nicht erfaßten externen Effekte, d.h. diesbezügliche Vergleichbarkeit der Varianten, voraus. Für Sachinvestitionen sind jedoch objektkonkrete Entscheidungssituationen charakteristisch, in denen diese Vergleichbarkeit nicht nur nicht gegeben ist, sondern es sogar vordergründig um die Einhaltung oder Erfüllung finanziell nicht meßbarer externer Anforderungen zu Lasten der Wirtschaftlichkeit der Bewertungsobjekte geht und wo mit der zu treffenden Entscheidung ein Ausgleich unterschiedlicher Interessen, z.B. zwischen Wirtschaftlichkeit und Ökologie, herbeigeführt werden muß.

Die Theorie bietet drei grundsätzliche **Lösungsansätze** zur Berücksichtigung externer Effekte im Entscheidungsprozeß:

(1) Anwendung von Verfahren der sogenannten **Nutzwertberechnung** für Sachinvestitionen

Dieser Ansatz zielt auf eine Zusammenfassung aller entscheidungsrelevanten Wirkungen einer Investition (interne und externe Effekte) in **einem Nutzwert**. Ein solcher Nutzwert fungiert dann als Vorteilhaftigkeitskriterium beim Vergleich von Investitionsvarianten (relative Effektivität). Voraussetzung für dieses Verfahren ist ein **Maßstab**, nach dem alle Effekte einer Investition (wirtschaftliche und außerwirtschaftliche) in einem Wertkalkül zusammengeführt werden. Vgl. hierzu 10. Kapitel.

(2) Direkte **monetäre** (finanzielle) Bewertung der einzelnen externen Effekte

Das setzt z.B. bezüglich der Bewertung ökologischer Effekte voraus, daß der Natur ein Eigenwert beigemessen wird (Konflikt zur allgemeinen Bewertungstheorie) oder daß arbeitssicherheitliche Aspekte über das Humankapital (bewertetes Leistungspotential/ Arbeitsvermögen) der Arbeitskraft finanziell bewertet werden. In dieses Konzept kann auch die Arbeit mit Umweltzertifikaten als Instrument der Umweltpolitik eingeordnet werden (Institutionalisierung eines Marktes für Umweltzertifikate).

(3) **Bewertung** von Handlungsalternativen **nach dem Alternativ- (Opportunitäts)-kostenkonzept**

Hierbei werden unterschiedliche externe Effekte von Handlungsalternativen auf der Grundlage sich hieraus ergebender wirtschaftlicher Folgen durch Vergleich zur nächstvorteilhaften Alternative oder zu der die Bilanz schließenden (noch erforderlichen) Variante ermittelt und beurteilt.

Bewertungsmodell Alternativkosten/ Opportunitätskosten

- Bezugsvariante ist die wirtschaftlich günstigste Variante (Basisvariante - Index 0).
- Alternativen sind wirtschaftlich ungünstigere aber ökologisch weniger belastende Varianten (Vergleichsvarianten).

	Wirtschaftl. Kriterium (KW, Kosten, Bereitstellungsaufwand)	$\Delta A = A_i - A_0$	Externer Effekt	$\Delta E = E_0 - E_i$	
Basisvariante: Wirtschaftlichkeit + Externer Effekt -	A_0	0	E_0	0	
Vergleichsvariante 1	A_1	ΔA_1	E_1	ΔE_1	$\frac{\Delta A_1}{\Delta E_1}$
Vergleichsvariante 2	A_2	ΔA_2	E_2	ΔE_2	
.	.	.	.	.	
Vergleichsvariante n	A_n	ΔA_n	E_n	ΔE_n	$\frac{\Delta A_n}{\Delta E_n}$

ΔA_i zusätzlicher Aufwand/ schlechterer KW für Alternative i im Vgl. zu Variante 0

ΔE_i Minderung der externen (negativen) Effekte für Alternative i im Vgl. zu Variante 0

Der Quotient $\frac{\Delta A_i}{\Delta E_i}$ kann als wirtschaftlicher Effekt (Preis) der Vermeidung externer Folgen am Standort der Vergleichsvariante i im Vergleich zur Basisvariante angesehen werden.

Charakteristische Merkmale des Bewertungsmodells sind:

- Paar(Varianten)vergleich; Sicherung der Vergleichbarkeit der Varianten bezüglich ihrer originären Ziele, z.B. Deckung eines vorgegebenen Bedarfes, Rohstoffqualität und Versorgungsdauer; Bestimmung der relativen Vorteilhaftigkeit der Varianten aus wirtschaftlicher, ökologischer, regionaler ... Sicht,
- Bewertung vergleichsweise unterschiedlicher Konsequenzen und externer Effekte von Varianten auf der Grundlage der wirtschaftlichen Vorteilhaftigkeit, z.B. der relativen Ersparnis von Bereitstellungsaufwand für den Rohstoff, mit dem Ziel der Bestimmung wirtschaftlicher Handlungsspielräume für Maßnahmen zur Minderung negativer externer Effekte,
- im Fall einer charakteristischen Entscheidungssituation - z.B. geringere ökologische Folgen (ΔE_i), erkauft durch einen höheren Aufwand (ΔA_i) - zeigt das Verhältnis ΔA_i zu ΔE_i den wirtschaftlichen Effekt (Preis) für die Vermeidung ökologischer Folgen und damit die Tragfähigkeit zu treffender Entscheidungen an,
- Modellversagen im Fall des Vorliegens mehrerer und unterschiedlicher externer Effekte (z.B. ökologische und soziale).

Demonstration des Alternativkostenkonzeptes

am Beispiel komplexer Bewertung der Deckung des Bedarfes einer Region an Kiessand unter besonderer Berücksichtigung wirtschaftlicher (Bereitstellungsaufwand) und ökologischer (Flächendevastierung) Aspekte:

Zur Bedarfsdeckung existieren zwei Varianten:

- betriebswirtschaftlich vorteilhafte (Bereitstellungsaufwand 20 DM/t), aber ökologisch sehr sensible (Flächeninanspruchnahme 4,68 ha/Mt) Variante auf der Grundlage der Nutzung einer nahegelegenen Lagerstätte oder
- betriebswirtschaftlich ungünstigere (Bereitstellungsaufwand 26 DM/t), aber ökologisch weniger sensible Variante (Flächeninanspruchnahme 2 ha/Mt) auf der Grundlage der Nutzung einer entfernteren Lagerstätte.

	Bereitstellungs-aufwand in DM/t	Δ A	Flächendevastie-rung in ha/Mt	Δ E	$\frac{\Delta A}{\Delta E}$
Basisvariante	20	0	4,68	0	
Vergleichsvariante	26	6	2,00	2,68	2,24

$$\frac{\Delta A}{\Delta E} = \frac{6DM/t}{2{,}68ha/Mt} = 2{,}24 \cdot 10^6 DM/ha$$

Dieser Betrag ist als wirtschaftlicher Effekt (Preis) für die Vermeidung der Devastierung von 1 ha Fläche im Abbaugebiet der Basisvariante durch alternative Versorgung aus dem Gebiet der Vergleichsvariante zu interpretieren. Er ist Ausdruck des wirtschaftlichen Handlungsspielraumes zur Minderung der mit dem Fakt Flächendevastierung verbundenen wirtschaftlichen Konsequenzen am Standort der Basisvariante aus gesamtwirtschaftlicher Sicht.

7 Planung von Leistung, Ertrag, Aufwand und Kosten in den Stadien der Vorbereitung von Investitionen

7.1 Problemstellung

Wirtschaftlichkeitsrechnungen für Sachinvestitionen bauen auf **objektkonkreten und verursachungsgerechten Vorauskalkulationen** von Leistung, Ertrag, Aufwand und Kosten und hieraus abgeleiteten in der Zukunft liegenden Zahlungsströmen (Prognosecharakter) auf.

Die zur Anwendung kommenden Methoden der Vorauskalkulation, die Sicherheit und die Detailliertheit der Kalkulationsergebnisse sind durch die in den jeweiligen Stadien von Forschung und Entwicklung und der Vorbereitung von Investitionen gegebenen (sich entwickelnden) Voraussetzungen geprägt.

Grundsätzliche Anforderungen an die Vorauskalkulationen im Prozeß der Entscheidungsvorbereitung:

(1) Einheit von betriebswirtschaftlichen Kalkulationsverfahren (z.B. Divisionskalkulationen, Zuschlagskalkulationen, ...), Datenbasis und Verfahren der Wirtschaftlichkeitsrechnung (z.B. erfordert die Anwendung dynamischer Verfahren der Wirtschaftlichkeitsrechnung Daten und Kalkulationen von Zahlungsstromgrößen).

(2) Der Prozeß der Vorauskalkulation der entscheidungsrelevanten Inputs für Wirtschaftlichkeitsrechnungen für Investitionsprojekte und Sachinvestitionen ist **inhaltlich** ein mehrstufiger Prozeß, geprägt durch die Abfolge

- Planung/ Ermittlung der Produktionsprogramme und der Produktionsprogrammzeitprofile, der naturalen Produktionsfaktorverbräuche, der Mengengerüste,
- finanzielle (monetäre) Bewertung der Verbräuche an Produktionsfaktoren und der Leistungsprozesse und
- Ermittlung der Aufwands- und Ertragsflüsse, Zahlungsstrommodelle, Plankostenrechnung, Wirtschaftlichkeitsrechnung. (weiter auf Seite 91)

Zusammenhänge zwischen zeitlichem Verlauf von Forschungs- und Entwicklungsprozessen und Methoden der Investitions- und Kostenvorauskalkulation

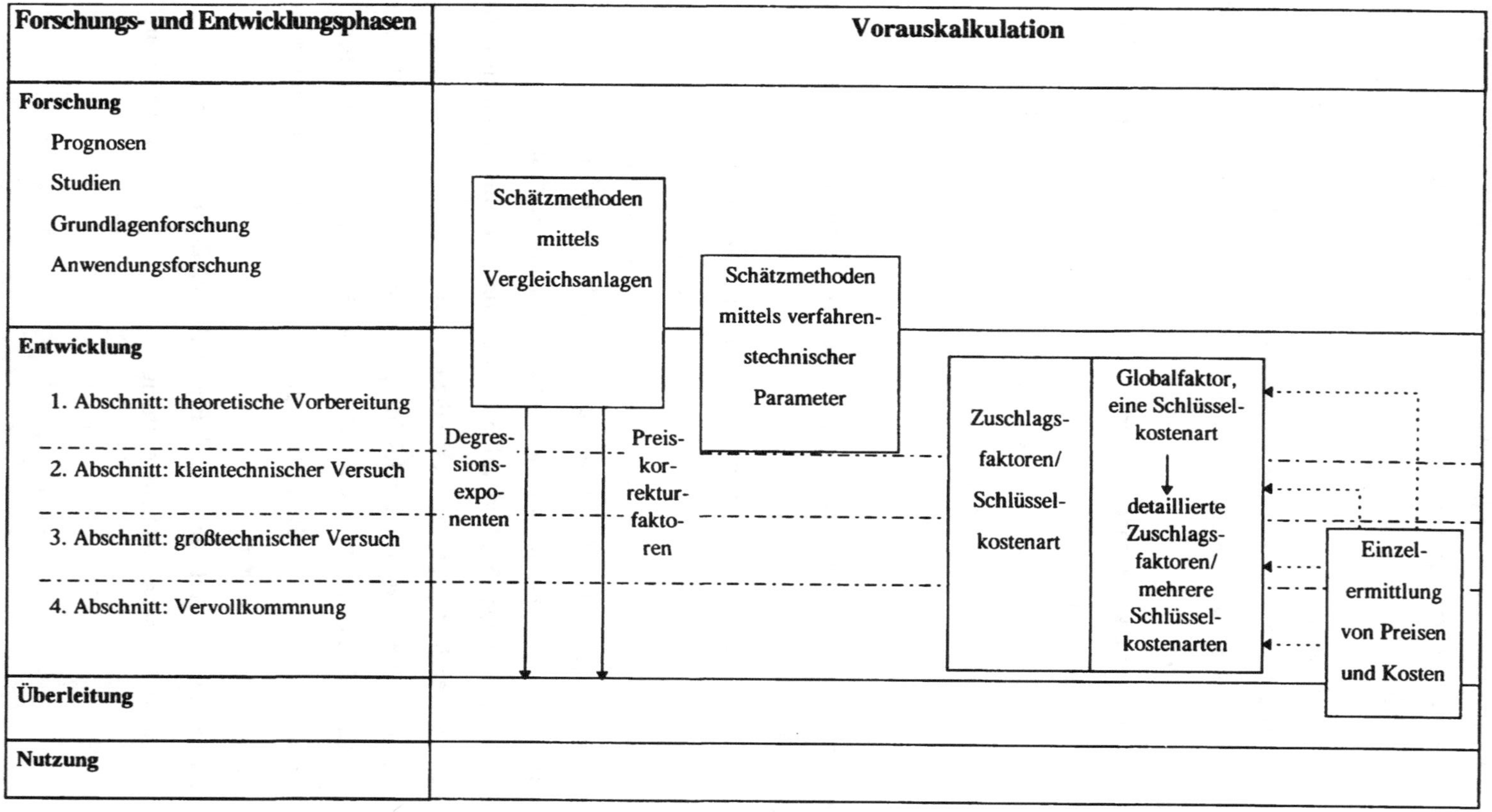

(3) Über die zeitlichen Stadien der Planung und Vorbereitung von Investitionsprojekten (zugleich Stadien der wirtschaftlichen Bewertung)

- Opportunitätsstudien
- Prefeasibility- und Feasibilitystudien
- Investitionsplanung
- Investitionsvorentscheidung
- Investitionsgrundsatzentscheidung
- Projektierung
- Realisierung (Bau/ Ausrüstung)
- Abnahme/ Anlauf
- Regelnutzung/ Auslauf

werden die Freiheitsgrade der Entscheidungen und die allgemeinen und speziellen wirtschaftlichen Risiken der Investitionsprojekte kleiner. Hieraus ergeben sich Konsequenzen auf die Berücksichtigung des Vorsichtsprinzips und auf die Risikovorsorge (vgl. hierzu auch 8. Kapitel).

(4) Objektkonkrete Vorgehensweisen bezüglich der inhaltlichen Schwerpunkte, des zeitlichen Vor- und Ablaufes und des Umfanges der Vorbereitung von Sachinvestitionen, z.B. vereinfachte/ verkürzte Wirtschaftlichkeitsnachweise für Investitionen geringen Wertumfangs im Vergleich zu den Anforderungen für komplexe Industrieprojekte.

Basismodell (Rahmenkonzept) wirtschaftlicher Bewertung von Sachinvestitionen

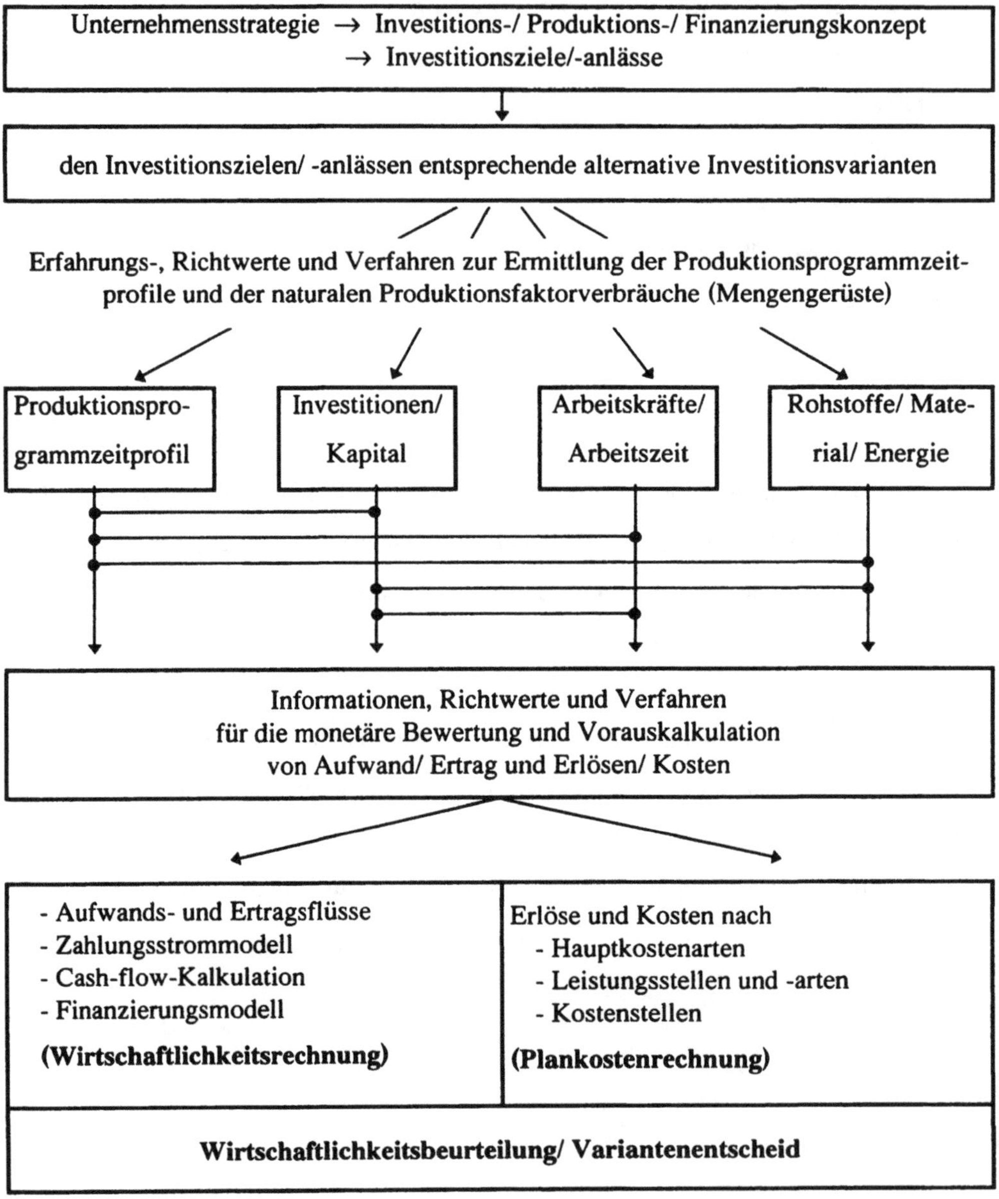

7.2 Planung des Produktionsprogrammzeitprofils

Ziel ist die vorausschauende simultane Planung und Optimierung des Leistungsprozesses der zur wirtschaftlichen Bewertung anstehenden Sachinvestition. Erforderlich sind Aussagen zu den **Mengen**, zu den **Qualitäten** bzw. **Sortimenten** und zur **zeitlichen Entwicklung** der Produktion über die wirtschaftliche Nutzungsdauer (Produktionsprogrammzeitprofil). Methodische Grundlagen sind Verfahren der Leistungsplanung und der Bestimmung der Produktionskapazität von Produktionsanlagen (vgl. hierzu auch Industriebetriebslehre - Anlagenwirtschaft). Von den in der Betriebswirtschaft bekannten Planungskonzepten dominiert eine arbeitsmittelbezogene Kapazitätsermittlung (Sachinvestition, Produktionsanlagen als Produktionseinheiten).

Arbeitsmittelbezogenes Konzept bei Einsorten(Massen-)produktion

$$PK_i = t_K \cdot \eta_{T_i} \cdot Q_{t_h} \cdot \eta_{Q_i}$$

PK_i - Periodenkapazität der Periode i für die Produktionseinheit (PE)

η_{T_i} - Zeitverfügbarkeit der PE in der Periode i, bezogen auf den Kalenderzeitfonds t_K, in Teilen von 1

η_{Q_i} - Leistungsverfügbarkeit der PE in der Periode i, bezogen auf das technische/theoretische Leistungsvermögen Q_{th}, in Teilen von 1

Arbeitsmittelbezogenes Konzept bei Mehrsorten(Sortiment-)produktion

Ausgangspunkt der Planung sind hier der in den Nutzungsperioden i zur Verfügung stehende Nutzzeitfonds (Maschinenzeitfonds) t_{Ni} als allgemeiner Ausdruck der Periodenkapazität i

$$t_{N_i} = t_K \cdot \eta_{T_i}$$

und der spezifische Maschinenzeitaufwand a_{ij} für das Produkt (die Leistungsart) Q_j in der Periode i, womit

$$PK_{ij} = \frac{t_{N_{ij}}}{a_{ij}} \qquad \text{unter der Bedingung: } t_{N_i} \geq \sum_{j=1}^{m} t_{N_{ij}}$$

$t_{N_{ij}}$ - für das Produkt j in der Periode i zur Verfügung stehender/vorgesehener nutzbarer Maschinenzeitfonds [ZE/a]

Im Fall einer, wenn auch hier nicht typischen, **arbeitskräftebezogenen** Leistungsplanung gilt:

$$PK_{ij} = \frac{AZF_{ij}}{azf_{ij}} \qquad \text{unter der Bedingung: } AZF_i \geq \sum_{j=1}^{m} AZF_{ij}$$

AZF_{ij} - für das Produkt j in der Periode i zur Verfügung stehender/vorgesehener nutzbarer Arbeitszeitfonds [ZE/a]

PK_{ij} - Leistungsvermögen für das Produkt j in der Periode i [ME/a]

a_{ij} - spezifischer Arbeitszeitaufwand für das Produkt j in der Periode i [ZE/ME]

azf_{ij} - spezifischer Arbeitszeitaufwand für das Produkt j in der Periode i [ZE/ME]

7.3 Planung des Investitionsaufwandes

Der Investitionsaufwand ist infolge der begrenzten Verfügbarkeit von Kapital (begrenzter Kapitalmarkt) bereits durch seinen Betrag und darüber hinaus als Bestimmungsgröße und Kalkulationsbasis für weitere die Wirtschaftlichkeit beeinflussende Größen, z.B. Abschreibungen, Zinsen, Instandhaltungskosten, Energiekosten, bei der Entscheidungsfindung über die Durchführung von Investitionen von besonderer Bedeutung. Haupteinflußgrößen auf den finanziellen Investitionsaufwand für ein Investitionsprojekt (Preis für Sachinvestition) sind

- der vorgesehene/ vereinbarte Leistungsumfang nach Qualität und Quantität,
- Terminforderungen und Realisierungszeiten und
- Preisentwicklungen, Bewertungen sowie Kalkulationen (z.B. Herstellkosten für Eigenleistungen) im Investitionsgüterbereich.

In frühen Stadien der Wirtschaftlichkeitsbeurteilung haben sich **auf Erfahrungen beruhende näherungsweise Vorauskalkulationen**, z.B. auf der Grundlage

- spezifischer leistungsbezogener Kenngrößen des Investitionsaufwandes i in GE/ME/ZE

$$i = \frac{\text{Investionskosten I [GE]}}{\text{Anlagengröße / Periodenleistung Q [ME / ZE]}}$$

und des vorgesehenen Leistungszuschnittes Q in ME/ZE, d.h.

$$I = i \cdot Q$$

- ggf. unter Nutzung von Kenntnissen der Leistungs-Aufwandsdegression

$$I(Q) = b \cdot Q^D, \quad D < 1$$

bewährt.

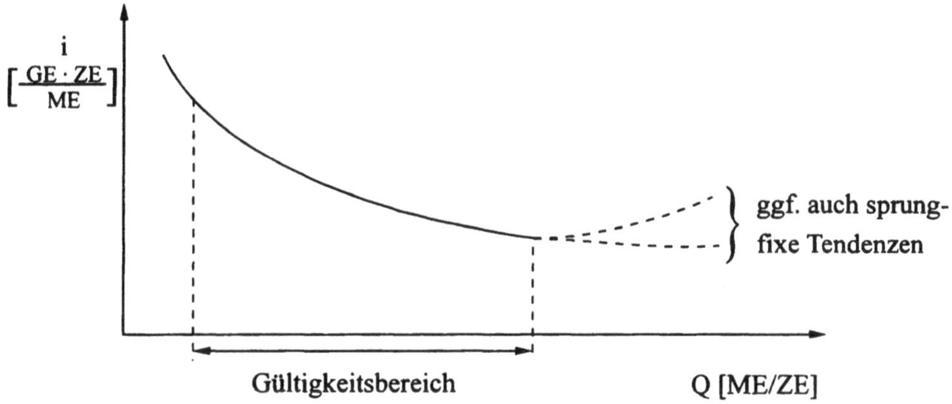

In Stadien der Durchführung von Variantenvergleichen mit dem Ziel von Investitionsvorentscheidungen (Auswahl) sind **Informationsangebote** der Auftragnehmer, eigene Recherchen und Analogieschlüsse - ggf. unterstützt durch Richtpreisfunktionen für den Investitionsaufwand und durch Methoden der Zuschlagskalkulation - geeignete Vorgehensweisen. Voraussetzung ist ein weiterentwickelter Planungsstand der Investitionen. Die Anwendung der Methoden muß den jeweils gegebenen Voraussetzungen entsprechen. In der Praxis ist eine Kombination und gegenseitige Ergänzung verschiedener Methoden zweckmäßig.

Zuschlagskalkulationen gehen von den Positionen des Investitionsaufwandes (Objektgruppen, Hauptausrüstungen, Kalkulationspositionen) aus, die eine Schlüsselstellung einnehmen. Auf der Grundlage charakteristischer Investitionsaufwandsstrukturen werden weitere Aufwandspositionen (z.B. für Hilfsausrüstungen, für Projektierung) durch prozentuale Zuschläge berücksichtigt.

Richtpreisfunktionen sind dann hilfreich, wenn objektkonkrete Preisinformationen noch nicht vorliegen. In diesen Fällen hat sich eine Vorauskalkulation auf der Grundlage des Zusammenhanges zwischen technischen Parametern und Dimensionen des Investitionsobjektes und der Höhe des Investitionsaufwandes bewährt. Hierzu sind auch Richtwerte des funktionsbezogenen spezifischen Aufwandes pro m^3 umbauter Raumes oder m^2 Fläche für den Bauaufwand zu zählen.

Im Stadium der Vorbereitung von Investitionsgrundsatzentscheidungen über die Durchführung einer Investition (der in Vorstadien bestimmten Vorzugsvariante) sollte der Investitionsaufwand auf der Grundlage verbindlicher Angebote der Investitionsauftragnehmer/ der Investitionsgüterindustrie ermittelt werden.

Verbindliche Angebote umfassen

- die vom Auftragnehmer garantierten technischen und ökonomischen **Parameter der Investition** (Grundlage der Abnahme, ggf. Sanktionen),
- den **Umfang materieller Lieferungen und Leistungen** des Auftragnehmers (kontrollfähiger Leistungsnachweis),
- **Termine der Lieferungen und Leistungen** (kontrollfähiger Ablaufplan, ggf. Grundlage für Abnahme von Teilleistungen, Abschlagszahlungen, Sanktionen),
- **verbindliches Preisangebot** und Finanzierungsmodalitäten (z.B. Lieferantenkredite, Termine, Abschlagszahlungen) und
- die **Angebotsbindefrist** (Gültigkeit des verbindlichen Angebotes).

Das verbindliche Angebot ist in Einheit **aller** seiner Bestandteile Objekt einer detaillierten Prüfung durch den Investitionsauftraggeber.

Das verbindliche Preisangebot trägt grundsätzlich den Charakter eines Vereinbarungspreises/ Vertragspreises, wobei für größere Investitionsprojekte Preisbestandteile unterschiedlicher Verbindlichkeit ausgewiesen sein können, z.B.

- Festpreise (verbindliche Fixpreise),
- Höchstpreise (verbindliche Preisobergrenze),
- vorläufige Preise (Möglichkeit der Unter- oder Überschreitung),
- Leistungsumfänge belegt mit Preisen, die der **Nachweispflicht** unterliegen (z.B. für zum Zeitpunkt der Angebotsabgabe noch nicht bekannte Leistungsumfänge).

Im Falle der Angabe von Höchstpreisen und vorläufigen Preisen sind Festlegungen zur Überführung dieser in Festpreise zu treffen, womit das Preisrisiko dann voll zu Lasten des Auftragnehmers geht.

7.4 Planung der naturalen Produktionsfaktoren

7.4.1 Arbeitskräftebedarf

(1) In frühen Stadien der Bewertung von Investitionsprojekten approximative Bestimmungen, z.B. auf der Grundlage

- von Richtwerten des Arbeitszeitaufwandes in h/ME (**Normzeitmethode**),
- eines auf Erfahrungen und Analogieschlüssen beruhenden eingeschätzten Niveaus der **Arbeitsproduktivität** AP in ME/AKa oder ME/AKh in den Produktionshauptprozessen,
- des geplanten tatsächlichen **Arbeitszeitfonds** einer Arbeitskraft AZF_{tat} in h/a,
- von **Zuschlägen** für Minderungen des tariflich festgelegten geplanten nominellen Arbeitszeitfonds AZF_{nom} infolge Krankheit, Urlaub und sonstiger Ausfälle und ggf. Zuschlägen für Arbeitskräfte in Hilfsprozessen und für Angestellte (Leitungs- und Betreuungsbereiche),
- der geplanten **naturalen Periodenleistung** Q in ME/a.

Beispiel: Arbeitskräftebedarf für das Investitionsprojekt Kiesgrube am Hang

- geplante Auslegung (Betriebsgröße): Q = 800.000 t/a
- Erfahrungswert über Arbeitsproduktivität der direkt angelegten Produktionsarbeiten
  AP = 160 t/AKSch = 20 t/AKh
- AZF_{nom} = 2.000 AKh/AKa
- entgangene Schichten 20 von 100 der nominellen Arbeitszeit ($f_1 = 0,8$)
- Zuschlag für nicht direkt angelegte Arbeitskräfte (Hilfsprozesse, Betreuung, Leitung)
  25 % auf Produktionsgrundarbeiten ($f_2 = 1,25$)

$$AK_{angel} = \frac{800.000 \text{ t/a}}{20 \text{ t/AKh} \cdot 2000 \text{ AKh/AKa} \cdot 0,8} = 25$$

$$AK_{insg} = AK_{angel} \cdot f_2 = 25 \cdot 1,25 = 31,25 \approx 32$$

AKSch - Arbeitskraftschicht
AKh - Arbeitskraftstunde
AKa - Arbeitskraftjahr

(2) Mit fortgeschrittenem Kenntnisstand Ermittlung des Arbeitskräftebedarfes auf der Grundlage projekt- und **arbeitsplatzbezogener Besetzungsnormative** sowie von **Richtwerten eines projekt(anlagen-)bezogenen Arbeitszeitaufwandes** (insbesondere für Produktionshilfsarbeiten).

Eine Besetzungsnorm gibt an, wieviel Arbeitsplätze **(APL)** an einer Produktionsanlage aus funktionellen, arbeitsorganisatorischen und sicherheitlichen Gründen gleichzeitig besetzt sein müssen, damit die Anlage in Betrieb gehen kann, d.h. wieviel Arbeitskräfte gleichzeitig präsent sein müssen.

Der Schichtfaktor ($f_{AK/APL}$) gibt den vom Schichtregime und Arbeitszeitfonds abhängigen Arbeitskräftebedarf je Arbeitsplatz an. Er wird bestimmt durch die Präsenzzeit und den effektiv zur Verfügung stehenden Arbeitszeitfonds der Arbeitskräfte.

Präsenzzeit (PZ) ist der Zeitfonds, über den Arbeitskräfte (aber auch Betriebsmittel) präsent, d.h. verfügbar, sein müssen. Die Präsenzzeit beträgt bei einschichtigem Regime in 50 Betriebswochen pro Jahr zu je 5 Arbeitstagen á 8 Stunden gleich 2.000 h/a, bei Zweischichtregime 4000 h/a, bei Dreischichtregime 6000 h/a und bei durchgängigem Regime 8760 h/a ($PZ = t_K$). Die Präsenzzeit bestimmt die erforderliche **Anwesenheitszeit der Arbeitnehmer** und die **Mindestvorhaltezeit für die Technik.**

Der effektive Arbeitszeitfonds einer Arbeitskraft (AZF_{eff}) ist der bei tariflich geregelter Wochenarbeitszeit und nach Abrechnung von Urlaub, Krankheit u.a. Abwesenheit, ggf. auch vom Schichtregime abhängige, verfügbare Zeitfonds, z.Z. ca. 1.600 h/AKa.

$$AZF_{eff} = AZF_{nom} - (AZF\text{-Verluste})$$

Diese Größen bestimmen den schichtabhängigen Arbeitskräftebedarf je Arbeitsplatz:

$$f_{AK/APL} = \frac{PZ}{AZF_{eff}}$$

wobei unter den getroffenen Annahmen bezüglich PZ und AZF_{eff} gilt:

$f_{AK/APL\ 1\text{-}Sch.} = 1{,}25$ $\qquad$ $f_{AK/APL\ 3\text{-}Sch} = 3{,}75$

$f_{AK/APL\ 2\text{-}Sch.} = 2{,}50$ $\qquad$ $f_{AK/APL\ durchg} = 5{,}5.$

Beispiel:

Arbeitskräftebedarf für eine Produktionsanlage (Investitionsprojekt) mit APL = 4, anlagenbezogenem Instandhaltungspersonal = 0,8 und vorgesehenem 2-schichtigen Schichtregime:

$$AK = APL \cdot f_{AK/APL} + AK_{Zuschl.} \qquad = 4 \cdot 2{,}5 + 0{,}8 = 10{,}8 \approx 11 \text{ AK}$$

Auf diesen Arbeitskräftebedarf sind erforderlichenfalls (z.B. für komplexe Vorhaben) über weitere Zuschläge bisher noch nicht berücksichtigte Arbeitskräfte (z.B. für Leitung und Verwaltung) zu ermitteln.

7.4.2 Rohstoffe und Grundmaterial

Rohstoffe und Grundmaterial gehen stofflich in die Produkte/ Erzeugnisse ein. Hieraus resultiert die Vorauskalkulation des Mengenverbrauches auf der Grundlage von Richtwerten des spezifischen Verbrauches je Mengeneinheit Produktion (Mengenverbrauchskennziffern, Einsatzfaktoren) bei Berücksichtigung von

- produkt(qualitäts)- und prozeßspezifischen Einflüssen und
- ggf. auftretenden Verluste (geschlossene und offene Stoffkreisläufe, Ausbringenskoeffizienten).

Dieser Planungsansatz ist auch für Hilfsmaterialpositionen geeignet, deren mengenmäßiger Verbrauch proportional den produzierten Mengen oder proportional dem eingesetzten Grundmaterial erfolgt, z.B. für Kalkstein als Zuschlagsstoff und für Koks als Reduktionsmittel und Kohlenstoffträger bei der Roheisenerzeugung im Verhältnis zu den Eisenträgern Erz und Sekundärmetall.

Bei mehrstufigen Prozessen und charakteristischen Mengenflüssen über die Prozeßstufen (Mengenflußdiagramme, Energieflußdiagramme, Sankey-Diagramme) ist es zweckmäßig, den erforderlichen Rohstoff(Grundmaterial-)einsatz je Einheit Endprodukt über Koeffizienten des Rohstoff(Grundmaterial-)ausbringens η_i für die einzelnen Produktionsstufen i zu ermitteln.

$$\eta_i = \frac{\text{Output}_i}{\text{Input}_i}$$

Bei in n technologischen Folgen (in Reihe) verketteten Prozeßstufen (i = 1 ... n) beträgt der Ausbringenskoeffizient über alle Prozeßstufen

$$\eta_{Gesamt} = \prod_{i=1}^{n} \eta_i$$

und der Einsatzfaktor Rohstoff (Grundmaterial) je Einheit Endprodukt über alle Prozeßstufen

$$f = \frac{1}{\eta_{Gesamt}}.$$

Der über alle Prozeßstufen auftretenden Verluste V ist durch die Beziehung

$$V = (1 - \eta_{Gesamt}) \cdot \text{Input}$$

bestimmt.

Die relativen Verluste betragen $1 - \eta_{Gesamt} = \frac{V}{\text{Input}}.$

Beispiel:

Metalleinsatz, Metallverluste und Metallausbringen bei der Herstellung metallurgischer Erzeugnisse (Werkstücke) über metallurgische Prozeß(Verarbeitungs-)stufen

Metalleinsatz (Stahlschrott, Roheisen)

$\eta_0 = 1{,}0$

Schmelzprozeß (Flüssigstahl)

$\eta_1 = 0{,}904$

9,6 % Abbrand, Ausschuß

Gießprozeß (Blockguß)

$\eta_2 = 0{,}956$

4,4 % Gießverluste

Halbzeugherstellung (Halbzeug)

$\eta_3 = 0{,}878$

12,2 % Zunder, Schopf- und Putzverluste

Warmformgebung (Walzstahl warm)

$\eta_4 = 0{,}904$

9,6 % Besäumschrott, Restenden, Zunder- und Schopfverluste, Ausschuß

Kaltformgebung (Werkstück bei Weiterverarbeitung

$\eta_5 = 0{,}927$

7,3 % Putz- und Beizverluste, Glüh-, Hobel-, Schäl- und Schleifverluste, Besäumschrott, Ausschuß

Metallausbringen: $\eta_{Gesamt} = \prod_{i=1}^{n} \eta_i \quad = 0{,}636 \quad \hat{=}\ 63{,}6\ \%$

Metallverluste $V = 1 - \eta \quad = 1 - 0{,}636 \quad \hat{=}\ 36{,}4\ \%$

Einsatzfaktor $f = \dfrac{1}{\eta_{Gesamt}} \quad = 1{,}572\ t_{Metall}/t_{Werkstück}$

7.4.3 Energie und Hilfsmaterial

In Abhängigkeit vom konkreten Planungsfall (Art der Energieverbraucher, den Gebrauchsenergieformen, den Planungsstadien und den zur Verfügung stehenden Planungsgrundlagen) sind folgende Planungsansätze für die Vorausberechnung des mengenmäßigen Energieverbrauchs geeignet:

(1) In frühen Stadien Planung auf der Grundlage **globaler** - vor allem auf Erfahrungen und Analogieschlüssen beruhender - **Kenngrößen des spezifischen Energieverbrauchs** e in EVE/ME Leistungsart, Stufen- oder Fertigprodukt, z.B. $kWh/t_{Gewinnungsprodukt}$.

(2) Prozeßbezogene Energieverbrauchsplanung auf der Grundlage der bestehenden Leistungsverflechtungen und auf Teilprozesse bezogener Verbrauchskenngrößen (modularer Ansatz).

Beispiel: Prozeß der Gewinnung von Rohbraunkohle im Tagebau

$$e = \left(e_{H_2O} \cdot \frac{W}{K} + e_A \cdot \frac{A}{K} + e_G \right) (1 + f_e) \text{ in kWh/t}$$

e - spezifische Elektroenergieverbräuche für Kohle (e), Wasserhebung (e_{H_2O}), Abraumbeseitigung (e_A) und Grubenbetrieb (e_G)

$\frac{W}{K}$ - erforderliche Wasserhebung in $m^3\ H_2O/t_{Kohle}$

$\frac{A}{K}$ - Bilanzverhältnis Abraum zu Kohle in m^3/t_{Kohle}

f_e - Energieverbrauchszuschlag für Hilfs- und Nebenprozesse

(3) Energieverbrauchsplanung auf der Grundlage der installierten energetischen Leistung der Energieverbraucher, besonders geeignet für Arbeitsmaschinen

$$E = P_I \cdot \eta_E \cdot BZ$$

E - Energieverbrauch, z.B. in kWh/a
P_I - installierte energetische Leistung, z.B. in kW
η_E - durchschnittliche Inanspruchnahme der installierten energetischen Leistung/ Motorwirkungsgrad
BZ - Betriebszeit (Nutzungszeit) des Energieverbrauchers, z.B. in h/a

(4) Anlagenspezifische zeit- oder leistungsbezogene Energieverbrauchskenngrößen, d.h.

$E = e \cdot BZ,$ wenn e z.B. in kWh/h_{BZ}

$E = e \cdot Q,$ wenn e z.B. in kWh/t.

(5) Energieverbrauchsplanung auf der Grundlage von **empirischen Engineering production functions** (Verbrauchsfunktionen) für Energieverbraucher, in denen der Energieverbrauch als Funktion der Haupteinflußgrößen und Planungsvariablen dargestellt ist, d.h. e = f (x).

Beispiel für Gurtbandförderer bei Bandgeschwindigkeiten zwischen 5,24 und 6,2 m/s, Gurtbreiten von 1.600 bis 2.500 mm und Schüttdichten des Fördergutes von 1,6 bis 1,7 t/m^3 bei söliger Förderung bis L = 2.500 m

$$e = \frac{3{,}25}{\sqrt[3]{L} \cdot 1{,}5\sqrt{\eta_F} \cdot \left(1 + 0{,}3\sqrt{\eta_F}\right)}$$

e - Elektroenergieverbrauch in $kWh/m^3 \cdot km$

L - Achsabstand des Förderers in m

η_F - Auslastungsgrad des Förderquerschnittes

Energieintensive Investitionsprojekte schließen im Prozeß der wirtschaftlichen Bewertung auch eine wirtschaftlichen Prinzipien folgende Abstimmung von Motorleistung und Arbeitsmaschine ein. Insbesondere führt Unterlastbetrieb zu höheren spezifischen Energieverbräuchen und bei Elektromotoren zu einer Verschlechterung des Leistungsfaktors cos φ (Motorkennlinien).

So wird z.B. der spezifische Energieverbrauch (e) eines Hochleistungsgurtbandförderers entscheidend durch das durchschnittliche effektive Fördervolumen (Q_e) und die hiervon abhängige Inanspruchnahme der elektrischen Antriebsleistung (P_e) im Verhältnis zur installierten Leistung bestimmt.

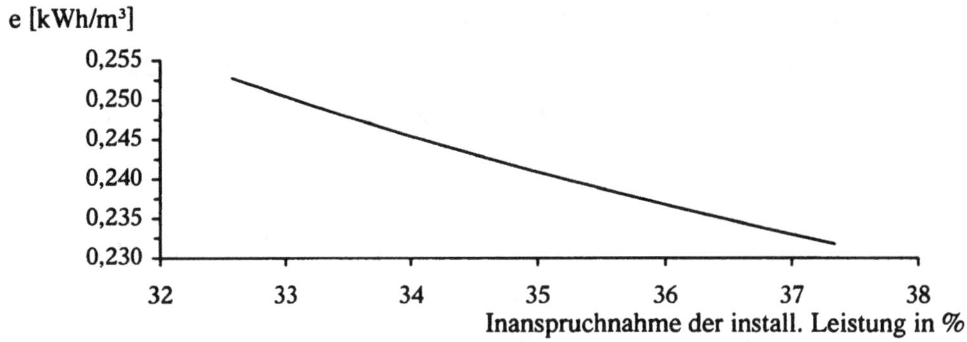

Diese Darstellung ist gültig für einen Gurtbandförderer mit den Parametern L = 1.000 m, B = 2.000 mm, v = 5,24 m/s, P_{inst} = 2,173 kW/m, Q_e = 2.800 ... 3.500 m^3/h und sölige Förderung.

Möglichkeiten zur positiven Beeinflussung des Energieverbrauchs bestehen vor allem

- in der Betriebsführung mit dem Ziel einer hohen leistungsmäßigen Auslastung des Förderquerschnitts (Abbau von Leistungsspitzen, vgl. hierzu auch Industriebetriebslehre - Anlagenwirtschaft) und
- in einer wirtschaftlich fundierten Dimensionierung der Antriebsleistung im Prozeß der Investitionsvorbereitung.

Der nach diesen Planungskonzepten noch nicht erfaßte, aber projektbezogen verursachte, Energieverbrauch von Hilfs- und Nebenbereichen wird zweckmäßig über Zuschlagsfaktoren berücksichtigt. Die Ansätze sind grundsätzlich auch für die Planung des Hilfsmaterials geeignet. Aber auch der Energieverbrauch selbst kann als Planungsgrundlage für Hilfsmaterial dienen, z.B. der Kraftstoffverbrauch als Basis für die Verbrauchsplanung für Motorenöl und Schmierstoffen.

Richtwerte für den Energieverbrauch von Planierraupen

in l Dieselkraftstoff pro Stunde Betriebszeit (l/h_{BZ})

Planierraupe der Motorleistung in kW	Einsatzbedingungen [1]		
	leicht	mittel	schwer
30	3-4	4-5	5-6
40	4-6	6-7	7-9
50	5-7	7-9	9-11
75	7-11	11-14	14-16
100	10-15	15-18	18-21
130	14-20	20-23	23-28
170	19-25	25-30	30-36
250	28-37	37-45	45-53
310	37-47	47-56	56-66
390	47-58	58-70	70-83
440	54-66	66-79	79-94
580	62-87	87-104	104-124

1) leicht: Aufhaldung von Material, leichte Rückfüll- und Landschaftsgestaltungsarbeiten, keine Stoßbelastungen
mittel: Lösen und Abschieben von gut lösbarem Gestein, Lehm und Kies, Rodungseinsätze und Deponiearbeiten
schwer: Reiß- und Schubarbeiten in gewachsenem Boden und Fels, permanent hohe Stoßbelastungen

2) Die Richtwerte sind Empfehlungen. Sie wurden überschlägig errechnet auf der Grundlage der ausgewiesenen Motorleistung, eines zu erwartenden Wirkungsgrades des Motors für die Einsatzbedingungen *leicht, mittel und schwer* und einem Faktor 0,15 l DK/kWh. Analoge eigene Berechnungen sind für jede Art Sanierungstechnik möglich. Gerätespezifische Angaben zum Energieverbrauch sind auch in Gerätedokumentationen enthalten, z.B.

- *Technisches Handbuch Erdbewegung (Liebherr), Ausgabe 1992, Herausgeber: Liebherr - International AG, Ch - 1630 Butte/FR*
- *Caterpillar Perfomance Handbook, Ausgabe 1992, Herausgeber: Caterpillar Inc., Peoria, Illinois, USA*

7.5 Methodische Grundlagen der Kostenvorauskalkulation

7.5.1 Funktionen der Kosten und Methoden der Kalkulation in den Stadien der Planung

(1) **Kosten als bewerteter Produktionsfaktorverbrauch** (materieller und immaterieller Art) zur Produktion und zum Absatz betrieblicher Güter sowie zur Schaffung und Aufrechterhaltung der hierfür notwendigen Kapazitäten.

(2) **Kosten als Bestimmungsgröße für Zahlungsstromgrößen**, konkret für zeitlich gesehen aufwandsgleiche Zahlungen, z.B. Energiekosten, Personalkosten (pagatorische Kosten), aber auch für kalkulatorische Kosten (kalkulatorische Zinsen).

Damit sind Informationen der Kostenrechnung eine wichtige Grundlage der Wirtschaftlichkeitsrechnung

Methoden der Kostenvorauskalkulation mit fortschreitendem Planungsstand für Investitionsprojekte

Schätzmethoden	Methoden der Kalkulation nach Schlüsselkostenarten	Methoden der detaillierten Kalkulation
- auf der Grundlage - prozeßbezogener, - verfahrenstechnischer, - anlagenbezogener, - energetischer Vergleiche	- auf der Grundlage *einer* ausgewählten *Schlüsselkostenart*	- Einzelkalkulation der Kostenarten und Kostenartengruppen
	- auf der Grundlage ausgewählter *Schlüsselkostenarten*	- Kalkulation nach festgelegtem Kalkulationsschema
- mittels spezifischer Kosten, Kostensatzmethode, Degressionsexponenten und Preiskorrekturfaktoren		- Verteilungskalkulation (z.B. Kuppelproduktion)
- ergänzt durch Zuschlagskalkulationsverfahren		

→ Planungsstand

Die inhaltlichen Schwerpunkte der Kostenvorauskalkulation sind durch die Art (Aufwands- und Kostenstrukturen) der zu bewertenden Investitionsprojekte bestimmt. Besondere Beachtung werden die Kostenartenkomplexe Kapitaldienst, Instandhaltungskosten, Personalkosten, Rohstoff- und Grundmaterialkosten sowie Energie- und Hilfsmaterialkosten finden müssen.

7.5.2 Kapitaldienst

In den Stadien der wirtschaftlichen Bewertung von Investitionen umfaßt der Kapitaldienst kalkulatorische Abschreibungen (bewerteter Verbrauch des Produktionsfaktors Betriebsmittel) und Zinsen (Kapitalbeschaffungskosten bei vorgesehener Fremdkapitalfinanzierung oder Opportunitätskosten bei Eigenkapital). Er trägt insgesamt kalkulatorischen Charakter. Im Vordergrund stehen approximative und das betreffende Investitionsprojekt über die Nutzungsdauer **im Durchschnitt** charakterisierende Größen. Hieraus folgen, zumindest in frühen Stadien der Bewertung, Vereinfachungen, z.B. Vernachlässigung der Art der Finanzierung, der bestehenden Abschreibungsalternativen und der steuerlichen Aspekte. In fortgeschrittenen Stadien sind selbstverständlich Einflüsse der Finanzierung und steuerliche Aspekte zu berücksichtigen (vgl. hierzu auch 6. Kapitel).

Vorauskalkulation des Kapitaldienstes für Investitionsprojekte

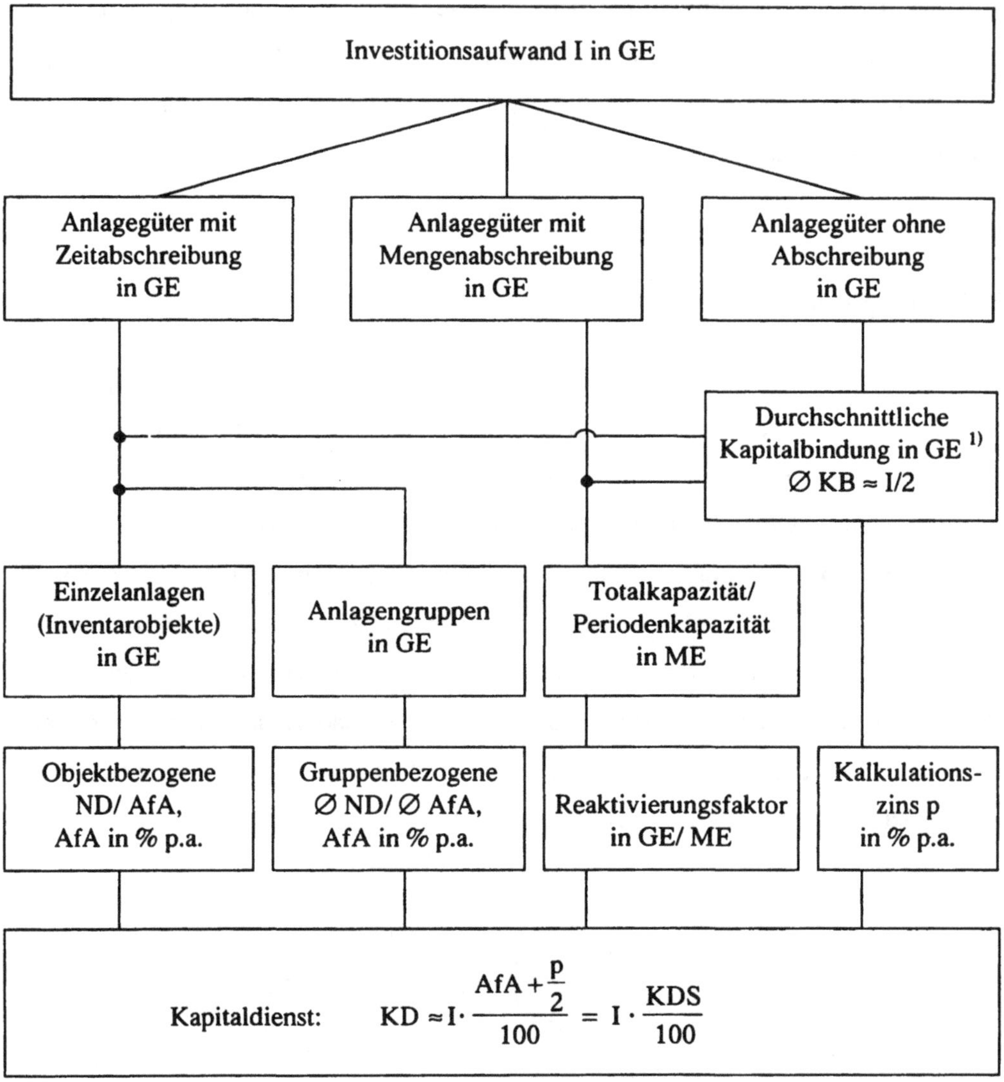

[1] Vernachlässigung der Kapitalbindung durch Umlaufvermögen

Diese (modellhafte) Vorgehensweise geht u.a. von folgenden (vereinfachenden) Annahmen und Festlegungen aus:

- der vorauskalkulierte Investitionsaufwand bestimmt die Abschreibungsbasis und die Kapitalbindung; ggf. Wiederbeschaffungspreise als Grundlage für Abschreibungen und Minderung der Abschreibungsbasis in Höhe der erwarteten Restwerterlöse
- Ableitung des Abschreibungszeitraumes und aller entsprechenden AfA-Sätze aus der wirtschaftlichen Nutzungsdauer der Anlagen; für in Gruppen zusammengefaßte Anlagegüter aus dem Durchschnittswert für die Anlagengruppe; in jedem Fall unter Berücksichtigung der geplanten Beanspruchung und Auslastung
- Annahme eines linearen Abbaus der Kapitalbindung über die Nutzungsdauer des Projektes (der Anlagen) auf den Betrag 0; im Fall der Erwartung von Restwerterlösen würden diese die Kapitalbindung über die ND erhöhen
- unternehmensinterne Festlegung der Höhe des Kalkulationszinses, ggf. unter Einschluß eines Risikozinses (vgl. 9. Abschnitt)

Die für diese Berechnungen erforderlichen Daten beruhen auf

- objektkonkreten Analysen und Untersuchungen, z.B. zur wirtschaftlichen Nutzungsdauer und Kapazität,
- auf speziell erstellten Datenbanken und Informationsquellen,
- auf Erfahrungen, gezielten Recherchen und Analogieschlüssen.

Empfehlungen zur Höhe der Berechnungssätze für den Kapitaldienst in % p.a. für ausgewählte Bergbautechnik (KDS) [1)]

Betriebsmittel	Betriebsgewöhnliche ND bei 1-Schicht in a	KDS in % p.a. [2)]		
		1-Schicht	2-Schicht	3-Schicht
Abraum- u. Kohlebagger [2)]	15	11	12	14
Abraum- u. Kohlewagen [2)]	15	11	12	14
E-Loks [2)]	12	12	14	17
Bandanlagen rückbar [2)]	8	17	21	24
Absetzer [2)]	15	11	12	14
Tauchpumpen [2)]				29
Wasserhaltungspumpen (offen) [2)]				14
KDS für Betriebsmittelgruppe im Gewerk 01 und 02 [2) 6)]	15	11	12	14
Anlagen für Krafterzeugungs- u. Verteilungsanlagen [3)]	15-20	9-11	10-12	12-14
Krananlagen auf Schienen [3)]	15	11	12	14
LKW, Sattelschlepper, Traktoren, Raupenschlepper [3)]	4	29	35	42
Sonstige Beförderungsmittel [3)]	5	24	29	34
Hubschrauber [3)]	5	24	29	34
Maschinen der Abbruchwirtschaft (Seilbagger, Abbruchraupen, Autokräne, Radlader, Container) [4)]	5-7	18-24	22-29	25-34
Maschinen zur Sammlung, Transport und Umschlag von Schrott (Container, LKW, Bagger, Stapler, Lader) [4)]	4-6	21-29	25-35	29-42
Maschinen der Schrottaufbereitung (Scheren, Pressen, Shredder, Brecher, Kabeltrennmaschinen, Magnetabscheider, Windsichter) [4)]	6-7	18-21	22-25	25-29
KDS für Betriebsmittelgruppe im Gewerk 05 und 06 [4) 6)]	6	21	25	29
Turmkrane, Kabelkrane, Portalkrane, Autokrane [5)]	8	17	21	24
Derrickkrane, Schwenkkrane [5)]	12	12	14	17
Raupen- und Mobilseilbagger (dieselhydraulisch) [5)]	8-10	14-17	17-21	19-24
Hydraulikbagger [5)]	6-8	17-21	21-25	24-29
Planiergeräte, Ladegeräte, Schürfgeräte (Flachbagger) [5)]	4-5	24-29	29-35	34-42
Rammeinrichtungen für Bagger [5)]	5	24	29	34
Vibrationswalzen [5)]	4	29	35	42
Kreisel- und Kolbenpumpen [5)]	6-8	17-21	21-25	24-29
Geräte für Umwelttechnik (Grundwasser-Reinigungsanlage, Sprühgeräte, Verbrennungsanlage für kontaminierte Stoffe) [5)]	6	21	25	29

1) KDS = AfA + p/2, wobei p = 8 % p.a. und AfA-Zuschläge für Schichtauslastung von 25 % bzw. 50 %
2) abgeleitet aus AfA-Tabelle Braunkohlenbergbau
3) abgeleitet aus AfA-Tabelle allgemein verwendbare Anlagegüter
4) abgeleitet aus AfA-Tabelle Schrott und Abbruchwirtschaft
5) abgeleitet aus Baugeräteliste 1991
6) Gewerkeschlüssel-Nr.: 01 Massenbewegung, 02 Landschaftsgestaltung
03 Abbruch/Abriß, 06 Schrottaufbereitung

7.5.3 Instandhaltungskosten

Vorauskalkulationsergebnisse der Instandhaltungskosten unterliegen infolge der Vielfalt der Einflußfaktoren im besonderen Maße der Unsicherheit:

- Verschleiß- und Betriebsbedingungen,
- stochastische Instandhaltungserfordernisse,
- Instandhaltungsstrategien und Niveau der Instandhaltungsprozesse,
- Bewertung und Abgrenzung von Instandhaltungsleistungen,
- Art der Leistungserstellung (Eigen- oder Fremdleistung).

Diese Bedingungen zwingen zu einem Kalkulationsansatz, der sich an durchschnittlichen Gegebenheiten orientiert, auf weitgehend allgemeingültigen Erfahrungen beruht und sich praktikabel in das Gesamtkonzept von Vorauskalkulationen in den Stadien der Investitionsbewertung einordnet.

Den Hauptursachen des Verschleißes der Instandhaltungsobjekte (Investitionsprojekte) folgend sind in jedem Falle **anlagenbezogene (projektbezogene)** und bezüglich der Instandhaltungserfordernisse entweder **leistungsbezogene (Nutzungsverschleiß)** oder **zeitbezogene (Zeitverschleiß) Kalkulationsansätze** geeignet.

Basiskonzept der Vorauskalkulation der Instandhaltungskosten

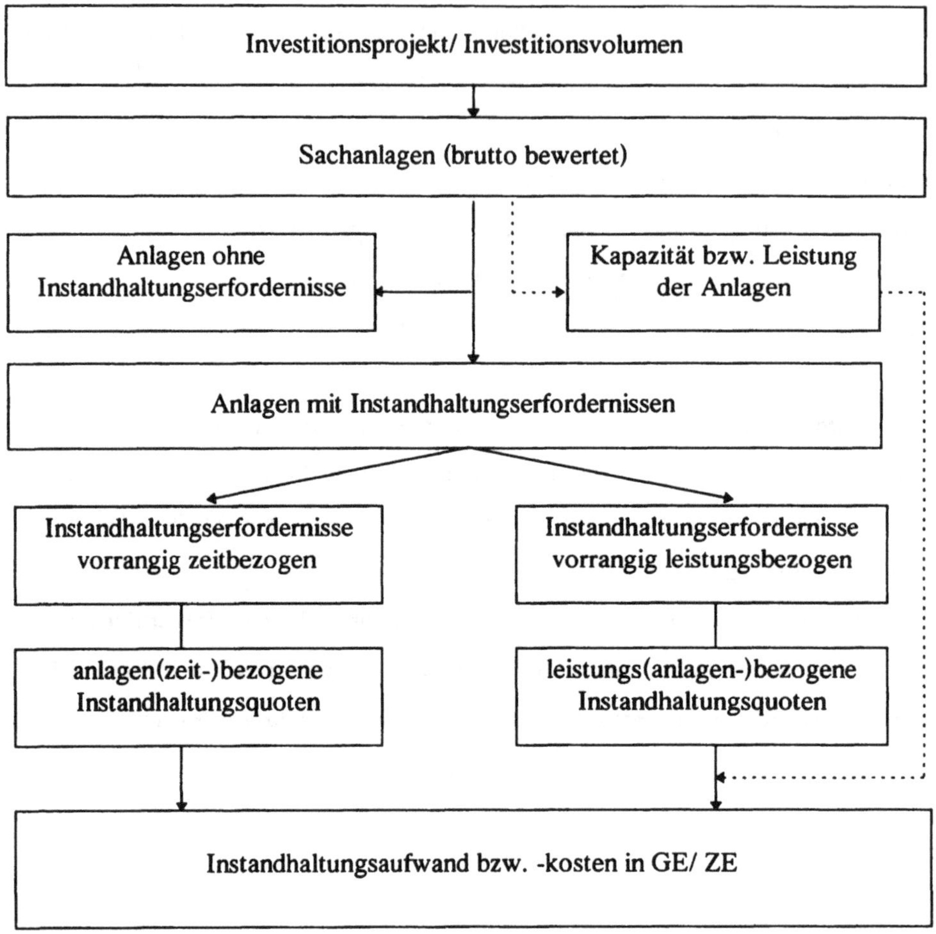

Das anlagen(zeit-)bezogene Konzept beruht auf anlagespezifischen Reparaturquoten, allgemein definiert als Quotient aus Instandhaltungskosten (IHK) in DM/a und dem Investitionsaufwand (I) bzw. dem aktuellen Wiederbeschaffungspreis (WBP) für das Instandhaltungsobjekt, ausgedrückt in % von I oder WBP.

$$R = \frac{IHK}{I \text{ bzw. } WBP} \cdot 100 \qquad \text{in \%/a}$$

Bei der sachlichen Zuordnung verschiedener Aufwandspositionen der Instandhaltungskosten sollte davon ausgegangen werden, daß

- der personelle Aufwand für die nach Bedienvorschriften durch das Bedienpersonal durchzuführenden Pflege- und Wartungsarbeiten in der Position Personalkosten kalkuliert wird,
- der sachliche Instandhaltungsaufwand einschließlich des für Pflege und Wartung erforderlichen Verbrauchs an Hilfsmaterial (z.B. Schmierstoffe, Filterkosten) als Teil der Instandhaltungskosten und der Reparaturquoten berücksichtigt wird und
- damit in den Reparaturquoten die Positionen Instandhaltungseigenleistungen, Reparaturmaterial und Instandhaltungsfremdleistungen zu erfassen sind.

Falls erforderlich ist eine Differenzierung der Reparaturquoten in Abhängigkeit

- von den Nutzungsbedingungen (leicht, mittel, schwer),
- von der geplanten Schichtauslastung der Instandhaltungsobjekte und
- (wenn objektbezogen) auch nach der Restnutzungsdauer und der Nutzungsstrategie (z.B. Verschleißfahrweise) vorzunehmen.

Auf den Wiederbeschaffungspreis (WBP) bezogene Reparaturquote R unter Berücksichtigung der Schichtauslastung für ausgewählte Bergbautechnik in % p.a.

Betriebsmittel	Reparaturquote R in % p.a.		
	1-Schicht [3)]	2-Schicht[3)]	3-Schicht[3)]
Tagebaugroßgeräte (Bagger, Absetzer) [1)]	8-10	12-14	16-18
Rollendes Material im Tagebau [1)]	8-10	12-14	16-18
Bandanlagen im Tagebau (rückbar) [1)]	12-14	18-20	24-26
LKW, Sattelschlepper, Traktoren, Raupenschlepper [1)]	20-24	30-34	40-44
Turmkrane, Kabelkrane, Portalkrane, Autokrane [2)]	8-10	12-14	16-18
Derrickkrane, Schwenkkrane [2)]	6-8	9-11	12-14
Raupen- und Mobilseilbagger (dieselhydraulisch) [2)]	10-12	15-17	20-22
Hydraulikbagger [2)]	13-15	19-21	26-28
Planiergeräte, Ladegeräte, Schürfgeräte (Flachbagger) [2)]	18-22	27-31	36-40
Vibrationswalzen [2)]	22-26	32-36	44-48
Kreisel- und Kolbenpumpen [2)]	10-12	14-16	20-22
Geräte für Umwelttechnik [2)]	12-14	18-20	24-26

1) geschätzte Werte 2) abgeleitet aus Baugeräteliste
3) Zuschläge in Höhe von 50 % bzw. 100 % auf R bei 2-Schicht bzw. 3-Schicht

Das leistungs(anlagen-)bezogene Konzept beruht auf Erfahrungswerten bezüglich des personellen, materiellen und finanziellen Aufwandes für Instandhaltung, bezogen auf eine Leistungseinheit, z.B. personeller Aufwand für Instandhaltung in h/1.000 ME, Hilfsmaterialverbrauch in $ME_{HM}/ME_{Leistung}$ und des Instandhaltungsaufwandes r in GE/ME.
Nach diesem Ansatz folgt:

$$IHK = Q \cdot r \qquad \text{in GE/a}$$

Auch hier sind objektkonkrete und den Nutzungsbedingungen entsprechende (ggf. hiervon abhängig differenzierte) Vorgehensweisen zu empfehlen.

7.5.4 Personalkosten

Grundlage der Kalkulation sind
- der **projektbezogene Arbeitskräftebedarf** (vgl. Abschnitt 7.4.1) AK und
- der Richt(Plan-)wert für die **Personalkosten** je Arbeitnehmerjahr PK_{ANa}.

$$PK = AK \cdot PK_{ANa} \qquad \text{in GE/a}$$

Die Richtwerte für Personalkosten sollten den Tarifregelungen entsprechen, Lohnnebenkosten einschließen und dem geforderten Qualifikationsniveau Rechnung tragen.

7.5.5 Rohstoff- und Grundmaterialkosten

Die Kalkulation beruht auf
- dem **mengenmäßigen Verbrauch** (vgl. Abschnitt 7.4.2) und
- den zu erwartenden **Einstandskosten** für eine Einheit Rohstoff bzw. Grundmaterial.

Die Einstandskosten sollten hierbei den Einkaufspreis, erforderliche Beschaffungskosten, Lagerhaltungskosten und weitere sonstige Kosten (z.B. für innerbetriebliche Logistik) enthalten; wenn diese der jeweiligen Materialposition zugerechnet werden müssen (Verursachungsprinzip).

7.5.6 Energie- und Hilfsmaterialkosten

Der **mengenmäßige Verbrauch** (vgl. Abschnitt 7.4.3) und die **Preise** bestimmen die Höhe der zu kalkulierenden Energie- und Hilfsmaterialkosten. Während in frühen Stadien der Bewertung von Investitionen von durchschnittlich zu erwartenden Preisen ausgegangen wird, sollten in späteren Etappen und bei vorliegenden Informationen durch den Planer aktuelle und fallkonkrete Preise, ggf. auch von Liefer- und Leistungsbedingungen abhängige Preise, bevorzugt werden.

Für **leitungsgebundene Energieversorgungssysteme** (Elektroenergie, Gas) werden häufig Preisvereinbarungen getroffen, bei denen sich der Preis für Energie aus einem **Arbeitspreis-** und einem **Leistungspreisanteil** zusammensetzt. Dieses Preissystem orientiert auf eine möglichst kontinuierliche und damit hohe (betriebswirtschaftlich vorteilhafte) Auslastung (erforderliche Auslegung) der Kapazitäten für Energieerzeugung und Energietransport.

Preisbildungsprinzip für leitungsgebundene Energieträger am Beispiel von Elektroenergie

$$p = p_A + \frac{f \cdot LP}{720\ h/\text{Monat} \cdot \cos\varphi}$$

p	-	Preis je MWh	in GE/MWh
p_A	-	Arbeitspreis	in GE/MWh
LP	-	Leistungspreis	in GE/(MW · Monat)
f	-	Verhältnis der in Anspruch genommenen maximalen Leistung (z.B. Stundenspitze) zur durchschnittlichen Leistungsinanspruchnahme über den Zeitraum (z.B. Monat)	
$\cos\varphi$	-	Leistungsfaktor (Verhältnis aus Wirkleistung und Scheinleistung)	

Beispiel für die Preisbildung von Elektroenergie

bei Variation des Verhältnisses f „maximale Stundenspitze zu durchschnittlicher Leistungsinanspruchnahme über einen Monat"

Variante	f	p_A GE/MWh	p_Q [1] GE/MWh	$p = p_A + p_Q$ GE/MWh
1	1	100	$\frac{1 \cdot 50.000}{720 \cdot 0,95} = 73,1$	173,1
2	2	100	$\frac{2 \cdot 50.000}{720 \cdot 0,95} = 146,2$	246,2
3	3	100	$\frac{3 \cdot 50.000}{720 \cdot 0,95} = 219,3$	319,3

[1] für alle Varianten: LP = 50.000 GE/(MW · Monat)
$\cos \varphi$ = 0,95
1 Monat = 720 h

Von Einfluß auf Energiekostenkalkulationen im Prozeß der Investitionsbewertung sind auch Eigenproduktion (z.B. eigenes Industriekraftwerk) oder Fremdbezug und ggf. zu erwartende Preisdifferenzierungen nach Tarifzonen (Mengentarife, Spitzen- und Grundlasttarife, Sommer- und Wintertarife); vor allem dann, wenn diesbezüglich Verhaltensalternativen bestehen.

Eine bewährte Vorgehensweise ist die Kalkulation von **Hilfsstoffkosten** auf der Basis der Energiekosten, z.B. der Kosten für Schmierstoffe

bei Dieselmotoren 25 % der Energiekosten,
bei Benzinmotoren 15 % der Energiekosten,
bei Gemischmotoren 15 % der Energiekosten,
bei Elektromotoren 5 % der Energiekosten.

Approximative Energieverbrauchsmengen:

Diesel 0,15 l/kWh
Benzin 0,27 l/kWh
Gemisch 0,27 l/kWh

7.5.7 Gesamtkosten

Die einem Investitionsprojekt zurechenbaren Gesamtkosten (Periodenkosten, Einheitskosten) werden durch Addition der für das Projekt kalkulierten Kostenartenpositionen, zuzüglich eines Zuschlages für in den Einzelkalkulationen noch nicht berücksichtigte, dem Projekt aber verursachungsgerecht anzulastende sonstige Kosten bestimmt. Zuschlagsbasis und Höhe des Zuschlagsfaktors sind objektkonkret, gestützt auf Erfahrungen, festzulegen. Anzustreben sind eine möglichst breite Zurechnungsbasis und ein geringer Zuschlagsfaktor. Von Einfluß sind auch der Planungsstand für das Investitionsprojekt und die spezielle Zielstellung der Kalkulation, z.B. Grundlage für Zahlungsströme, Grenzpreisermittlungen, Variantenvergleiche auf Kostenbasis.

8 Unsicherheit und Verfahren zur Berücksichtigung des Risikos in der Wirtschaftlichkeitsrechnung

8.1 Problemstellung

Investitionsentscheidungen beruhen im allgemeinen auf Daten, die mit **Unsicherheit** behaftet sind. Investitionsmodelle sind in ihrem Wesen Modelle stochastischen Charakters. Unsicherheit äußert sich in Entscheidungen unter Ungewißheit oder unter Risiko.

Ungewißheit ist Ausdruck einer allgemeinen nicht quantifizierten Unsicherheit. Eine Entscheidungssituation unter **Risiko** liegt vor, wenn die Ausgangs- und Zielgrößen der Investitionsrechnung durch objektiv oder subjektiv ermittelte Wahrscheinlichkeiten für das Eintreffen (durch Erwartungswerte) und durch Wahrscheinlichkeitsverteilungen (Varianzen) bestimmt sind.

Objektive Wahrscheinlichkeiten werden empirisch - z.B. aus Häufigkeitsanalysen des Eintreffens gleichwertiger Situationen/Ereignisse - gewonnen oder durch kombinatorische Überlegungen/Berechnungen auf Grund statistischer Erfahrungen, z.B. Ausfallwahrscheinlichkeiten (Maschinen) und die hierdurch bestimmte Verfügbarkeit, Produktionsmenge und Ertragssituation eines Produktionssystems (vgl. Industriebetriebslehre - Anlagenwirtschaft) ermittelt.

Subjektive Wahrscheinlichkeiten werden auf der Basis subjektiver Erfahrungen, Schätzungen und Überlegungen gebildet, z.B. Aussagen über die Wahrscheinlichkeit der Preisentwicklung eines Erzeugnisses. Bei der Berücksichtigung des Risikos im Entscheidungsprozeß ist es aus praktischer und methodischer Sicht unerheblich, ob die numerisch festgelegten Wahrscheinlichkeiten oder Verteilungen über Tatbestände objektiver oder subjektiver Natur sind.
Die Wirkung des Risikos auf Investitionsentscheidungen wird bestimmt *erstens* durch die Unsicherheit über künftige Entwicklungen und *zweitens* durch die Inflexibilität einmal getroffener Investitionsentscheidungen.

8.2 Verfahren zur Berücksichtigung des Risikos bei Investitionsentscheidungen

8.2.1 Einfache Korrekturverfahren

- vom Vorsichtsprinzip getragene risikobewußte Festlegungen zu den Zahlungsgrößen (Investitionen, Kosten, Leistung, Preise)

- vom Vorsichtsprinzip getragene Festlegung der Nutzungsdauer von Projekten (Kürzung der Projektdauer)

- Variation des kalkulatorischen Zinses durch Einbeziehung eines Risikozinses, vor allem in frühen Stadien der Investitionsentscheidung, z.B. bei der Einführung neuer Produkte und der Erweiterung der Absatzmärkte, oder durch ansteigende Zinssätze über die wachsende Projektdauer

Erfahrungswerte für das allgemeine Risiko bei Produktinnovationen:

Situation	Risikozins
vorhandener Markt, bekannte Produkte	+10%
vorhandener Markt, neue Produkte	+15%
neuer Markt (Expansion) und neue Produkte	+25%
neuer Markt (Diversifikation) und neue Produkte	+30%

Spezielle bergbauliche Risiken werden durch Zinszuschläge von 3 bis 20 % berücksichtigt.

Die einfachen Korrekturverfahren bergen die Gefahr der Verfälschung von Aussagen der Investitionsrechnung in sich, weil die Unsicherheit summarisch bestimmt und nicht analytisch aus der Unsicherheit der Einflußgrößen ermittelt wird. Häufig erfolgt die Berücksichtigung der Unsicherheit über solche Größen, die selbst nicht unsicher sind (Nutzungsdauer, Zins). Nicht zuletzt ist es leicht möglich, durch Effekte der Kumulation von Risikowirkungen Projekte "totzurechnen".

8.2.2 Sensitivitätsanalyse

Zwei Fragestellungen können mit Hilfe der Sensitivitätsanalyse untersucht werden:

- Wie weit kann ein relevanter Einflußfaktor in seiner Höhe (Größe) abweichen, ohne daß die Zielgröße (z.B. Kapitalwert) einen festgelegten, erwarteten oder noch akzeptablen Wert unter- oder überschreitet?

- Wie sensibel reagiert eine Zielgröße auf Veränderungen der Einflußgrößen, d.h. in welchem Umfang ändert sich eine Zielgröße bei Veränderung der Einflußgröße, und welche Rangordnung der Einflußgrößen ist diesbezüglich für ein Projekt gegeben?

Methodisches Konzept

- Darstellung der Zielgröße als Funktion der entscheidungsrelevanten unsicheren Einflußgrößen (Faktorenanalyse), z.B.

$$KW = -I_o + \sum_{i=1}^{n} \frac{Q_i \cdot (e - k_{vi}) - K_{fix\,i}}{q^i}$$

$$= -I_o + \sum_{i=1}^{n} \frac{t_K \cdot \eta_{Ti} \cdot Q_{th} \cdot \eta_{Qi} \left(e - \sum_{j=1}^{y} m_j \cdot p_j \right)_i - \sum_{j=1}^{y} K_{fix\,ji}}{q^i}$$

KW	-	Zielgröße Kapitalwert
I_0	-	Barwert der Investitionen
n	-	Projektdauer (i = 1 ... n)
t_K	-	Kalenderzeit in h/a
η_{Ti}	-	Zeitausnutzungsgrad im Jahr i
Q_{th}	-	Stundenleistung in ME/h
η_{Qi}	-	Leistungsausnutzungsgrad im Jahr i
e	-	Erlös (Preis) in GE/ME
m_j	-	Produktionsfaktorverbrauch in ME/ME des Produktionsfaktors j
p_j	-	Preis je Produktionsfaktoreinheit in GE/ME des Produktionsfaktors j
j	-	Arten des Produktionsfaktorverbrauches bzw. der zahlungswirksamen Kosten (j = 1 ... y)
K_{fix}	-	zahlungswirksame Fixkosten in GE/a
q	-	Kalkulationszinsfaktor

- Umstellung der Funktion nach der Einflußgröße, die als unsicher angesehen und in ihrem Einfluß auf die Zielgröße bestimmt werden soll; hierbei werden alle anderen Größen als sicher (determiniert) vorausgesetzt
- Bestimmung der kritischen Werte der einzelnen Einflußvariablen, abgeleitet aus der Mindestforderung an die Zielgröße; Analogie zur Grenzmengen-, Grenzpreis- und Grenzkostenrechnung (Methode der kritischen Werte), z.B. 0 - Setzen der Kapitalwertfunktion
- Ordnung (Rangigkeit) der Einflußvariablen auf die Zielgröße nach dem Grad der Sensibilität der Zielgröße auf Veränderung der Einflußgrößen, zweckmäßig dargestellt durch Ausweis der prozentualen Veränderung der Zielgröße bei einer für alle Einflußvariablen gleichen prozentualen Abweichung, z.B. um ± 10 Prozentpunkte
- Überprüfung und Erhöhung der Voraussagesicherheit für die Einflußgrößen, auf welche die Zielgröße mit besonderer Sensibilität wirkt

Die Sensitivitätsanalyse ist mit dem Nachteil der isolierten Betrachtung der Einflußvariablen (Partialanalyse) behaftet und an die Bedingung geknüpft, daß die verschiedenen Einflußfaktoren voneinander unabhängig sind. Weiterhin werden positive und negative Veränderungen der Einflußvariablen mit gleicher Wahrscheinlichkeit erwartet. Sie vermittelt trotz dieser Einschränkungen Einblicke in die Risikostruktur eines Projektes und über die Schwerpunkte der weiteren Arbeit mit dem Ziel der Eingrenzung wirtschaftlicher Risiken.

8.2.3 Risikoanalyse

Mittels Risikoanalyse wird, ausgehend von objektiv oder subjektiv ermittelten Wahrscheinlichkeitsverteilungen (Häufigkeitsfunktionen) der Einflußvariablen, die Wahrscheinlichkeitsverteilung der Zielgröße - z.B. des Kapitalwertes - berechnet; analytisch-rechnerisch oder durch Anwendung von Verfahren der Simulation.

Grundlage der Verknüpfung von Investitionsrechnung und Risikoanalyse sind Grundregeln für das Rechnen mit Wahrscheinlichkeiten bei gegebenen Häufigkeitsverteilungen. Entscheidende Charakteristika (Kennwerte) der Risikoempfindlichkeit von Investitionsprojekten sind Erwartungswert und Varianz der Einfluß- und Zielgrößen.

Erwartungswert (EW) oder arithmetisches Mittel ($\bar{x}$) einer Zielgrößenverteilung (Z_i bzw. x_i):

$$EW = \sum_{i=1}^{n} w_i \cdot Z_i \rightarrow \text{Max o. Min} \qquad \text{oder:} \qquad \bar{x} = \frac{1}{n}\sum_{i=1}^{n} x_i$$

Anmerkung: Bei der Berechnung von $\bar{x}$ wird davon ausgegangen, daß die x_i chancengleich, d.h. mit gleicher Wahrscheinlichkeit in die Berechnung eingehen, im Unterschied zur Berechnung von EW, wo die Größen Z_i mit den ihnen zugeordneten (ggf. unterschiedlichen) Wahrscheinlichkeiten w_i in die Berechnung eingehen.

Varianz: Mittlere quadratische Abweichung vom Erwartungswert/Mittelwert als Maß für die Spreizung einer Verteilung.

$$\sigma^2 = \sum_{i=1}^{n} (EW - Z_i)^2 \cdot w_i \rightarrow \text{Min} \qquad \text{oder:} \qquad s^2 = \sum_{i=1}^{n} (\bar{x} - x_i)^2 \cdot \frac{1}{n}$$

Standardabweichung (absolut) einer Verteilung:

$$\sigma = \sqrt{\sigma^2} \qquad \text{oder} \qquad s = \sqrt{s^2}$$

Relative Standardabweichung einer Verteilung:

$$\sigma' = \frac{\sigma}{EW} \qquad \text{oder} \qquad s' = \frac{s}{\bar{x}}$$

Spannweite einer Verteilung:

$$Z_{max} - Z_{min} \qquad \text{oder} \qquad x_{max} - x_{min}$$

Dichte- und Wahrscheinlichkeitsfunktion am Beispiel der Kapitalwertbestimmung für ein Investitionsprojekt bei 20 gleichwertigen Voraussagen (Schätzungen):

Kapitalwert [KW]	40	60	80	100	120	140
Zahl der Voraussagen [n]	1	3	8	5	2	1
Voraussagewahrscheinlichkeit [w_i]	0,05	0,15	0,40	0,25	0,10	0,05

$EW = 87$ $\sigma^2 = 531$ $\sigma = 23{,}04$ $\sigma' = 0{,}2649$

$KW_{max} - KW_{min} = 100$

Häufigkeitsverteilung w_i (KW) und Summenverteilung des KW $\Sigma\, w_i$ (KW)

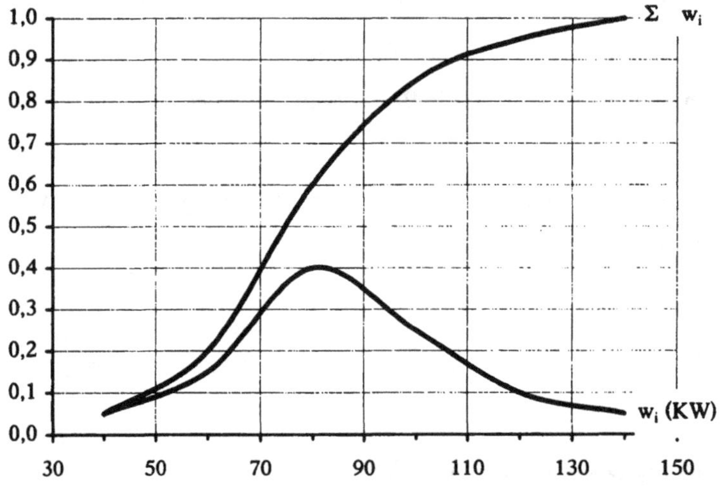

Zufalls- oder Schätzvariable (KW)

Arbeitsschritte der Bewertung von Investitionen unter Anwendung der Risikoanalyse:

1. Voruntersuchung und Modellbildung; Darstellung der Zielgröße (z.B. KW) als Funktion der relevanten Einflußgrößen (E_i) determinierter und/oder stochastischer Art

$$KW = f(E_i)$$

2. Überprüfung der erforderlichen Unabhängigkeit der Einflußgrößen voneinander

3. Datenbeschaffung, Datenbewertung und Datendarstellung, z.B. in Form von Häufigkeitsverteilungen für die relevanten Einflußgrößen.

4. Untersuchungen zur Rangigkeit der Einflußgrößen auf die Veränderung der Zielgröße (Sensitivitätsanalyse) mit dem Ziel der Schwerpunktsetzung für die weiteren Untersuchungen.

5. Berechnung und Darstellung des Einflusses der Einflußgrößen auf die Zielgröße unter der Voraussetzung der Überlagerung/Mischung zufälliger und geschätzter Größen für die Einflußvariablen mittels

   - der Vollenumeration, d.h. alle möglichen Datenkonstellationen werden gerechnet, dargestellt und bewertet (praktisch infolge der Variantenvielfalt kaum möglich)
   - analytischer Ansätze, z.B. Grenzwertbetrachtungen, partielle und kombinatorische Analysen unter Nutzung der Sensitivitätsanalyse
   - Simulationsverfahren z.B. nach der Monte-Carlo-Methode, indem Schätzungen/Stichproben beliebigen Umfanges aus gegebenen statistischen Verteilungen der Einflußgrößen in ihrem Einfluß auf den Erwartungswert und auf die Varianz der Zielgröße simuliert werden (Nutzung von EDV- Programmen)

Die Risikoanalyse liefert dem Entscheidungsträger keine eindeutige Entscheidungsaussage für oder gegen eine Investition. Sie ist eine Entscheidungshilfe, indem sie den Erwartungswert und die Varianz der Zielgröße bestimmt. Der subjektiven Entscheidung bleibt es - insbesondere bei Vergleich alternativer Varianten - vorbehalten, ob z.B. ein vglw. geringerer Kapitalwert eines Projektes infolge der geringeren Varianz dieses Projektes (geringere Risikobehaftung) eine höhere Bewertung erfährt als die Alternative mit höherem Kapitalwert und höherem Risiko. In jedem Fall sind Erwartungswert und Risiko gemeinsam zur Beurteilung von Investitionen heranzuziehen.

Beispiel:

Wirtschaftslage	Wahrscheinlichkeit w	Kapitalwert Projekt A	Kapitalwert Projekt B
Rezession	0,2	400	200
Normal	0,6	500	600
Konjunktur	0,2	600	1000

Für Projekt A beträgt der Erwartungswert des KW = 500 und $\sigma' = 0{,}13$ und für Projekt B der Erwartungswert des KW = 600 und $\sigma' = 0{,}42$. Wird die größere Risikoempfindlichkeit des Projektes B (relative Standardabweichung 42 % gegenüber 13 % bei Projekt A) durch den höheren Erwartungswert der Zielgröße Kapitalwert (600 gegenüber 500) kompensiert?

Eine brauchbare Entscheidungshilfe für isolierte Projekte ist eine tabellarische oder grafische Darstellung des **Risikos-Chancen-Profils.** Es zeigt an, mit welcher Wahrscheinlichkeit welcher Kapitalwert **mindestens** erreicht wird. Ergänzende Aussagen, insbesondere zu Erwartungswert und Varianz, erweitern die Entscheidungsgrundlage.

Risiko-Chancen-Profil $(1 - \Sigma\, w_i\, (KW))$ für das Beispiel auf S. 124

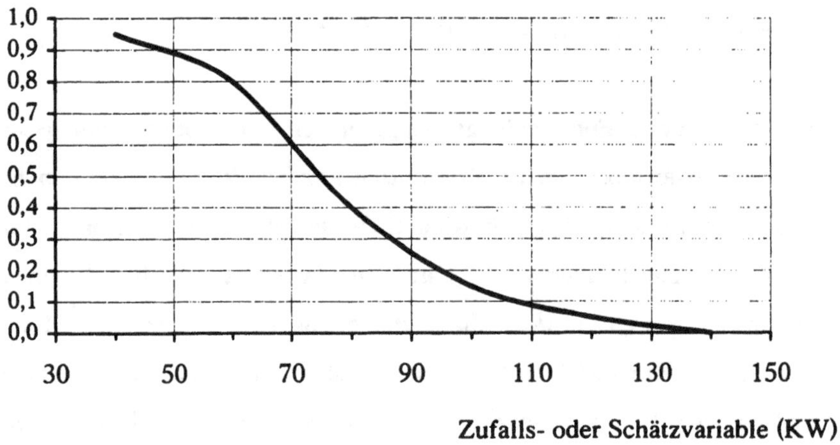

Eine weitere Entscheidungshilfe kann die Beurteilung auf Basis eines **Risikoaversionsfaktors** a sein.

$$A = EW\ (KW) + a \cdot \sigma \qquad \rightarrow \text{Max}$$

Je nach Risikoneigung wird die Höhe des Faktors a subjektiv vom Bewertenden festgelegt.

Es gilt: $a < 0$ → Bewerter ist risikoscheu

$a = 0$ → Bewerter ist risikoneutral

$a > 0$ → Bewerter ist risikofreudig

8.2.4 Entscheidungsbaumverfahren

Entscheidungen im allgemeinen, Entscheidungen über Sachinvestitionen im besonderen, sind in aller Regel mehrstufige Entscheidungsprozesse. Dies resultiert aus der Struktur des Entscheidungsproblems (der Aufgabe) und der vielfältigen vertikalen Interdependenzen. Die klassischen Investitionsrechenverfahren ignorieren diesen Tatbestand. Sie gehen von einer 1-stufigen Struktur des Problems aus.

Sind im zeitlich/sachlich bedingten Ablauf einer Aufgabe mehrere aufeinander aufbauende Entscheidungen zu treffen, und sind diese Entscheidungen beeinflußt durch wahrscheinlich erachtete Umweltzustände, dann ist es zweckmäßig, das Entscheidungsproblem in einem **Entscheidungsbaum** aufzubereiten. Man spricht in diesem Fall auch vom Entscheidungsbaumverfahren. Es beruht auf der Voraussetzung eines mehrstufigen Entscheidungsprozesses und vorliegender subjektiv/objektiv bestimmter Wahrscheinlichkeiten für Umweltzustände, unter denen die Entscheidung zu treffen ist.

Ein Entscheidungsbaum ist durch Entscheidungsknoten, Zufallsereignisknoten, Äste (Kanten) und Ergebnisknoten strukturiert.

Entscheidungsknoten [E] sind Situationen, in denen eine Wahlentscheidung zu treffen ist.
Zufallsereignisknoten (ZE) charakterisieren verschiedene, vorgegebene (durch die Entscheidungen nicht beeinflußbare) Umweltentwicklungen, z.B. Marktentwicklung, Preise, Konjunktur u.a.
Resultate dieser Entwicklungen sind unterschiedliche **Umweltzustände** (U), denen subjektive Eintrittswahrscheinlichkeiten zugeordnet sind.
Äste (Kanten) sind die bestehenden Handlungsalternativen für den Entscheidungsträger und deren Konsequenzen bei den jeweiligen Umweltzuständen auf die Ausbildung des Zielkriteriums, z.B. auf den Kapitalwert.
Ergebnisknoten stellen das in Abhängigkeit von der Handlungsalternative und der Wahrscheinlichkeit des Eintreffens der Umweltzustände ermittelte Ergebnis dar (z.B. Erwartungswert des Kapitalwertes oder des Ertragswertes).

Das Konzept des Entscheidungsbaumverfahrens soll an einem **Beispiel** demonstriert werden.
Ein Investor steht im Zeitpunkt 0 vor der alternativen Entscheidung zwischen einem risikoarmen Projekt (Variante 1, oberer Ast) und einem risikoreichen Projekt (Variante 2, unterer Ast). Die Entscheidungen sind unterschiedlichen Umweltsituationen U_i (z.B. Absatzmengen), charakterisiert durch subjektive Wahrscheinlichkeiten w_i, ausgesetzt. In Abhängigkeit von den eintretenden Umweltsituationen sind Folgeentscheidungen E_i (z.B. über Ergänzungsinvestitionen) zu treffen, deren Wirkung auf die Zielgröße Kapitalwert wiederum von in der Zukunft liegenden zufälligen Umweltentwicklungen (z.B. Marktpreise) abhängig ist und durch erwartete, d.h. mit Wahrscheinlichkeit belegte Ertragswerte bestimmt wurde.

Für welche Variante sollte sich der Investor in t = 0 entscheiden (V1 oder V2) ?

Das Entscheidungsproblem wird in einem **Entscheidungsbaum** wie folgt dargestellt:

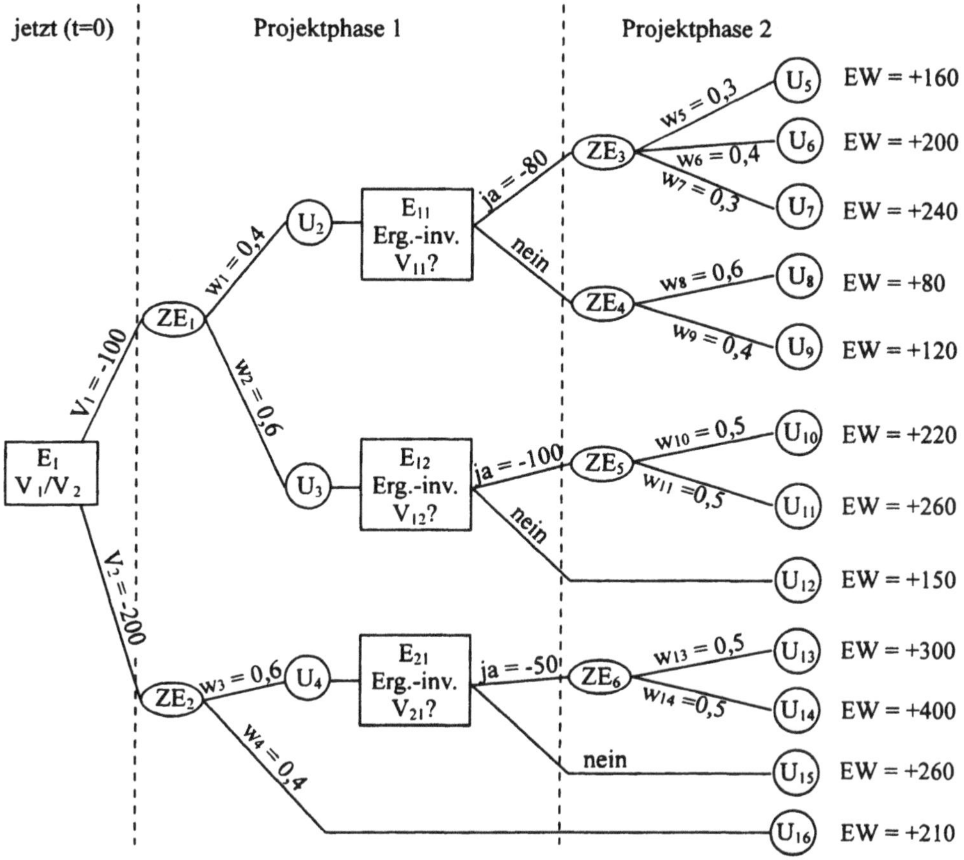

EW = Summenbarwert der Rückflüsse (ohne Investitionen)

Alle Zahlungsströme sind Barwerte, bezogen auf den Zeitpunkt t = 0.

Die Problemlösung erfolgt, indem durch eine Rückwärtsrechnung (roll-back-Verfahren) für jeden Entscheidungsknoten E_i die Erwartungswerte für den Kapitalwert berechnet werden. Bei alternativen Entscheidungssituationen geht jeweils der höhere Ertragswert in die Entscheidungsquoten und in die weitere Fortschrittsrechnung ein. Auf diese Weise wird die optimale Entscheidung nach dem Erwartungswert des Kapitalwertes bestimmt.

Für das angeführte Beispiel gilt:

Oberer Ast (Variante 1)

$EW(E_{11}\,(ja)) \;=\; 0{,}3 \cdot 160 + 0{,}4 \cdot 200 + 0{,}3 \cdot 240 - 80 = +\,120$

$EW(E_{11}\,(nein)) \;=\; 0{,}6 \cdot 80 + 0{,}4 \cdot 120 = +\,96$

Vorzug E_{11} (ja) mit EW = + 120

$EW(E_{12}\,(ja)) \;=\; 0{,}5 \cdot 220 + 0{,}5 \cdot 260 - 100 = +\,140$

$EW(E_{12}\,(nein)) \;=\; 1{,}0 \cdot 150 = +\,150$

Vorzug E12 (nein) mit EW = + 150

Erwartungswert des KW bei Realisierung von Variante 1

$$EW(KW) = 0{,}4 \cdot 120 + 0{,}6 \cdot 150 - 100 = +\,38$$

Unterer Ast (Variante 2)

$EW(E_{21}\,(ja)) \;=\; 0{,}5 \cdot 300 + 0{,}5 \cdot 400 - 50 = +\,300$

$EW(E_{21}\,(nein)) \;=\; 1{,}0 \cdot 260 = +\,260$

Vorzug E21 (ja) mit EW = + 300

Erwartungswert des KW bei Realisierung von Variante 2

$$EW(KW) = 0{,}6 \cdot 300 + 0{,}4 \cdot 210 - 200 = +\,64$$

Realisierung von Variante 2, weil Erwartungswert des Kapitalwertes = 64 gegenüber 38 bei Variante 1.

Kritische Einwände gegen das Entscheidungsbaumverfahren betreffen die Vernachlässigung der Streuung von Zielgrößen in Abhängigkeit von den Verteilungen der Wahrscheinlichkeiten für bestimmte Umweltzustände (es wird Risikoneutralität unterstellt) und zum anderen die hohen Informationsanforderungen. Beide Einwände können weitgehend entkräftet werden, weil

- ein Rechnen ausschließlich mit Erwartungswerten nicht vorgeschrieben ist, d.h. es ist möglich, eine Erweiterung des Verfahrens mit dem Ziel der Berücksichtigung der Streuungen der Erwartungswerte vorzunehmen (Aufhebung der Risikoneutralität),
- auch andere alternative Entscheidungsverfahren sind durch genannte Mängel geprägt, es sei, man erweitert diese Verfahren,
- hohe Informationsanforderungen aus der Sicht der hierdurch gesetzten Zwänge einschließlich der hiermit verbundenen Forderung nach logischer Problemaufbereitung für die Entscheidungsvorbereitung auch ein Vorteil sind.

Trotz des hohen Aufwandes ist das vorgestellte Verfahren von Nutzen und praktikabel, vor allem dann, wenn zeitlich/sachliche Interdependenzen vorliegen und verschiedene Umweltzustände von besonderer Entscheidungsrelevanz sind.

8.2.5 Fallbeispiel Investitionsentscheidung unter Risiko

1. Sensibilitätsanalyse

In einem Industriebetrieb soll über die Investition einer Fertigungsstraße für das neue Produkt „Star" entschieden werden. Für das Projekt werden die folgenden Daten erwartet:

- einmalige Investitionen (neue Werkhalle):	8 Mio DM
- Investition in abnutzbare Anlagen:	20 Mio DM
- ND der abnutzbaren Anlagen:	5 Jahre
- Lebensdauer des Produktes Star:	15 Jahre
- vollvariable Betriebskosten für	
- Löhne	4 DM/ME
- Material	6 DM/ME
- Instandhaltung	3 DM/ME
- fixe Betriebskosten	0,5 Mio DM/a
- Absatzmenge	1 Mio ME/a
- Absatzpreis	22 DM/ME
- Kalkulationszins	10 % p.a.

Es soll in einer ersten Stufe die Rangigkeit des Einflusses der prognostizierten Größen auf den Kapitalwert als Zielkriterium ermittelt werden.

Bei einer Veränderung der Produktlebensdauer soll die Nutzungsdauer der abnutzbaren Anlagen durch veränderte Instandhaltung so angeglichen werden, daß nur zwei Ersatzmaßnahmen notwendig werden. Jeder Monat der Verlängerung/Verkürzung führt zu Zu/Abschlägen bei den Betriebskosten von 20.000 DM/a.

1. Berechnung des Kapitalwertes mit den prognostizierten Daten

$$I_o = 28 \text{ Mio DM} + \frac{20 \text{ Mio DM}}{1{,}1^5} + \frac{20 \text{ Mio DM}}{1{,}1^{10}} = 48.129.292 \text{ DM}$$

$$DB_0 = \left((22-4-6-3)\ DM / ME \cdot 1\ MioME / a \ - \ 0{,}5 MioDM / a\right) \cdot \frac{1{,}1^{15}-1}{0{,}1 \cdot 1{,}1^{15}}$$
$$= 64.651.676\ DM$$

KW = 64.651.676 DM - 48.129.292 DM = 16.522.384 DM

2. Isolierte Variation der Einflußgrößen um ± **10 %** und jeweils Berechnen des Kapitalwertes

Bsp. für einmalige Investitionen:

$I_{einmalig}$ = 8,8 Mio DM → I_o = 48.929.292 DM

KW = 15.722.384 DM, Δ KW = -4,84 %

$I_{einmalig}$ = 7,2 Mio DM → I_o = 47.329.292 DM

KW = 17.322.384 DM Δ KW = +4,84 %

3. Zusammenstellung der relativen Änderungen des Kapitalwertes

	+ 10 %	- 10 %
Preis	101,28 %	-101,28 %
Absatzmenge	41,43 %	-41,43 %
Materialkosten	-27,62 %	27,62 %
I_{wdh}	-24,29 %	24,29 %
Lohnkosten	-18,41 %	18,41 %
Zins	-14,00 %	15,41 %
IH-Kosten	-13,81 %	13,81 %
Produkt-LD	10,65 %	-13,67 %
$I_{einmalig}$	-4,84 %	4,84 %
Fixkosten	-2,30 %	2,30 %

Von herausragender Bedeutung ist demzufolge der Absatzpreis, des weiteren haben Absatzmenge, Materialkosten und die abnutzbaren Investitionen recht hohen Einfluß.

2. Risikoanalyse

Von den Einflußgrößen mit hoher Sensibilität sollen der Absatzpreis, die Absatzmenge und die abnutzbaren Investitionen einer Risikoanalyse mittels einer Drei-Punkt-Schätzung unterzogen werden.

Im Ergebnis einer Expertenbefragung werden folgende Schätzungen abgegeben

	pessimist. Wert	wahrscheinl. Wert	optimist. Wert
Erlös	20	22	23
w	0,3	0,5	0,2
Absatzmenge	950.000	1.000.000	1.150.000
w	0,35	0,4	0,25
abnutzbare Investitionen	30 Mio	20 Mio	17 Mio
w	0,3	0,5	0,2

1. Ermitteln der Häufigkeitsverteilung für den Kapitalwert durch Vollenumeration
   - Bildung aller möglichen Kombinationen der Schätzungen und jeweils Berechnen des Kapitalwertes und der zugehörigen Wahrscheinlichkeiten, bei 3 Einflußgrößen und jeweils 3 Ausprägungen ergeben sich $3^3 = 27$ Kombinationen
   - Ordnen nach aufsteigendem Kapitalwert um die Dichtefunktion (Häufigkeitsverteilung) zu erhalten
2. Ermitteln der Summenverteilung (Verteilungsfunktion) durch Kumulieren der Dichtefunktion

Das Risiko-Chancen-Profil erhält man durch die Subtraktion $1 - \Sigma\, w_i$ (KW)

Vollenumeration und Ermittlung des Risiko-Chancen-Profils:

e DM/ME	Q Tsd. ME/a	I_{wdh} Mio. DM	KW Mio. DM	w_e	w_Q	w_{Iwdh}	w von KW	F(w) von KW	1-F(w)
20	950	30	-21,417	0,3	0,35	0,3	0,0315	0,0315	0,969
20	1.000	30	-18,754	0,3	0,40	0,3	0,0360	0,0675	0,933
20	1.150	30	-10,768	0,3	0,25	0,3	0,0225	0,0900	0,910
22	950	30	-6,965	0,5	0,35	0,3	0,0525	0,1425	0,858
22	1.000	30	-3,542	0,5	0,40	0,3	0,0600	0,2025	0,798
20	950	20	-1,352	0,3	0,35	0,5	0,0525	0,2550	0,745
23	950	30	0,261	0,2	0,35	0,3	0,0210	0,2760	0,724
20	1.000	20	1,310	0,3	0,40	0,5	0,0600	0,3360	0,664
23	1,000	30	4,064	0,2	0,40	0,3	0,0240	0,3600	0,640
20	950	17	4,667	0,3	0,35	0,2	0,0210	0,3810	0,619
22	1.150	30	6,726	0,5	0,25	0,3	0,0375	0,4185	0,582
20	1.000	17	7,330	0,3	0,40	0,2	0,0240	0,4425	0,558
20	1.150	20	9,297	0,3	0,25	0,5	0,0375	0,4800	0,520
22	950	20	13,100	0,5	0,35	0,5	0,0875	0,5675	0,433
20	1.150	17	15,316	0,3	0,25	0,2	0,0150	0,5825	0,418
23	1.150	30	15,473	0,2	0,25	0,3	0,0150	0,5975	0,403
22	1.000	20	16,522	0,5	0,40	0,5	0,1000	0,6975	0,303
22	950	17	19,119	0,5	0,35	0,2	0,0350	0,7325	0,268
23	950	20	20,325	0,2	0,35	0,5	0,0350	0,7675	0,233
22	1.000	17	22,542	0,5	0,40	0,2	0,0400	0,8075	0,193
23	1.000	20	24,128	0,2	0,40	0,5	0,0400	0,8475	0,153
23	950	17	26,345	0,2	0,35	0,2	0,0140	0,8615	0,139
22	1.150	20	26,791	0,5	0,25	0,5	0,0625	0,9240	0,076
23	1.000	17	30,148	0,2	0,40	0,2	0,0160	0,9400	0,060
22	1.150	17	32,810	0,5	0,25	0,2	0,0250	0,9650	0,035
23	1.150	20	35,538	0,2	0,25	0,5	0,0250	0,9900	0,010
23	1.150	17	41,557	0,2	0,25	0,2	0,0100	1,0000	0,000

Risiko - Chancen - Profil

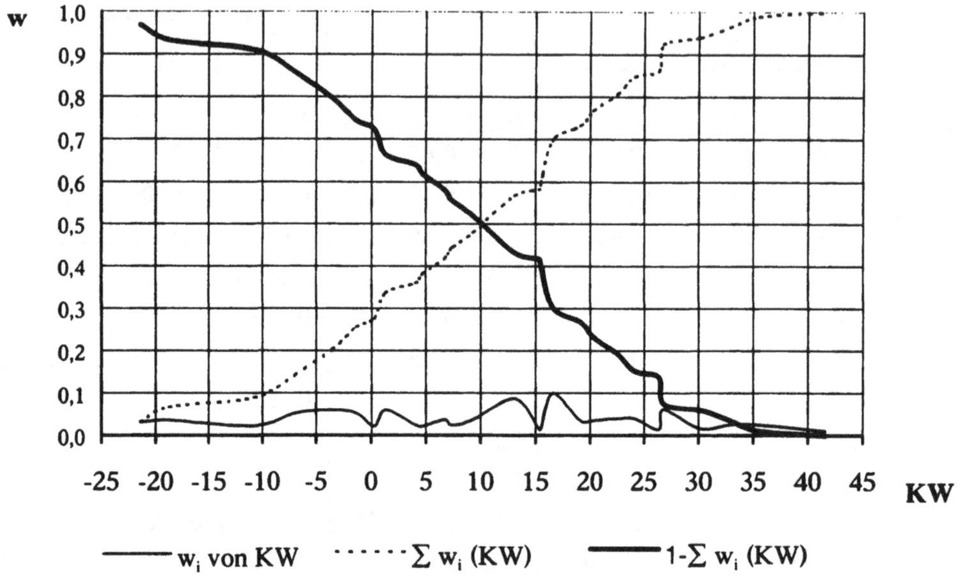

Eine alternative Variante des Investitionsprojektes sieht vor, durch erhöhte einmalige Investitionen einen Teil der abnutzbaren Anlagen zu substituieren. Unter sonst gleichen Bedingungen betragen die einmaligen Investitionen dann 16 Mio DM, die abnutzbaren Anlagen 18 Mio DM.

Die Experteneinschätzung sieht wie folgt aus:

	pessimist. Wert	wahrscheinl. Wert	optimist. Wert
abnutzbare Investitionen Wahrscheinlichkeit w	22 Mio 0,25	18 Mio 0,5	17 Mio 0,25

Man ermittelt in analoger Weise das Risiko-Chancen-Profil und zeichnet beide Profile in ein Diagramm ein.

Risiko-Chancen-Profile für Varianten 1 und 2

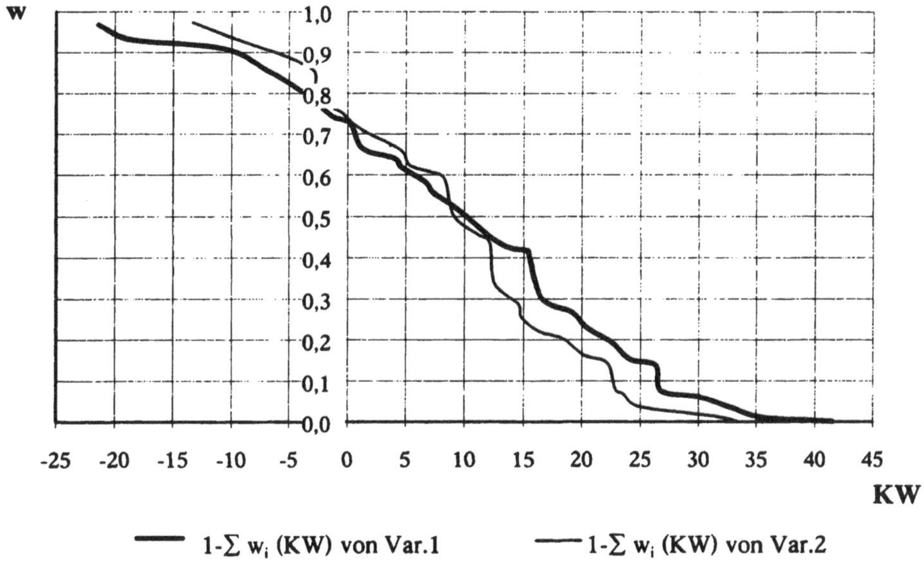

Für beide Varianten lassen sich aus den bei der Vollenumeration ermittelten Daten folgende Werte berechnen:

	Variante 1	Variante 2
Erwartungswert des KW	9.973	9.296
Standardabweichung	14.353	10.771
relative Standardabweichung	144 %	116 %

Die Entscheidung über die Auswahl der Variante muß also berücksichtigen, ob der erhöhte Kapitalwert bei Variante 1 die erhöhte Streuung (das erhöhte Risiko) kompensiert. Zum Ausdruck kommt die unterschiedliche Risikobehaftung der Varianten auch in den sich schneidenden Risiko-Chancen-Profilen. Letztlich bleibt die Entscheidung für oder gegen eine Variante immer zu einem Teil subjektiv.

9 Berücksichtigung von Tendenzfaktoren in der Wirtschaftlichkeitsrechnung

9.1 Methodischer Ansatz zur Problemlösung

Wirtschaftlichkeitsrechnungen sind Wirtschaftlichkeitsprognosen. Sie beruhen auf Daten, die im allgemeinen mit Unsicherheit behaftet und darüber hinaus tendenziellen Veränderungen unterworfen sind, z. B.

- tarifbedingte Lohnkostenentwicklung
- Preisänderungen für Produktionsfaktorverbräuche, Ersatzinvestitionen und Produkte
- mengenmäßige Veränderungen der Verbräuche an Produktionsfaktoren durch Substitutions- und Rationalisierungseffekte
- Produktivitätsentwicklung
- inflationsbedingte Geldwertminderung

Sind derartige Veränderungen ermittelt (bekannt) und entscheidungsrelevant, sollten sie berücksichtigt werden. Hierbei wird üblicherweise von konstanten und **stetigen Veränderungen** über die Projektdauer einer Investition ausgegangen. In diesem Fall wird bei dynamischen Rechenverfahren **der Kalkulationszins unter Einbeziehung des Veränderungsfaktors** korrigiert.

Ist eine Zahlungsgröße durch eine stetige Veränderung f_V in % p.a. charakterisiert, dann beträgt der in der Wirtschaftlichkeitsrechnung für diese Zahlungsgröße zu berücksichtigende Veränderungsfaktor q_V

$$q_v = 1 + \frac{f_v}{100}$$

und der korrigierte allgemeine Kalkulationszins q'

$$q' = \frac{q}{q_v}$$

Bei sinkender Tendenz erhält f_v ein negatives Vorzeichen (damit $q_v < 1$) und bei steigender Tendenz f_v ein positives Vorzeichen (damit $q_v > 1$).

Ein Veränderungsfaktor $q_V > 1$ **als Ausdruck stetiger kumulativer Aufwärtsentwicklung, z.B. infolge Preissteigerung** für Produktionsfaktorverbräuche, **vermindert die Höhe des Zinsfaktors** und damit dessen Einfluß auf die Ergebnisse der Wirtschaftlichkeitsrechnung (q' < q).

Ein Veränderungsfaktor $q_V < 1$ **als Ausdruck stetiger kumulativer Abwärtsentwicklung, z.B. infolge Senkung der spezifischen Verbräuche** an Produktionsfaktoren, **erhöht den Zinsfaktor** und ist damit dem Zinsfaktor q gleichgerichtet und verstärkt dessen Einfluß auf die Ergebnisse der Wirtschaftlichkeitsrechnung (q' > q).

Korrektur und Barwert einer Zahlungsreihe $b_i = m_i \cdot p_i$ über n unter folgenden Annahmen:

m_i - Mengenverbrauch, $m_0 = 100$ ME

p_i - Preis, $p_0 = 10$ GE/ME

n - 5 Jahre

q - Kalkulationszinssatz, q = 1,1 (Zins 10 % p.a.)

$f_{v(m)}$ - **Verbrauchssenkung**, $f_{v(m)} = 2$ %/a $q_{v(m)} =$ 0,98

$f_{v(p)}$ - **Preissteigerung**, $f_{v(p)} = 3$ %/a $q_{v(p)} =$ 1,03

Periode	1	2	3	4	5	$\sum_1^n$
Basisstrom (Niveau 0)						
m_0	100	100	100	100	100	500
p_0	10	10	10	10	10	-
$b_0 = m_0 \cdot p_0$	1000	1000	1000	1000	1000	5000
Mengenkorrektur (Niveau i) $m_i = m_0 \cdot q^i_{v(m)}$	98,00	96,04	94,12	92,24	90,39	470,79
Preiskorrektur (Niveau i) $p_i = p_0 \cdot q^i_{v(p)}$	10,30	10,61	10,93	11,26	11,59	
Mengen- und Preiskorrektur, Abzinsung b_i	917,60	842,10	772,90	709,40	650,50	3.892,50 [1]

$$b_i = \frac{b_0 \cdot q^i_{v(m)} \cdot q^i_{v(p)}}{q^i} \qquad b_i = \frac{b_0}{q'^{(i)}} \qquad q' = \frac{q}{q_{v(m)} \cdot q_{v(p)}} = 1{,}0898$$

[1] Der Summenbarwert der Zahlungsreihe ohne Berücksichtigung der Korrekturfaktoren beträgt 3.790,8

9.2 Berücksichtigung spezieller Preisänderungen

- alle zukünftigen mit Preisen bewerteten Zahlungsgrößen (Investitionen, Betriebsausgaben, Erlöse) sind zu überprüfen, ob sie über die Projektdauer der Investition von Preisänderungen beeinflußt werden
- preisbeeinflußte Zahlungsgrößen sind zu untergliedern, damit spezielle Preisänderungsfaktoren ermittelt und wenn erforderlich in die Wirtschaftlichkeitsrechnung einbezogen werden können
- wenn erforderlich, sind differenzierte Veränderungsfaktoren für verschiedene Investitionsarten (Bau, Ausrüstungen), Materialarten und Energieträger zu berücksichtigen
- die Anwendung von Preisänderungsfaktoren erfordert bei der Kalkulation der Zahlungsgrößen eine Betrachtung dieser als Produkt aus Menge · Preis, sowohl für Produktionsfaktorverbräuche als auch für Erlöspositionen

Die Einbeziehung einer alle Aus- und Einzahlungen in gleicher Höhe beeinflussenden **Preissteigerung** (gleiche Preissteigerungsrate) führt

- zu einer Verringerung des korrigierten Zinsfaktors q'
- zu einer Erhöhung des Betrages des Kapitalwertes für das Investitionsprojekt
- im Variantenvergleich zu einer relativen Bevorteilung kapitalintensiver Varianten gegenüber weniger kapitalintensiven Varianten

Es sollte davon ausgegangen werden, daß verschiedene Zahlungsgrößen unterschiedlichen Preisentwicklungen unterliegen, so daß spezielle Änderungsfaktoren zu berücksichtigen sind; die dann auch zu unterschiedlichen Einflüssen auf die absolute und relative Vorteilhaftigkeit von Investitionsprojekten führen können.

Beispiel zur Berücksichtigung von Preissteigerungsraten

Ausgangsdaten	**Alternative I**	**Alternative II**
Investitionsausgaben (Zeitpunkt t_0)	600 GE	800 GE
Laufende Einnahmen	120 GE/a	120 GE/a
Laufende Ausgaben	40 GE/a	20 GE/a

Laufzeit	20 a
Kalkulationszinsfuß	8 % p.a.

- Rechnung ohne Preissteigerungsrate

	Alternative I	Alternative II
Barwert der Einnahmen	1.178,2	1.178,2
Investitionsausgaben	600,0	800,0
Barwert der lfd. Ausgaben	392,7	196,4
Kapitalwert	185,5	181,8

- Preissteigerung von 4 %/a bei den Ausgaben (q' = 1,0385)

	Alternative I	Alternative II
Barwert der Einnahmen	1.178,2	1.178,2
Investitionsausgaben	600,0	800,0
Barwert der lfd. Ausgaben	551,2	275,6
Kapitalwert	27,0	102,6

- Preissteigerung von 4 %/a bei Ausgaben und Einnahmen (q' = 1,0385)

	Alternative I	Alternative II
Barwert der Einnahmen	1.653,6	1.653,6
Investitionsausgaben	600,0	800,0
Barwert der lfd. Ausgaben	551,2	275,6
Kapitalwert	502,4	578,0

9.3 Berücksichtigung von tarifbedingten Lohnkostenentwicklungen und von Produktivitätssteigerungen

Tarifbedingte Lohnkostensteigerungen ($q_{LK} > 1$) führen zu den gleichen betriebswirtschaftlichen Konsequenzen wie Preissteigerungen für Produktionsfaktoren (Verteuerung des Produktionsfaktors Arbeit).

Eine Steigerung der Arbeitsproduktivität ist in ihrer Wirkung der Diskontierung gleichgerichtet und Preissteigerungen für Verbräuche an Produktionsfaktoren und Lohnsteigerungen entgegengerichtet.

Wird der Produktivitätszuwachs f_A in %/a

a) in einer prozentualen Minderung des Arbeitszeitaufwandes je Produkteinheit ausgewiesen, dann gilt

$$q' = q \cdot \left(1 - \frac{f_A}{100}\right)$$

b) in einer prozentualen Erhöhung der Produktmenge je Arbeitszeiteinheit ausgewiesen, dann gilt

$$q' = \frac{q}{1 + \frac{f_A}{100}}$$

In jedem Fall ist der durch Produktivitätssteigerung korrigierte Zinsfaktor $q' < q$.

9.4 Berücksichtigung von Rationalisierungseffekten und (investitionsbedingten) Substitutionseffekten

Effekte dieser Art betreffen nur den Auszahlungsstrom und führen über eine Produktivitätssteigerung hinaus direkt und/oder indirekt (über Leistungssteigerung) häufig zu einer Senkung des spezifischen Mengenverbrauchs an Material f_M und Energie f_E. Eine solche Wirkung ist Preissteigerungen für Material und Energie entgegengerichtet und der Wirkung des allgemeinen Zinsfaktors gleichgerichtet ($q' > q$).

$$q' = \frac{q}{\left(1 - \frac{f_{M/E}}{100}\right)}$$

9.5 Berücksichtigung inflationsbedingter Geldwertminderung

Ein Prozeß **allgemeiner** Preissteigerungen für Güter und Produktionsfaktoren führt zur Inflation (inflationsbedingter Geldwertminderung). Die Inflation wird von einer Disproportion zwischen Güter- und Geldkreislauf begleitet. Über den Produktivitätszuwachs hinaus steigende Löhne und Steuern sind eine Ursache für inflationäre relative Entwertung des Geldes.

Bei Inflation werden in Wirtschaftlichkeits- und Barwertrechnungen Zahlungsgrößen mit unterschiedlicher Kaufkraft addiert. Vergleichbarkeit der Zahlungsgrößen ist aber nur dann gegeben, wenn die nominellen Beträge durch Einbeziehung eines Faktors q_D in eine reale Rechnung geführt werden.

$$q_D = 1 + \frac{f_D}{100}$$

f_D - vorausgeschätzte Inflationsrate in %/a

Der inflationskorrigierte Zinsfaktor q' beträgt

$$q' = q \cdot \left(1 + \frac{f_D}{100}\right) = q \cdot q_D$$

Die Wirkung der Inflation von Zahlungsgrößen ist der Diskontierung gleichgerichtet und den auf Wertsteigerungen beruhenden Preissteigerungen entgegengerichtet. Bei der Bestimmung der Vorteilhaftigkeit von Varianten sind kapitalintensivere Varianten von der Inflationswirkung stärker betroffen.

Der im Abschnitt 9.2 durchgeführte Variantenvergleich führt unter den Annahmen keine speziellen Preissteigerungen aber Berücksichtigung einer inflationsbedingten allgemeinen Geldwertminderung in Höhe von 4 %/a zu einem korrigierten Zinsfaktor

$$q' = 1{,}08 \cdot 1{,}04 = 1{,}1232$$

und bei einer Rechnung mit diesem inflationsbereinigten Zinsfaktor zu dem Ergebnis:

	Alternative I	Alternative II
Barwert der Einnahmen	878,8	878,8
Investitionsausgaben	600,0	800,0
Barwert der lfd. Ausgaben	292,9	146,5
Kapitalwert	-14,1	-67,7

Die Ergebnisse dieser Rechnung sind den Ergebnissen bei einer Preissteigerung für Ausgaben und Einnahmen in Höhe von ebenfalls 4 % p.a. (vgl. Abschnitt 9.2) gegengerichtet!

9.6 Fallbeispiel

Für die Fertigung eines Produktes stehen zwei verschiedene Anlagen zur Verfügung:

	Variante A	Variante B
Anfangsinvestitionen	1.200 TDM	500 TDM
Materialkosten	100 TDM/a	150 TDM/a
Lohnkosten	150 TDM/a	220 TDM/a
Erlöse	450 TDM/a	
Kalkulationszins	10 % p.a.	

Folgende Veränderungen werden für die Produktionsfaktoren über die Laufzeit des Projektes von 10 Jahren prognostiziert:

Preissteigerung durch erhöhte Nachfrage	1,5 % p.a.
Senkung des Materialverbrauches durch Lerneffekte	-1 % p.a.
Steigerung der Tariflöhne + Lohnnebenkosten	3 % p.a.
Senkung des Arbeitszeitverbrauches durch Produktivitätssteigerung	-1 % p.a.

Bewertung der Vorteilhaftigkeit ohne Beachtung der tendenziellen Veränderungen

	q	DSF	Variante A	Variante B
Anfangsinvest.			1.200,00	500,00
Barwert der Erlöse	1,10	6,14457	2.765,06	2.765,06
Barwert der Materialkosten	1,10	6,14457	614,46	921,69
Barwert der Lohnkosten	1,10	6,14457	921,69	1.351,80
Kapitalwert			28,91	-8,43

Bewertung der Vorteilhaftigkeit unter Beachtung der tendenziellen Veränderungen

	q'	DSF	Variante A	Variante B
Anfangsinvest.			1.200,00	500,00
Barwert der Erlöse	1,083744	6,59823	2.969,20	2.969,20
Barwert der Materialkosten	1,111111	5,86189	586,19	879,28
Barwert der Lohnkosten	1,078749	6,74812	1.012,22	1.484,59
Kapitalwert			170,80	105,33

Bewertung der Vorteilhaftigkeit unter Einbeziehung einer Inflation von 2 % p.a.

	q'	DSF	Variante A	Variante B
Anfangsinvest.			1.200,00	500,00
Barwert der Erlöse	1,105419	6,00410	2.701,84	2.701,84
Barwert der Materialkosten	1,133333	5,35472	535,47	803,21
Barwert der Lohnkosten	1,100324	6,13603	920,41	1.349,93
Kapitalwert			45,97	48,71

10 Nutzwertberechnungen zur Beurteilung von Sachinvestitionen

10.1 Problemstellung

Die Vorteilhaftigkeit einer Investition kann nicht allein auf der Grundlage monetär wirtschaftlicher Ziele bestimmt werden. Vor allem für Sachinvestitionen sind Investitionsentscheidungen auch unter Berücksichtigung monetär nicht faßbarer Unternehmens- und Projektziele unter Anwendung von Verfahren der Nutzwertberechnungen zu begründen. Nutzwertberechnungen beruhen auf dem Vergleich alternativen Varianten mit dem Ziel der Festlegung einer Rangigkeit dieser Varianten nach entscheidungsrelevanten Beurteilungskriterien. Der Nutzwert ist Maß für die Rangigkeit einer Investition. Er ist subjektiv geprägt.

Nutzwertberechnungen werden vor allem angewandt

- in der Stufe der Vorauswahl alternativen Investitionsprojekte, vor allem auch bei hohen Risiken für die Projekte
- in der Stufe der Entscheidung über alternative Investitionsprojekte, vor allem bei monetär nicht faßbaren Zielstellungen und Wirkungen der Projekte

Nutzwertberechnungen werfen vor allem vier Probleme auf

- Auswahl der Beurteilungskriterien
- Festlegung der Beurteilungsmaßstäbe
- Nutzensmessung
- Grenzen des Verfahrens

10.2 Verfahren

(1) Auswahl der Bewertungskriterien

Die in die Bewertung einzubeziehenden Kriterien sind von der objektkonkreten Zielstellung abhängig. Mögliche Bewertungskriterien sind:

Wirtschaftliche Bewertungskriterien; z. B. Marktanteile, Wettbewerbschancen, Qualität, Bonität, Lieferzeit, Entwicklungsfähigkeit, auch monetär bewertete Wirtschaftlichkeitskriterien (Kapitalwert) sind einbeziehbar, ...

Technische Bewertungskriterien; z.B. Grad der Spezialisierung, Standardisierung, Störanfälligkeit, Entsorgung, ...

Soziale Bewertungskriterien; z.B. Arbeitssicherheit, Arbeitsmonotonie, Ästhetik, Qualifikationsanforderungen, ...

Rechtliche Bewertungskriterien; z.B. Patente, Lizenzen, Schutzgütevorschriften, Bauvorschriften, ...

Ökologische Bewertungskriterien; z.B. Umweltverträglichkeit, Devastierung von Flächen, Staub- und Lärmbelästigungen, ...

Die Auswahl der Kriterien muß den Grundsätzen der Operationalität, der Hierarchiebezogenheit, der Unterschiedlichkeit und der Entscheidungsrelevanz entsprechen.

(2) Bewertungsmaßstäbe

Geeignete Verfahren der Bewertung von Nutzen sind eine nominale, ordinale und kardinale Skalierung.

Die **nominale** Skalierung ist die einfachste Form der Zuordnung von Nutzen. Sie beschreibt Gleichheit oder Verschiedenheit der Bewertungskriterien, ohne daß die Kriterien untereinander in ein Verhältnis gesetzt werden, z. B. gut/ schlecht, ja/nein oder +/- .

Beispiel:

Bewertungs-kriterium	Investitions-objekt I	Investitions-objekt II	Investitions-objekt III
A	ja/+	nein/-	ja/+
B	ja/+	ja/+	ja/+
C	ja/+	nein/-	ja/+
D	nein/-	nein/-	ja/+
E	ja/+	ja/+	ja/+
Summe	4 × ja	2 × ja	5 × ja

Rangigkeit der Projekte: III > I > II (bei gleichem Gewicht der Bewertungskriterien)

Die **ordinale** Skalierung erweitert die nominale Skalierung, indem innerhalb der einzelnen Bewertungskriterien eine relative Graduierung der Bewertungsobjekte - im Sinne von I ist besser als III und III ist besser als II- vorgenommen wird. Die Zahl der Rangklassen ist die Zahl alternativen Objekte.

Beispiel:

Bewertungs-kriterium	Investitions-objekt I	Investitions-objekt II	Investitions-objekt III
A	3	2	1
B	3	2	1
C	3	2	1
D	2	1	3
E	3	2	1
Summe	14	9	7

Rangigkeit der Projekte: III(7) > II(9) > I(14) (bei gleichem Gewicht der Bewertungskriterien)

Die **kardinale** Skalierung kann als **Intervallskalierung** oder als **Verhältnisskalierung** durchgeführt werden.

Bei einer **direkten Intervallskalierung** werden innerhalb der Bewertungskriterien qualitativ oder quantitativ definierte Intervalle gebildet und diesen Punktwerte - im Sinne von Zensuren - zugeordnet.

Beispiel:	sehr viel	sehr hoch	sehr stark	→ 5 Punkte
	viel	hoch	stark	→ 4 Punkte
	mittel	mittel	mittel	→ 3 Punkte
	wenig	niedrig	schwach	→ 2 Punkte
	sehr wenig	sehr niedrig	sehr schwach	→ 1 Punkt

Bewertungs-kriterium	Investitions-objekt I	Investitions-objekt II	Investitions-objekt III
A	5	5	4
B	3	3	2
C	5	4	2
D	1	4	3
E	2	3	4
F	5	1	4
Summe	21	20	19

Rangigkeit der Projekte: I(21) > II (20) > III(19) (bei gleichem Gewicht der Bewertungskriterien)

Bei einer indirekten **Intervallskalierung** werden ordinale Urteile über die Bewertungskriterien in eine Intervallskala überführt.

Die **Verhältnisskalierung** geht von der Möglichkeit einer auf Schätzungen oder mathematischen Rechnungen beruhenden, sehr differenzierten und sensiblen Skalierung innerhalb der Bewertungskriterien aus.

(3) Nutzensmessung

Nach Festlegung der Bewertungskriterien und Bestimmung der Bewertungsmaßstäbe kann die Nutzensermittlung erfolgen, zweckmäßig in drei Schritten

- Gewichtung der Bewertungskriterien
- Bestimmung des Nutzensbeitrages der Einzelkriterien
- Ermittlung und Ausweis des Gesamtnutzens sowie Aufstellung einer Rangordnung der zu vergleichenden alternativen Projekte nach ihrer Vorteilhaftigkeit

Mit der **Gewichtung von Einzelkriterien** wird ein möglichst zweckdienliches Verhältnis zwischen den Bewertungskriterien hergestellt. Die den einzelnen Kriterien zugeordneten Gewichte sollten so festgelegt werden, daß die Summe der Kriteriengewichte gleich 1 oder 100 ist. Die Gewichtung der Kriterien ist immer stark subjektiv; sie sollte objektiviert werden, indem z. B. Paarvergleiche der Einzelkriterien durchgeführt werden, unterstützt durch Expertenberatung.
Bei **Paarvergleich** wird jedes Kriterium mit jedem anderen Kriterium verglichen (jeder gegen jeden) und entschieden, welches der Kriterien der Vorzug erhält. Auf diese Weise wird die Vorzugshäufigkeit der Kriterien bestimmt. Gleichwertigkeiten zwischen Kriterien sollten möglich sein.

Beispiel zur Bestimmung der Rangigkeit von Bewertungskriterien nach dem Paarvergleich

Bewertungs kriterien	A	B	C	D	E	F	absolute Vorzugshäufigkeit	relative Vorzugshäufigkeit	Rang des Kriteriums
A	×	1	0	½	0	0	1,5	0,100	5,5
B	0	×	0	½	1	1	2,5	0,167	3
C	1	1	×	½	1	½	4,0	0,267	1
D	½	½	½	×	1	1	3,5	0,233	2
E	1	0	0	0	×	½	1,5	0,100	5,5
F	1	0	½	0	½	×	2,0	0,133	4
Summe							15,0	1,000	

Die relative Vorzugshäufigkeit bestimmt das Gewicht des Kriteriums bei der Gesamtbewertung.

Zweckmäßig ist es, die durch Paarvergleich ermittelte Rangigkeit der Kriterien auf ihre Plausibilität hin zu überprüfen, um Fehlentscheidungen zu vermeiden.

Bei einem hierarchischen Aufbau der Bewertungskriterien sollte ein **Stufenvergleich** vorgenommen werden.

Das Gewicht der einzelnen Bewertungskriterien wird durch die hierarchisch verknüpften Gewichte über die Stufen des Bewertungsbaumes bestimmt.

Beispiel zum Stufenvergleich

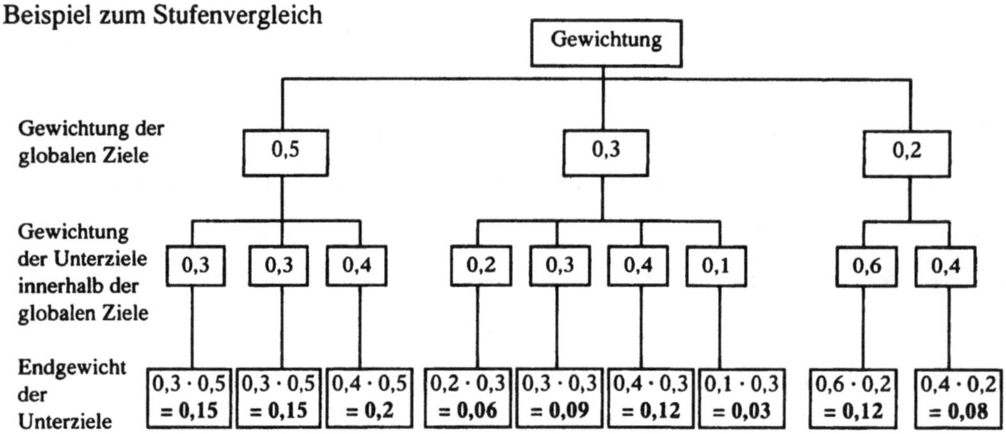

Die **Bestimmung des Teilnutzens** der einzelnen Kriterien am Gesamtnutzen geht von einer Beschreibung, Gewichtung und Skalierung der Kriterien aus.

Beispiel zur Teilnutzenermittlung mit Gewichtung bei Ordinalskalierung:

Bewertungs-kriterien	Gewicht	Investitionsobjekt 1		Investitionsobjekt 2		Investitionsobjekt 3	
		Rang	Teilnutzen	Rang	Teilnutzen	Rang	Teilnutzen
A	0,2	1	0,2	3	0,6	2	0,4
B	0,1	2	0,2	3	0,3	1	0,1
C	0,4	1	0,4	2	0,8	3	1,2
D	0,3	2	0,6	1	0,3	3	0,9
Summe	1,0	6	1,4	9	2,0	9	2,6

Die Nutzwertermittlung für die Objekte und die Festlegung der Rangigkeit (Vorteilhaftigkeit) erfolgt durch Addition der gewichteten Teilnutzen, im Beispiel:

I (1,4) < II (2,0) < III (2,6)

Zusammenfassung der Arbeitsschritte der Nutzwertberechnung:

1. Festlegung der entscheidungsrelevanten Bewertungskriterien
2. Gewichtung der Bewertungskriterien
3. Beschreibung, Messung und Skalierung der Bewertungskriterien
4. Bestimmung des Teilnutzens für die Kriterien auf der Grundlage der relativen Veränderung der Kriterien oder der zugeordneten Punkt-/Zahlenwerte und der Gewichtung der Kriterien
5. Ermittlung des Gesamtnutzens für die alternativen Varianten und Bestimmung der Vorzugsvariante

Nutzwertberechnung am Praxisbeispiel (Baggervergleich)

Bewertungskriterien	Gewicht	prozentualer Vorteil		Teilnutzen		Bemerkung
		SRs	ERs	SRs	ERs	
1. Leistungsvermögen, V_e : AK	20		+30 %	20	26	Reserve vorhanden
2. IH-Erfordernisse, t_{IH} bzw. K_{IH}	8	+ 40%		8	11,2	BAV, ger. Verschl.
3. Technische Sicherheit	15	+ 40%		21	15	Bediensicherheit
4. Arbeitsbedingungen, Lärm	7	+ 15%		8,1	7	Geräuschpegel
5. Volumen, Platzbedarf, Gerätebreite	2		+10%	2	2,2	kein wes. Einfluß
6. Dienstmasse, Bodenpressung, kp/cm^2	4	+ 20%		4,8	4	kein wes. Einfluß
7. Spezif. Energieverbrauch, kWh/m^3	12	+ 40%		16,8	12	geringere Reibung
8. Hilfsmaterialverbrauch K_H/m^3	6	+ 15%		6,9	6	geringerer Verschl.
9. Arbeitskräftebedarf, APL	12	+ 9%		13,1	12	1 Schmierer
10.Technologische Charakteristik	14	+100%		28	14	selektive Gewinnung
	100			128,7	109,4	

Der Nutzwert für den SRs liegt 17,6 %-Punkte über dem Nutzwert für den ERs. Hierfür zeichnen vor allem die technologischen Vorteile und der geringere Verschleiß verantwortlich.

10.3 Kritik des Verfahrens

Nutzwertberechnungen sind geeignet, durch qualitative Bewertung, in Verknüpfung mit quantifizierbaren Bewertungskriterien, verschiedene nichtmonetäre Zielsetzungen vergleichbar zu machen und in die Entscheidungsfindung einfließen zu lassen. Besondere Vorteile bietet das Verfahren bei Erfordernis einer komplexen Bewertung und bei Investitionen von Ersatz- und Erneuerungscharakter.

Besondere Vorteile sind:

- die Beurteilungen der Investitionsobjekte ermöglichen die Einbeziehung qualitativer Kriterien
- die Beurteilungskriterien können individuell und entscheidungsrelevant zusammengestellt werden
- die Kriterien können der Bedeutung nach gewichtet werden
- Nutzwertberechnungen lassen sich leicht handhaben

Probleme des Verfahrens bestehen vor allem im stark subjektiven Charakter. Sowohl bei der Festlegung der Bewertungskriterien, als auch bei der Nutzensmessung und der Gewichtung der Bewertungskriterien hat die persönliche Sichtweise des Bewertenden einen sehr hohen Einfluß. Es ist möglich, die Resultate der Nutzwertberechnung durch entsprechende Gestaltung dieser Elemente zu manipulieren. Nutzwertberechnung sollten daher nur unterstützenden Charakter tragen und nicht allein zur Entscheidungsgrundlage gemacht werden. Weiterhin eignet sich die Nutzwertanalyse nur zum Vergleich alternativer Projekte, eine absolute Vorteilhaftigkeit unter Beachtung nichtmonetärer Ziele ist nicht ausweisbar.

Fragen und Übungsaufgaben

F 1 Erläutern und Diskutieren Sie die Anwendungsmöglichkeiten und die Anwendungsgrenzen der statischen Investitionsrechenverfahren Kostenvergleichsrechnung, Rentabilitätsvergleichsrechnung und Rückflußdauerrechnung !

F 2 Erläutern Sie die Berechnungsansätze der

- Kapitalwertmethode
- Annuitätenmethode
- Methode des internen Zinsfußes
- Methode des vollständigen Finanzplanes !

Unter welchen Voraussetzungen ist die Anwendung der einen oder anderen Methode als Grundlage der wirtschaftlichen Bewertung von Investitionsprojekten besonders zu empfehlen ?

F 3 Worin bestehen die speziellen Entscheidungsprobleme der Investitionsprogrammplanung ? Erläutern Sie die Arbeitsschritte und den Lösungsansatz für die Planung optimaler Investitionsprogramme nach dem kapital-/finanztheoretischen Ansatz ! Welche Zielkriterien sind für die Planung besonders geeignet ? Welche prinzipiellen Unterschiede bestehen zu einem produktionsorientierten Ansatz ?

F 4 Entwickeln Sie aus dem für Sachinvestitionen charakteristischen Verlauf der Kapitalwertfunktion KW = f (Nutzungsdauer) die Entscheidungsregeln zur internen wirtschaftlichen Optimierung der Nutzungsdauer von Investitionsprojekten ! Welchen tendenziellen Einfluß haben die möglichen Annahmen über die Verhaltensalternativen nach Abschluß des zu optimierenden Investitionsprojektes ? Begründen Sie Ihre Aussage hierzu !

F 5 Erläutern Sie die Vorgehensweise der Berechnung des maximal zulässigen Investitionsaufwandes für die Durchführung von Rationalisierungsinvestitionen und der Grenzpreise für Produkte und Leistungen im Prozeß der Planung von Investitionen !

F 6 Worin bestehen die grundsätzlichen Unterschiede zwischen der internen Optimierung der Nutzungsdauer eines Investitionsprojektes (Sachinvestition) und der Bestimmung des optimalen Ersatzzeitpunktes einer in Nutzung befindlichen Anlage und wie drükken sich diese im finanzmathematischen Lösungsansatz aus ?

F 7 Worin besteht die allgemeine Problematik des Risikos der Entscheidungsprozesse über die Durchführung von Sachinvestitionen ? Wie entwickelt sich die Höhe des Risikos über die Stufen des Entscheidungs- und Vorbereitungsprozesses ?
Erläutern Sie die Verfahren zur Berücksichtigung des Risikos bei Investitionsentscheidungen und deren Vorzüge und Nachteile !

F 8 Worin besteht die Zielstellung der Einbeziehung von Tendenzfaktoren in die Bewertung von Investitionen und welche Faktoren sind von besonderer Bedeutung ? Stellen Sie den zu verwendenden Berechnungsansatz dar ! Unter welchen Bedingungen sollten Tendenzfaktoren Berücksichtigung bei der Bewertung finden ?

F 9 Stellen Sie den Einfluß gewinnabhängiger Steuern auf die Bewertung von Investitionsprojekten dar ! Welche Bedeutung haben in diesem Zusammenhang die Möglichkeiten der Abschreibung und wie wirken sich unterschiedliche Finanzierungsvarianten aus ?

F 10 Mit welchen Schwierigkeiten ist die Einbeziehung außerökonomischer Kriterien in die Entscheidung über Sachinvestitionen verbunden ? Erläutern Sie mögliche Verfahren zur Lösung dieses Problems !

A 1 Ein Unternehmen steht vor der Entscheidung zwischen zwei alternativen Investitionsprojekten. Eigenkapital steht in Höhe von 100.000 DM zur Verfügung. Kredite können zu einem Zins zu 10 % / a aufgenommen werden.
Folgende weitere Informationen liegen vor:

	Projekt A	Projekt B
Investitionsaufwand in DM	140.000	200.000
Nutzungsdauer in a	10	8
Abschreibungszeitraum in a	4	4
variable Kosten in DM/ME	6,00	4,00
Erlöse in DM/ME	10,00	10,50

a) Bestimmen Sie die Grenzen der Vorteilhaftigkeit der Varianten durch Berechnung der kritischen Produktionsmengen nach den Kriterien Kosten, Gewinn, Gesamtkapitalrentabilität und Eigenkapitalrentabilität !
Warum sind diese Berechnungen nur unter (welchen) Vorbehalten für die Entscheidung hilfreich ?

b) Das Unternehmen rechnet mit einer Produktion von 5.500 ME/a und orientiert auf eine kurze Amortisationsdauer des Investitionsaufwandes. Berechnen Sie diese auf der Grundlage durchschnittlicher Werte und nach einer kumulativen Fortschrittsrechnung ! Gehen Sie hierbei von einer möglichst frühen Tilgung von Krediten zu Lasten erwirtschafteter Cash-flows aus ! Wie beurteilen Sie die Vorteilhaftigkeit der Varianten ?

c) Welchen Einfluß hat die Einbeziehung von Ertragssteuern auf die Vorteilhaftigkeit bei einem Ertragssteuersatz in Höhe von 50 % ? Berechnen Sie die Wirkungen auf die Auszahlungsreihe !

A 2 Für die Rationalisierung einer in Nutzung befindlichen Produktionsanlage sind zwei Varianten möglich. Die Varianten unterscheiden sich durch erreichbare Veränderungen im Vergleich zum Basiszustand wie folgt:

	Basis (0)	Variante 1 (1)	Variante 2 (2)
Investitionsaufwand in DM	-	90.000	150.000
Kapazität in ME/a	1.000	+ 20 %	+ 50 %
variable Kosten in DM/ME	80	-25 %	- 25 %
Erlöse in DM/ME	100	100	100
Restnutzungsdauer in a	3	3	4

Im Unternehmen ist die Forderung nach einer Amortisationsdauer des Investitionsaufwandes für Rationalisierungsinvestitionen ≤ 4 a gestellt. Für welche Variante werden Sie sich entscheiden,

a) wenn der Buchwert und der aktuelle Restwert der vorhandenen Anlage 0 sind ?

b) wenn der Buchwert 100.000 DM und der Restwert 0 DM betragen ?

c) wenn der Buchwert und der aktuelle Restwert der vorhandenen Anlage 100.000 DM sind ?

Die Abschreibung der Anlage erfolgt zeitproportional über die Restnutzungsdauer und nach Ablauf der Nutzungsdauer ist der Restwert in jedem Fall 0. Steuerliche Gesichtspunkte sollen unberücksichtigt bleiben.

A 3 Ein Unternehmen kauft eine Maschine für 100.000 DM. Die Finanzierung erfolgt durch Kredit. Der Kreditzinssatz wurde mit 10 % p.a. (Zins fällig jeweils am Ende des Jahres) und die Kreditrückzahlung am Ende des 3. Jahres vereinbart. Die Nutzungsdauer der Maschine beträgt 5 Jahre. Sie wird über diese Zeit zeitabhängig linear abgeschrieben. Berechnen Sie die kumulative Amortisationsdauer auf der Basis

a) des Gewinns vor Steuer

b) des Gewinns nach Steuer

c) der Perioden-Cash-Flows (Zahlungsüberschüsse) !

Überprüfen Sie, ob die Kredittilgung nach 3 Jahren durch die überschüssigen Einzahlungen der Investition erfolgen kann ! Der Ertragssteuersatz beträgt 50 % und die Zahlungsreihe der Einzahlungen und Auszahlungen (ohne Anschaffungskosten, Abschreibung, Zins und Steuern) ist wie folgt gegeben:

Jahr	1	2	3	4	5
Einzahlungen in TDM	100	100	110	105	105
Auszahlungen in TDM	50	50	50	50	50

Berücksichtigen Sie eine Anlage der nach Erfüllung aller Zahlungsverpflichtungen des Unternehmers verbleibenden freien Mittel in Höhe einer Verzinsung von ebenfalls 10 % !

A 4 Ein Investor hat für 6 Investitionsgelegenheiten die zu erwartenden Zahlungsströme ermittelt und will nun die Wirtschaftlichkeit dieser Projekte bewerten.

Periode	0	1	2	3	4	5
Projekt A	-400	44	44	....	(unendl. Rente)	
Projekt B	-400	80	100	120	160	130
Projekt C	-430	145	145	145	145	
Projekt D	-350	210	135	100		
Projekt E	-380	100	150	120	110	
Projekt F	-400	210	230			

a) Ermitteln Sie für alle Projekte den Kapitalwert, die Kapitalwertannuität über die Projektlaufzeit und den internen Zinssatz und treffen Sie Aussagen über die absolute Wirtschaftlichkeit ! Der Kalkulationszins beträgt 10 % p.a.

b) Erläutern Sie kurz die Anwendungsvoraussetzungen und -grenzen der drei verwendeten Investitionsrechenverfahren ! Was sagen die berechneten Ergebnisse aus, wie können diese interpretiert werden ?

c) Diskutieren Sie die Vorteilhaftigkeit der Projekte unter der Zielstellung der Auswahl **eines** Projektes aus 6 sich gegenseitig ausschließenden Alternativen ! Welches Kriterium ist unter welchen Voraussetzungen anzuwenden ?

A 5 Vergleichen Sie die Wirtschaftlichkeit von Varianten des hydraulischen Transportes von Kiessand in einer unterflur verlegten Druckrohrleitung ! Alternativen bestehen in der Auswahl des Materials für die Rohrleitung, in dem hiervon abhängigen Verschleiß und in den hierdurch bestimmten Liegezeiten der Rohre.
Zur Auswahl stehen der Einsatz von Rohren der Qualität St 85-87 (Var. 1), Schmelzbasaltrohre (Var. 2) oder Esser-Rohre (Var. 3). Mit dem Ziel einer hohen Ausnutzung des Verschleißpotentials an den Rohrinnenwänden ist ein 2-maliges Drehen der Rohre (um jeweils 120°) vorgesehen. Diese Arbeiten sind, wie auch die Erstverlegung, nur in den Herbstmonaten eines Jahres durchführbar (landwirtschaftl. Nutzfläche). Die erforderlichen Kosten für eine solche Drehung (und Erstverlegung) betragen, unabhängig von der gewählten Alternative, 60 TDM.
Der Investitionsaufwand für die Rohrleitung und die zu erwartenden Liegezeiten zwischen Erstverlegung und erster Drehung sowie zwischen den weiteren Aktivitäten (zweite Drehung, Ersatz) wurden wie folgt ermittelt:

	Variante 1	Variante 2	Variante 3
Investitionsaufwand in TDM	280	510	900
Liegezeit in Jahren	1	2	3

Die voraussichtliche Betriebsdauer der Anlage wird mindestens mit 15 Jahren, nicht über 25 Jahre, erwartet. Das Unternehmen rechnet mit einem Kalkulationszins von 10 % p.a.

Für welche Rohrqualität entscheiden Sie sich ?

A 6 Einem Unternehmen liegen die zwei folgenden Investitionsprojekte vor:

t	0	1	2	3
Projekt A	- 10	8	6	5
Projekt B	- 50	40	20	20

a) Berechnen Sie für beide Projekte den Kapitalwert, die Kapitalwertrate und den ökonomischen Wirkungsgrad (Zinssatz 10 % p.a.).

b) Das Unternehmen hat Eigenkapital in Höhe von 60 GE verfügbar. Welche Entscheidung trifft es, wenn die Projekte parallel und auch mehrfach durchführbar sind ?

A 7 Es sollen für die Auswahl einer Variante zwei alternative Projekte miteinander verglichen werden, die über die Nutzungsdauer von 5 Jahren folgende Zahlungsströme verursachen:

Projekt A	0	1	2	3	4	5
Auszahlungen	-1.000	-500	-400	-300	-600	-500
Einzahlungen		600	800	600	900	800

Projekt B	0	1	2	3	4	5
Auszahlungen	-2.000	-500	-400	-300	-300	-500
Einzahlungen		1.200	1.000	800	1.000	600

Beide Projekte müssen voll fremdfinanziert werden, der Kreditzins beträgt 10 % p.a. Die Anlage freier Mittel kann zu einem Zins von 5 % p.a. erfolgen. Berechnen Sie das Vermögen des Investors am Ende der Nutzungsdauer in Abhängigkeit von den möglichen Festlegungen zum Kontenausgleich !

A 8 Für zwei Investitionsalternativen sollen berechnet werden

- die Kapitalrentabilität
- die Amortisationsdauer
- die Kapitalwerte
- die internen Zinsfüße
- die Kapitalwertraten
- die ökonomischen Wirkungsgrade

Für die Projekte wurden folgende Zahlungsströme ermittelt:

	Alternative I (in TDM)			Alternative II (in TDM)		
Jahr	Investitionen	Betriebskosten ohne Abschreibung und Zinsen	Erlöse	Investitionen	Betriebskosten ohne Abschreibung und Zinsen	Erlöse
0	1.000	-	-	600	-	-
1	1.000	-	-	550	-	-
2	900	-	-	500	-	-
3	-	80	600	-	300	600
4	-	120	650	-	280	600
5	-	110	670	-	330	650
6	-	100	680	-	340	660
7	-	110	700	-	350	650
8	-	100	700	-	400	700
9	-	100	720	-	380	640

Der Kalkulationszins beträgt 8 % p.a. und die Finanzierung erfolgt mit Eigenkapital. Beurteilen Sie die Ergebnisse Ihrer Berechnungen !

Welchen Einfluß hat die Berücksichtigung der Unsicherheit der Ausgangsdaten durch einen Risikozins in Höhe von 3 % p.a. ?

Welchen Einfluß hat eine Finanzierung durch Fremdkapital ?

A 9 Erstellen Sie für die Projekte A und B die vollständigen Finanzpläne unter den Annahmen a) bis d) !

Beurteilen Sie die Vorteilhaftigkeit der Projekte unter den verschiedenen Annahmen !

Zahlungsströme der Projekte:

Periode	0	1	2	3	4	5
Projekt A	-100	0	0	0	0	200
Projekt B	-100	40	50	40	30	15

Annahmen:

a) Vermögensmaximierung in t_5, Eigenkapital, Anlagezins 5 % p.a.

b) Vermögensmaximierung in t_5, Fremdkapital (10 % p.a.), Anlagezins 5 % p.a.

c) Maximales uniformes Einkommen, Eigenkapital, Kreditzins 10 % p.a., Anlagezins 10 % p.a.

d) Maximales uniformes Einkommen, Fremdkapital (10 % p.a.), Anlagezins 5 % p.a.

A 10 Es sollen drei Investitionsobjekte nach ihrer Vorteilhaftigkeit geordnet werden. Dies soll nach

- dem vollständigen Finanzplan (Vermögensmaximierung t=4)
- der Kapitalwertmethode
- der Annuitätenmethode
- der internen Zinsfußmethode
- der Amortisationsdauer

geschehen.

Der Investor verfügt über 200 GE. Außerdem sei angenommen, daß er zum Zinssatz 10 % p.a. beliebige Mittel anlegen und aufnehmen kann. Begründen Sie Ihre Entscheidung bei den jeweiligen Vorteilhaftigkeitskriterien ! Für welche Methode entscheiden Sie sich und warum treffen Sie diese Entscheidung ?

Zahlungsströme der Projekte:

Periode	t_0	t_1	t_2	t_3	t_4
A	-200	220			
B	-200	10	20	30	300
C	-200	160	90	40	

A 11 Gegeben sind die Zahlungsreihen zweier alternativer Sachinvestitionen:

Alternative	t_0	t_1	t_2	t_3
A	-1.000	500	500	500
B	-1.000			1.570

Eigenkapital = 1000, Habenzinssatz p_H = 4 % p.a.
Sollzinssatz p_S = 10 % p.a.

Die Konsumpräferenz des Investors 1 lautet: Maximierung des Endvermögens ($E_3 \rightarrow Max$)

Die Konsumpräferenz des Investors 2 lautet: Maximierung eines uniformen Entnahmestromes ($E_t \rightarrow Max$, $E_1 = E_2 = E_3$)

Für welche Sachinvestition entscheiden sich die Investoren ? Benutzen Sie zur Darstellung der Lösung den vollständigen Finanzplan !

A 12 Ein Investor hat 300 TDM Eigenkapital im Zeitpunkt t = 0 zur Verfügung. Als Alternativen zur reinen Kapitalmarktanlage (Rendite 10 % p.a.) stehen ihm die drei folgenden, sich gegenseitig ausschließenden Projekte zur Auswahl.

Zahlungsreihen in TDM

t / Projekt	0	1	2	3	4	5
A	-800	100	-300	300	500	550
B	-100	200	200	-300		
C	-600	-200	-100	350	850	

Es stehen folgende weitere Finanzierungsquellen zur Verfügung:

Kredit X zu 8 % p.a. Höchstbetrag 500 TDM
Kredit Y zu 12 % p.a. Höchstbetrag 300 TDM

Beide Kredite haben jeweils eine Laufzeit von 1 Jahr und können zu jedem Zeitpunkt aufgenommen werden. Die Kreditaufnahme nur zum Zweck der Kapitalmarktanlage ist ausgeschlossen.
Der Investor ordnet die möglichen Verhaltensalternativen mit dem Ziel, sein Endvermögen zu maximieren. Welche Reihenfolge erhält er ?

A 13 Herr X verfügt über 1 Mio DM. Ihm stehen 8 Investitionsobjekte, die jeweils einmal unteilbar durchgeführt werden können sowie die Kapitalmarktanlage zu 9,6 % p.a. zur Auswahl:

t	0	1	2	3	4	5	6
A	-200	30	40	50	60	70	110
B	-100				10	40	200
C	-400	400				200	
D	-350						850
E	-800	500	434	331	27	-179	172
F	- 50						87
G	-250	410					12
H	-600						1300

a) Welche Verteilung nimmt Herr X vor
   aa) nach der Kapitalwertmethode
   ab) nach der Methode des Internen Zinsfußes (IZF)
   ac) nach der Methode Kapitalwertrate ?
b) Eine Wiederanlage der Erträge in die Investitionsobjekte ist nicht möglich, nach Ablauf der Projekte will sich Herr X aus Altersgründen nur noch auf reine Kapitalmarktanlagen konzentrieren. Für welche Methode entscheidet sich Herr X unter diesen Gesichtspunkten und warum (Begründung !)?

A 14 Folgende Investitionsmöglichkeiten (A...E), die jeweils einmal unteilbar durchgeführt werden können, stehen zur Auswahl:

Projekt	I_0	C_i		
A	160	40	über n =	4 Jahre
B	500	210	über n =	3 Jahre
C	180	35	über n =	6 Jahre
D	150	27	über n =	10 Jahre
E	400	80	über n =	8 Jahre

Die verfügbaren teilbaren Finanzierungsquellen sind wie folgt gegeben:

	F	G	H	I	J
Kapitalkosten in % p.a.	5	6	7	8	10
max. Kapitalbetrag	200	300	300	200	250

a) Ermitteln Sie graphisch die Kapitalnachfrage - und die Kapitalangebotsfunktion!

b) Bestimmen Sie das optimale Investitionsprogramm
- nach dem DEAN-Modell und
- nach der Kapitalwertrate bei einem Anlagezins von 10 % p.a.

Der Investor zielt auf Vermögensmaximum ohne Entnahmen.

c) Diskutieren Sie die Schwächen der unter b) angewandten Lösungskonzepte !

A 15 Im Rahmen der 5-Jahrplanung steht die Aufgabe der Erarbeitung eines optimalen Investitionsprogramms. Gegeben sind folgende Ausgangsbedingungen:

- Eigenkapital in $t_0 = 100$
- voneinander unabhängige Investitionsmöglichkeiten in t_0:

Projekt	I_0	C_i		
A	40	10	über n =	8 Jahre
B	30	10	über n =	5 Jahre
C	50	12	über n =	6 Jahre
D	30	8	über n =	4 Jahre

in t_2: eine in jedem Fall erforderliche Sachinvestition E:
$I_0 = 20$ mit $C_i = 4$ über $n = 6$ Jahre

in t_3: die Investitionsmöglichkeit F:
$I_0 = 40$ mit $C_i = 8$ über $n = 5$ Jahre

- ggf. erforderliche Kredite können zu folgenden Konditionen beschafft werden:

bis zu 10:	Kapitalkosten	10 % p.a.
über 10 bis 20:	Kapitalkosten	12 % p.a.
über 20:	Kapitalkosten	15 % p.a.

- Die Kapitalanlagen freier Mittel auf dem Markt werden für die einzelnen Perioden im jeweiligen Folgejahr unterschiedlich wie folgt eingeschätzt:

Zeitpunkt	$0 \rightarrow 1$	$1 \rightarrow 2$	$2 \rightarrow 3$	$3 \rightarrow 4$	$4 \rightarrow 5$
Zinssatz in % p.a.	10	9	9	8	8

- Das Unternehmen zielt auf Vermögensmaximierung bei jährlichen Entnahmen in Höhe von 30 ab.

Lösungshinweise:

- Grenzen Sie die Investitionsmöglichkeiten durch erste überschlägige Überlegungen ein und bestimmen Sie alle möglichen Kombinationen der übrigen Projekte !
- Begrenzen Sie Ihren Untersuchungszeitraum auf 5 Jahre ! Bestimmen Sie die "Restwerte" der über diesen Zeitraum hinaus wirkenden Projekte auf der Grundlage der dann noch ausstehenden Zukunftserfolgswerte ! Der einheitliche Kalkulationszins für die Perioden nach t = 5 wird hierbei mit 10 % p.a. angenommen.

A 16 Ein Investor will über die drei folgenden Invesititionsgelegenheiten entscheiden:

Zahlungsreihen in TDM

Periode	0	1	2	3	4	5
Projekt A	-3.000	500	-500	1.000	1.500	1.900
Projekt B	-1.500	400	450	500	500	
Projekt C	-3.200	700	1.000	1.100	900	400

Aufgrund des für ihn mit den Projekten verbundenen Arbeitsaufwandes will der Investor nur eine der Gelegenheiten wahrnehmen. Zur Finanzierung könnte er Eigenkapital in Höhe von 1 Mio DM mobilisieren, welches er momentan zu einem Zins von 8 % p.a. angelegt hat.

Unabhängig von der gewählten Variante will er die folgenden Einkommensströme über die nächsten 5 Jahre realisieren:

Periode	1	2	3	4	5
Auszahlung an Investor	100	120	140	150	160

Seine Hausbank würde ihm einen eventuell erforderlichen Kredit bis maximal 1,5 Mio DM zu einem Zins von 10 % p.a. einräumen. Weiteres Kapital wäre bei einer anderen Bank bis zu 1 Mio DM zu einem Zins von 12 % p.a. beschaffbar. Beide Kredite können auch jederzeit in Teilbeträgen getilgt werden.

Der Investor ordnet die möglichen Verhaltensalternativen mit dem Ziel, sein Endvermögen zu maximieren. Welche Reihenfolge erhält er ?

A 17 Vorgesehen ist die Anschaffung einer Maschine zum Preis von 2.000 TDM. Die maximale Nutzungsdauer wird mit 4 Jahren eingeschätzt.

Die Zahlungsüberschüsse (C_i) und die Restwertentwicklung (R_i) werden wie folgt erwartet (in TDM):

Periode	1	2	3	4
C_i	900	800	600	400
$R_i = L_i$	1400	900	400	0

Der Kalkulationszins ist 10 % p.a.

Es wird davon ausgegangen, daß nach Ablauf der wirtschaftlich optimalen Nutzungsdauer einmalig Ersatz durch eine Anlage gleicher Wirtschaftlichkeit geschaffen wird.

a) Nach welchem Jahr sollte die Maschine ersetzt werden? Begründen Sie Ihre Entscheidung nach dem Grenzwertkalkül und nach dem Kapitalwert!

b) Die gleiche Maschine wird in einem Hilfsprozeß eingesetzt, Erlöse und Zahlungsüberschüsse können der Maschine nicht zugerechnet werden. Die anderen Voraussetzungen (maximale Nutzungsdauer, Anschaffungskosten, Restwertentwicklung und Kalkulationszins) sind auch bei diesem Einsatz gültig. Die infolge des zunehmenden Verschleißes erforderlichen Instandhaltungskosten (in TDM) nehmen folgenden Verlauf:

Periode	1	2	3	4
IH-Kosten	600	700	900	1.100

Bestimmen Sie unter diesen Voraussetzungen die optimale Nutzungsdauer!

c) Vergleichen und diskutieren Sie die Ergebnisse Ihrer Berechnungen nach a) und b)!

A 18 Die Anschaffungskosten einer Maschine betragen 39.000 GE. Die Gesamtleistung über die Nutzungsdauer beträgt maximal 18.000 Stück, der Preis je Stück 9 GE. Die vollvariablen Kosten (und Auszahlungen) betragen:

kumulative Leistung in Tsd. Stck.	0 - 6	6 - 9	9 - 12	12 - 13	13 - 14	14 - 15	15 - 18
variable Kosten in GE/ME	4,00	4,50	5,00	5,80	5,90	6,00	8,50

Der Restwert ist eine Funktion sowohl der Zeit als auch der Produktmenge. Er mindert sich zeitproportional im 1. Jahr um 7.000, im 2. Jahr um 5.000, im 3. Jahr um 3.000 und ab dem 4. Jahr um jährlich 2.000 GE. Er mindert sich zusätzlich um 1 GE je erzeugter Stückeinheit, bis er 0 erreicht hat.
Der Liquidationsaufwand (Demontage und Transport) beträgt 1.000 GE.

Berechnen Sie die optimale Nutzungsdauer

a) unter der Annahme, daß die Maschine nicht ersetzt wird und daß jährlich 2.000 Stück erzeugt werden !
b) unter der Annahme, daß die Maschine unendlich oft gleichartig ersetzt wird und daß jährlich 2.000 Stück erzeugt werden !
c) unter den Annahmen von a) und b) bei einer jährlichen Erzeugung von 3.000 Stück !

Der Kalkulationszins ist 10 % p.a.

A 19 Eine Maschine wurde vor 3 Jahren zu einem Preis von 100.000 DM angeschafft. Die Abschreibung erfolgt nach dem AfA-Katalog zeitabhängig linear über 5 Jahre, so daß der zeitaktuelle Buchwert mit 40.000 DM ausgewiesen wird. Der zeitaktuelle Verkaufserlös würde 25.000 DM betragen und bereits nach einem Jahr Weiternutzung 0 sein. In den ersten drei Nutzungsjahren wurden Gewinne in Höhe von 200.000 DM/a erwirtschaftet. Eine Weiternutzung der Maschine in den Perioden 4 bis maximal 6 wäre mit steigenden Instandhaltungskosten verbunden. Sie würden in t_4 35.000 DM, in t_5 50.000 DM und in t_6 70.000 DM betragen.
Eine Alternative hierzu besteht in der Durchführung einer Ersatzinvestition zu einem Preis in Höhe von 150.000 DM. Im AfA-Katalog wird die betriebsgewöhnliche Nutzungsdauer für diese Maschine ebenfalls mit 5 Jahren ausgewiesen. Die Entwicklung der Instandhaltungskosten und der Restwerte wird wie folgt erwartet:

Periode	1	2	3	4	5
IH-Kosten	20.000	20.000	30.000	30.000	40.000
R_i	100.000	75.000	50.000	25.000	0

a) Ist es vorteilhaft, die vorhandene Maschine zu ersetzen ? Zu welchem Zeitpunkt sollte der Ersatz erfolgen ? Der Kalkulationszins ist 10 % p.a.
b) Welche Entscheidung treffen Sie, wenn die Ersatzanlage unter sonst gleichbleibenden Voraussetzungen eine um 20 % höhere Leistungsfähigkeit ausweist ?

A 20 Ein Weinhändler hat 1.000 l Wein der Sorte A auf Lager. Der Verkaufspreis ist abhängig vom Zeitpunkt des Verkaufes:

Verkauf zum Ende des Jahres	1997	1998	1999	2000	2001	2002
Preis in DM/l	1,75	2,00	2,10	2,40	2,80	3,00

Die Lagerung verursacht Lager- und Versicherungskosten und sonstige Kosten (außer Zinsen) von 0,10 DM/l und Jahr.

Der Kalkulationszins beträgt 6 % p.a.

a) Zu welchem Termin sollte der Wein verkauft werden, wenn genügend freie Faßkapazität vorhanden ist ?

b) Zu welchem Termin sollte der Wein verkauft werden, wenn die Lagerkapazität knapp ist und man beim Verkauf der Sorte A die Weinsorte B jeweils für ein Jahr einlagern könnte (unendliche Investitionskette)? Der Anschaffungspreis der Sorte B ist 1,50 DM/l, der Verkaufspreis 1,80 DM/1. Die Lagerkosten wären auch hier 0,10 DM/1 und Jahr.

c) Wie ändern sich die Ergebnisse Ihrer Berechnung bei einem Kalkulationszins von 15 % p.a. ?

A 21 Ein Lastkraftwagen ist ausgefallen und der Unternehmer überlegt, ob er ihn sofort verkaufen oder nach Reparatur weiter benutzen soll. Bei sofortigem Verkauf könnte er 20.000 DM Erlös erzielen. Bei Weiterbetrieb fallen 5.000 DM Reparaturkosten an. Darüber hinaus ist in den folgenden Jahren mit steigenden Betriebsausgaben und sinkenden Verkaufserlösen für das Fahrzeug zu rechnen:

Weiterbetrieb um ... Jahre	Betriebsausgaben DM	Restverkaufserlös DM
1	20.000	12.000
2	22.000	8.000
3	24.000	5.000

Der in Frage kommende neue LKW, der in jedem Fall nach Ausscheiden des alten angeschafft werden soll, kostet 50.000 DM. Er hat eine optimale Nutzungsdauer von fünf Jahren und verursacht durchschnittlich 20.000 DM Betriebsausgaben im Jahr. Am Ende seiner Nutzung kann man noch mit einem Verkaufserlös von 5.000 DM rechnen. Der Unternehmer führt nur Investitionen durch, von denen er sich mindestens 10 % p.a. Verzinsung verspricht.

a) Ermitteln Sie die Ausgaben-Annuität des neuen LKW unter Einschluß des Anschaffungspreises und des Restverkaufswertes !

b) Bestimmen Sie die optimale Restnutzungsdauer des alten Wagens unter Verwendung des Konzepts der Grenzausgaben in bezug auf die Zeit !

Quelle Aufgabe 21: nach Busse von Colbe/Laßmann, Uni Bochum

A 22 Ein Investitionsprojekt mit einem Anschaffungspreis von 1.000 und einer maximalen Nutzungsdauer von 4 Jahren ist durch folgende Daten charakterisiert:

Periode	1	2	3	4
C_i	500	500	400	280
R_i	800	600	400	200

Durch eine Generalreparatur zum Ende des 2. Jahres könnte die maximale Nutzungsdauer auf 5 Jahre ausgedehnt werden. Die Kosten der Generalreparatur wären 225, sie würde zu folgenden Datenänderungen führen:

Periode	2	3	4	5
C_i		500	450	400
R_i	750	600	400	200

Soll das Aggregat generalrepariert werden bzw. was ist die optimale Nutzungsdauer mit oder ohne Generalreparatur, falls

a) das Aggregat unendlich identisch ersetzt wird,

b) das Aggregat nicht mehr ersetzt wird ?

Der Zinssatz beträgt 10 % p.a.

Quelle: Aufgabe 22: nach P. Svoboda, Uni Graz

A 23 Der Planungszeitraum eines Investors beträgt 7 Jahre. Er besitzt heute liquide Mittel in Höhe von 1.200 und beabsichtigt, sein Endvermögen bei gleichbleibenden jährlichen Entnahmen von E = 40 zu maximieren. Zur Wahl steht eine Investition, deren optimale Nutzungsdauer bestimmt werden soll.

Die Investition verursacht Anschaffungsausgaben in Höhe von 2.000. In den kommenden Jahren ist mit gleichbleibenden Einzahlungsüberschüssen ohne Reparaturkosten von jeweils 700 zu rechnen. Im Zeitpunkt t = 2 sind erstmals Reparaturausgaben in Höhe von 100 fällig. Diese steigen in jedem Jahr um 100. Hinsichtlich der Liquidationserlöse im Falle des Verkaufs des Investitionsobjektes wird angenommen, daß diese in jedem Jahr um 20 %, bezogen auf den Vorjahreswert, fallen.

a) Wie lauten die Zahlungsreihen der Entscheidungsalternativen ?
b) Der Kapitalmarkt ist unvollkommen, wobei der Sollzins konstant 12 % p.a. und der Habenzins konstant 7 % p.a. ist. Welche Nutzungsdauer ist optimal ?
c) Der Kapitalmarkt ist vollkommen, der Kalkulationszins hat eine Höhe von 10 % p.a. Welche Nutzungsdauer ist jetzt optimal ?
d) Wie groß ist der zeitliche Grenzgewinn, wenn die Nutzungsdauer von 2 auf 3 Jahre verlängert wird, und was besagt dieser Wert (Kapitalmarkt wie unter c) ?
e) Der Planungszeitraum des Investors sei unendlich lang. Der Kapitalmarkt ist vollkommen (10 % p.a. Kalkulationszinsfuß) und der Investor plant, das Projekt unendlich oft zu wiederholen. Welche Nutzungsdauer ist unter diesen Bedingungen optimal ?

Quelle Aufgabe 23: nach L. Kruschwitz, FU Berlin

A 24 Eine in Nutzung befindliche Produktionsanlage (PA) besteht aus zwei in Reihe verketteten Maschinen (direkte technologische Abhängigkeit). Bei Durchführung einer Generalreparatur (GR) kann die Anlage drei weitere Jahre genutzt werden. Zur Anlage liegen folgende Informationen vor:

- Aufwand für Durchführung der GR 100.000 DM
- Restwert (R) vor Durchführung der GR gleich 0
- In den Perioden der Nutzungsdauer nach durchgeführter GR wird folgende Entwicklung erwartet:

Periode	1	2	3
Verfügbarer Zeitfonds (t_{Bm}) [h/a]	5.000	5.000	5.000
Zuverlässigkeit (z) der Maschinen	$z_1 = 0{,}8$ $z_2 = 0{,}8$	$z_1 = 0{,}8$ $z_2 = 0{,}75$	$z_1 = 0{,}8$ $z_2 = 0{,}7$
Stundenleistung der PA [St./h]	10	10	10
Erlös [DM/St.]	20	20	20
Restwert R_i [DM]	50.000	0	0
Ausgaben A_i [DM]	340.000	500.000	560.000

Zu entscheiden ist über die Durchführung dieser GR und über den optimalen Zeitraum der Weiternutzung der reparierten PA.
Als Verhaltensalternative besteht die Möglichkeit der Durchführung einer Ersatzinvestition. Diese erfordert Anschaffungskosten in Höhe von 1 Mio DM und ermöglicht eine technisch begrenzte Nutzungsdauer von 6 Jahren. Für die Ersatzinvestition wird der folgende Zahlungsstrom erwartet:

Periode	1	2	3	4	5	6
Cash-flow (C_i)	500.000	400.000	300.000	250.000	80.000	20.000
Restwert (R_i)	600.000	500.000	300.000	100.000	20.000	0

Der Kalkulationszins beträgt 10 % p.a.

a) Berechnen Sie die optimale Nutzungsdauer für die Ersatzinvestition unter den Annahmen
   - ohne Ersatz der Ersatzinvestition
   - einmaliger identischer Ersatz der Ersatzinvestition
   - unendlicher identischer Ersatz der Ersatzinvestition !
b) Treffen Sie eine Entscheidung über die Durchführung der GR und über den optimalen Ersatzzeitpunkt der in Nutzung befindlichen PA und begründen Sie diese. Gehen Sie hierbei von der Annahme des unendlichen identischen Ersatzes der Ersatzinvestition aus !
c) Begründen Sie die unter a) ausgewiesenen Unterschiede in den Ergebnissen ! Würde eine Optimierung der Nutzungsdauer nach den Kriterien Kapitalwertrate oder ökonomischer Wirkungsgrad zu anderen Ergebnissen führen (Begründung) ?

A 25 Ein Unternehmen geht davon aus, daß ein Produkt A über einen längeren Zeitraum in Höhe von jährlich 70.000 Stück produziert und zu einem Preis von 10 DM/St. verkauft werden kann.
Die Produktion könnte unter der Voraussetzung einer Generalreparatur (GR) auf einer bereits vorhandenen Anlage aufgenommen und auf dieser maximal 2 Jahre durchgeführt werden. Der Aufwand für die GR würde 70.000 DM betragen. Der Restwert der Anlage vor Durchführung der GR beträgt 50.000 DM.

Es wird folgende Entwicklung der Ausgaben (A_i) und des Restwertes (R_i) bei der Produktion auf der vorhandenen Anlage erwartet:

Periode	1	2
Ausgaben (A_i) in DM	400.000	600.000
Restwert (R_i) in DM	60.000	0

Eine Alternative zur Generalreparatur ist die Durchführung einer Ersatzinvestition mit einer maximalen Nutzungsdauer von 3 Jahren und Anschaffungskosten in Höhe von 1.000.000 DM. Für diese Anlage werden folgende Ausgaben und Restwerte bei der geplanten Produktion eingeschätzt:

Periode	1	2	3
Ausgaben (A_i) in DM	200.000	300.000	350.000
Restwert (R_i) in DM	600.000	400.000	100.000

Der Kalkulationszins beträgt 10 % p.a.

a) Berechnen Sie die optimale Nutzungsdauer für die Ersatzinvestition unter der Annahme eines unendlichen identischen Ersatzes dieser Investition !

b) Ist die Durchführung der möglichen GR wirtschaftlich vorteilhaft ? Zu welchem Zeitpunkt sollte die vorhandene Anlage ersetzt werden ? Begründen Sie Ihre Entscheidungen ! Gehen Sie hierbei von der unter a) getroffenen Annahme aus !

c) Formulieren Sie die Entscheidungsregeln für
   - die Bestimmung der optimalen Nutzungsdauer einer geplanten Investition
   - den optimalen Einsatzzeitpunkt einer vorhandenen Anlage

   nach dem Kapitalwertkalkül.

d) Welchen tendenziellen Einfluß hat eine Veränderung der unter a) getroffenen Annahme durch die Annahme "kein Ersatz" auf die optimale Nutzungsdauer ? Begründen Sie Ihre Aussage !

A 26 Für eine Maschine, deren Anschaffungskosten 1 Mio DM betragen, werden folgende Daten für die technische Nutzungsdauer von 5 Jahren vorausgeplant:

Periode	1	2	3	4	5
Leistungsverfügbarkeit (η_Q) [%]	90	85	70	70	60
Zeitverfügbarkeit (η_{t_K}) [%]	70	70	65	60	50
IH-Kosten [DM/a]	100.000	110.000	130.000	160.000	200.000
so. fixe Betriebskosten [DM/a]	50.000	50.000	50.000	50.000	50.000
spezif. Energiekosten [DM/ME]	0,50	0,50	0,55	0,60	0,70
so. variable Kosten [DM/ME]	1,00	1,00	1,00	1,00	1,00
Restwert [DM]	650.000	350.000	200.000	100.000	50.000

Die theoretische Stundenleistung beträgt 100 ME/h, der Kalkulationszinsfuß ist auf 10 % p.a. festgelegt.

Bestimmen Sie die optimale Nutzungsdauer nach dem Kriterium der finanzmathemathischen Stückkosten !

A 27 Ein Investor hat einen Planungshorizont von 3 Jahren. Er verfügt über Eigenkapital in Höhe von 1.000 TDM. Die zwei folgenden Investitionsprojekte bezieht er mit dem Ziel der Vermögensmaximierung in die engere Planung ein.

Zahlungsüberschüsse in TDM

Periode	0	1	2	3
Projekt A	-800	500	300	200
Projekt B	-1.400	500	1.300	-

Projekt A ist steuerlich mit Anschaffungskosten von 1.000 TDM zu aktivieren und kann aufgrund von Sonderabschreibungsregelungen bereits im ersten Jahr der Nutzung zu 50 %, im 2. und 3. Jahr zu jeweils 25 % abgeschrieben werden.

Bei Projekt B entsprechen die Anschaffungsauszahlungen den Anschaffungskosten, es wird linear über die Nutzungsdauer des Projektes abgeschrieben.

Der Ertragssteuersatz des Investors beträgt 50 %.

Freie Liquidität kann auf dem Kapitalmarkt zu einem Zins von 6 % p.a. (vor Steuern) angelegt werden, fehlendes Kapital kann bis zu einer Höhe von 500 TDM zu 10 % p.a. als Kredit beschafft werden.

a) Mit welchem Projekt maximiert der Investor unter Beachtung der steuerlichen Wirkungen sein Endvermögen im Planungszeitraum und wie hoch ist dieses ?

b) Stellen Sie kurz das grundsätzliche Vorgehen bei der Einbeziehung verschiedener Steuern in Investitionsrechnungen dar ! Unter welchen Gesichtspunkten ist eine Einbeziehung von Steuern in Investitionsrechnungen erforderlich bzw. zu empfehlen ?

A 28 Gegeben ist ein Investitionsprojekt mit Anschaffungskosten von 100 GE und Zahlungsüberschüssen (Brutto-Cash-flows) von jährlich 25 GE über die Nutzungsdauer von 8 Jahren.
Es bestehen folgende Abschreibungsalternativen:

(1) lineare Abschreibung
(2) degressive Abschreibung mit Übergang zur linearen AfA
(3) Sonderabschreibung durch Vorziehen von 50 % der linearen Abschreibungen in das 1. Jahr

In jedem Fall erfolgt Abschreibung auf den Restwert 0. Die Finanzierung erfolgt durch Eigenkapital, das sonst zu 10 % (vor Steuern) angelegt werden könnte. Der Ertragssteuersatz beträgt 50 %.
Berechnen Sie für die Abschreibungsalternativen

a) die Vermögensendwerte nach Steuern
b) die internen Zinsfüße nach Steuern !

Welcher Variante ist der Vorzug zu geben ?

A 29 Die Anschaffungsausgaben für eine Investition betragen 5.000 GE. Die Nutzungsdauer ist 4 Jahre und die Abschreibung erfolgt zeitabhängig linear auf den Restwert 0. Die Rückflüsse in den ersten beiden Jahren betragen jeweils 2.500 GE und danach jeweils 1.500 GE. Der Kalkulationszins ist 12 % p.a.
Berechnen Sie den Kapitalwert für das Projekt nach Steuern nach dem Standardmodell, wenn der allgemeine Ertragssteuersatz 60 % beträgt !

A 30 Eine Maschine erfordert Anschaffungskosten von 50.000 GE und soll über 5 Jahre mit jährlichen Zahlungsüberschüssen (brutto) in Höhe von 20.000 GE genutzt werden.

Der Lieferant gewährt dem Käufer einen Kredit von 40.000 GE zu einem Zins von 8 % p.a. Der Kredit ist in vier gleichen Jahresraten zu tilgen. Die Restfinanzierung erfolgt durch Eigenkapital. Entnahmen sind nicht vorgesehen, und die Anlage freier Mittel kann zu einem Zins in Höhe von 10 % p.a. (vor Steuer) erfolgen.

Berechnen Sie bei einem allgemeinen Ertragssteuersatz s = 0,5 die jährlichen Steuerzahlungen, die Zahlungsüberschüsse nach Steuer und die Vermögensendwerte in Abhängigkeit von den Abschreibungsalternativen

a) zeitabhängig linear über 5 Jahre auf den Restwert 0

b) Abschreibung in Periode 1 gleich 50 % und in den Perioden 2 und 3 jeweils 25 % der Anschaffungskosten !

c) Welchen Einfluß auf die Vermögensbildung hat eine beschleunigte Tilgung des Kredits durch den Kreditnehmer ?

A 31 Vorgesehen ist eine Investition. Für diese wird nach durchgeführten Untersuchungen angenommen:

- Anschaffungskosten 1.000.000 DM
- Wertminderung der Anlage jährlich 30 % der aktuellen Zeitwerte
- Instandhaltungskosten im 1. Jahr der Nutzung 320.000 DM, jährlich um 50.000 DM steigend
- Produktion und Absatz im 1. Jahr der Nutzung 1.000 Stück, jährlich um 100 Stück sinkend
- spezifische Erlöse e = 1.000 DM/St. und vollvariable Kosten k_v = 200 DM/St. über die Nutzungsdauer gleichbleibend

a) Es wird von einer Finanzierung durch Eigenkapital ausgegangen, welches zur Zeit zu einem Zins in Höhe von 10 % angelegt ist. Beurteilen Sie die Wirtschaftlichkeit der Investition nach dem Kapitalwertkalkül, und bestimmen Sie die optimale Nutzungsdauer für das Projekt ! Eine Weiterführung der Produktion nach Ablauf der Nutzungsdauer ist nicht vorgesehen.

b) Die Investition wurde bestätigt, deren Nutzungsdauer auf 5 Jahre festgelegt und mit der materiell-technischen und vertraglichen Realisierung begonnen. Liquiditätsprobleme zwingen jedoch zu einer Finanzierung mit Fremdkapital, der Kapitalbeschaffungszins beträgt 16 % p.a. und der Gewinnsteuersatz 50 %.

Überprüfen Sie, ob im geplanten Nutzungszeitraum der Kredit zurückgezahlt werden kann, wenn hierfür die Nettozahlungsüberschüsse (nach Steuern) der Jahre und gegebenenfalls der Restverkaufserlös der Produktionsanlage zur Verfügung stehen ! Der Restverkaufserlös soll in Höhe des aktuellen Zeitwertes erzielt werden. Gehen Sie hierbei von geometrisch-degressiver Abschreibung ohne Übergang auf lineare Abschreibung aus. Im AfA-Katalog wird die betriebsgewöhnliche Nutzungsdauer für die Anlage mit 5 Jahren ausgewiesen. Ist die Beibehaltung der geplanten Nutzungsdauer unter den geänderten Umständen zu empfehlen ?

A 32 Ein Unternehmen will über die Fortführung eines Betriebsteiles entscheiden und hat Informationen über die mit den hierzu erforderlichen Ersatz- und Erweiterungsinvestitionen verbundenen Zahlungsströme zusammengestellt. Alternativ dazu könnte das Unternehmen den Betriebsteil verkaufen. Es haben bereits 4 Käufer ihr Interesse signalisiert. Die Käufer gehen von unterschiedlichen Konzepten der weiteren Nutzung des Betriebsteiles und damit auch von unterschiedlichen Zahlungsströmen aus.

Die von den Akteuren jeweils erwarteten Zahlungsströme sind in folgender Tabelle zusammengefaßt (Angaben in Mio DM):

Periode	0	1	2	3	4	5	6	7	8	9	10
Verkäufer	-300	70	70	70	60	60	50	40	30	10	-10
Käufer A	-200	50	50	40	40	-10	50	40	30	-5	
Käufer B	-400	100	100	100	100	100	100				
Käufer C	-350	80	80	80	80	80	80	40			
Käufer D	-400	100	jeweils um 10 % (bezogen auf das Vorjahr) sinkend bis t=8								

Der Verkäufer kalkuliert ebenso wie Käufer C mit einem Zins von 10 % p.a., Käufer A und D mit 8 % p.a. und Käufer B mit 9 % p.a.

a) Berechnen Sie den Grenzpreise aus der Sicht der jeweiligen Akteure ! Diskutieren Sie die Ergebnisse !

b) Der Verkauf ist mit Käufer B zu einem Preis von 30 Mio DM in Aussicht gestellt worden. Der Käufer stellt weiter fest, daß er bisher Ausgaben in Höhe von jährlich 3 Mio DM nicht in seinen Zahlungsstrommodellen berücksichtigt hat.
Ist das Projekt für den Käufer trotzdem noch wirtschaftlich vorteilhaft ?

c) Käufer B hat nach dem Kauf des Betriebes seine geplanten Investitionen getätigt, und dafür abweichend von seiner Planung nur 380 Mio DM aufwenden müssen. Nach Abschluß des Investitionsprozesses, aber noch vor Produktionsbeginn eröffnet sich B eine andere Kapitalanlagemöglichkeit, die 10 % p.a. Rendite verspricht. Welchen Betrag müßte man B jetzt mindestens bieten, damit er das Unternehmen wieder verkauft ?

A 33 Ein Unternehmer betreibt einen **Betrieb A** und überlegt, ob er sein in diesem Betrieb gebundenes Kapital anderweitig anlegen sollte.

Bei Weiterführung des Betriebes A rechnet er bis zum Ende von dessen Lebensdauer mit folgenden Zahlungen (in TDM):

Periode	1	2	3	4
Zahlungsüberschuß	400	300	200	150

Für den Fall des Verkaufes liegt dem Unternehmer ein Angebot für den Betrieb A in Höhe von 750 TDM vor. Er kalkuliert mit einem Zins von 10 % p.a.

Als Kapitalanlage steht eine **Sachinvestition (Betrieb B)** mit Anschaffungskosten in Höhe von 600 TDM zur Auswahl, mit der ein Produkt hergestellt werden kann, für das sich eine Handelskette interessiert.

Der Investor rechnet für diese Variante mit folgenden Daten:

linear variable Kosten:	20 DM/ME
Fixkosten außerhalb des Kapitaldienstes:	100 TDM/a
Nutzungsdauer der Produktionsanlage:	6 a
Restwert der Produktionsanlage am Ende der ND:	50 TDM

Nach ersten Verhandlungen mit der Handelskette geht der Investor von folgenden Absatzmengen in den einzelnen Perioden aus:

Periode	1	2	3	4	5	6
Menge	8.000	10.000	15.000	10.000	10.000	10.000

Der Unternehmer geht weiter davon aus, daß der Erlös aus dem Verkauf des Betriebes A sein maximal verfügbares Kapital darstellt.

a) Welchen Preis muß der Unternehmer für das Produkt von Betrieb B mindestens durchsetzen, wenn er sich gegenüber der Alternative (Weiterführung von Betrieb A) nicht schlechterstellen will ?

b) Der Unternehmer hat sich mit der Handelskette auf der Grundlage der oben genannten Mengen auf einen Preis von 45 DM/ME geeinigt. Auf welche Summe darf der Investitionsaufwand für Betrieb B maximal steigen, um immer noch die beste Alternative darzustellen ? Begründen Sie Ihre Aussage kurz !

c) Der Standort des Betriebes B liegt in einem dicht besiedeltem Gebiet. Durch die umliegenden Anlieger wird im Rahmen des Genehmigungsverfahrens eine alternative Produktionsanlage vorgeschlagen, die in *jedem* Jahr der Produktion etwa 100 t weniger Staub emittieren würde. Für diese Anlage wird folgender Zahlungsstrom erwartet:

Periode	0	1	2	3	4	5	6
Zahlung (TDM)	-750	100	200	300	200	200	100

Welchen Aufwand (in DM/t Staub) kann der Investor bei Realisierung der ursprünglichen Variante maximal betreiben, um die Staubemission durch geeignete technische Maßnahmen zu verringern, selbst aber im Vergleich zu der Alternativvariante keine wirtschaftlichen Nachteile zu erleiden ?

A 34 Der Investor S plant, die Brauerei Hopfenbräu zu erwerben. Seinen Planungen legt er folgende Zahlungsreihe zugrunde (in TDM):

t	1	2	3	4	5	$\rightarrow \infty$
Hopfenbräu:	-50	0	60	50	150	150 ...

Der Eigentümer R der Brauerei erwartet jährliche Zahlungsüberschüsse von 75 TDM. Es ist davon auszugehen, daß S über genügend Eigenkapital verfügt. Der Alternativzinssatz, zu dem jederzeit Anlagen getätigt werden können, liegt für S bei 6 % p.a. und für R bei 5 % p.a. Fremdkapital kann in jeder Periode zum Zinssatz von 12 % p.a. aufgenommen werden. R wie auch S verfolgen die Zielsetzung der Vermögensmaximierung.

a) Geben Sie den maximalen Kaufpreis an, den S für die Brauerei Hopfenbräu in t_0 bieten wird !

b) Besteht die Aussicht, daß sich R und S unter den gegebenen Umständen auf einen Preis einigen können ?

c) Im Laufe der Vertragsverhandlungen mit R erhält S Informationen über 2 weitere zum Verkauf stehende Brauereien Sternpils und Malzwasser. Aufgrund seiner Branchenkenntnis rechnet S mit folgenden Zahlungsreihen (in TDM, inclusive Kaufpreis):

t	0	1	2	3	4	$\rightarrow \infty$
Sternpils	-2.500	100	200	200	150	150 ...
Malzwasser	-1.500	50	50	60	100	100 ...

Ein Mitarbeiter macht S darauf aufmerksam, daß die Sternpils-Brauerei im Einzugsbereich der Hopfenbräu - Brauerei liegt und daß deshalb aus absatzpolitischen Gesichtspunkten der Erwerb beider nicht sinnvoll ist. Hinsichtlich der Malzwasser-Brauerei besteht eine solche Restriktion nicht.

Bestimmen Sie die Vorteilhaftigkeit der Sternpils- und Malzwasser-Brauereien, und erläutern Sie, inwieweit dadurch Einfluß auf den maximalen Kaufpreis, den S für die Hopfenbräu-Brauerei bieten kann, ausgeübt wird !
Erläutern Sie Ihre Vorgehensweise !

Quelle der Aufgabe 34: nach F.W. Wagner, Uni Tübingen

A 35 Herr Sandmann trägt sich mit dem Gedanken, in die Fahrradbranche zu investieren, da seine Alternativanlagemöglichkeit mit 8 % p.a. nicht mehr seinen Wünschen entspricht. Die Anschaffungskosten für entsprechende Produktionsanlagen einschließlich erforderlicher Gebäude betragen in t_0 80 Mio DM. Am Ende der Periode t_4 können noch 10 Mio DM als Restverkaufserlös erzielt werden. Herr Sandmann rechnet nach Absatzverhandlungen mit der Handelskette A mit folgenden Werten:

Periode	t_1	t_2	t_3	t_4
Absatz (Stück)	150.000	200.000	250.000	200.000
Preis (DM/Stück)	850	830	800	750

An Materialkosten rechnet er mit 500 DM/St. Die Lohnkosten in t_1 betragen 30 Mio DM, sie wachsen von Periode zu Periode um 10 % bezogen auf den Ausgangswert.

a) Sollte Herr Sandmann in dieses Objekt investieren ?
b) Die Handelskette B möchte ebenfalls Fahrräder von Herrn Sandmann erwerben, sie ist jedoch nur bereit, 750 DM je Fahrrad zu bezahlen (in allen Perioden). Die für den Zusatzauftrag erforderlichen Material- und Personalkosten belaufen sich auf 650 DM/Stück. In den Perioden t_1 bis t_4 sollen jeweils 100.000 Stück abgesetzt werden. Sollte Herr Sandmann den Zusatzauftrag der Handelskette B annehmen, wenn zu erwarten ist, daß die Handelskette A von dem Zusatzauftrag erfährt und dann ebenfalls auf einem Preis von 750 DM in allen Perioden besteht ?
c) Zu welchem Preis müßte er bei Annahme des Zusatzauftrages mindestens an beide Handelsketten (A und B) verkaufen, wenn er keine wirtschaftlichen Nachteile im Vergleich zu a) erleiden möchte ?

d) Nach Realisierung der Anlage in t_0 geht die Handelskette A in Konkurs. Es kann an diesen Partner nichts abgesetzt werden, es steht jedoch noch der Zusatzauftrag von B zu den unter c) genannten Konditionen. Eine andere Variante sieht Herr Sandmann darin, daß er die Anlage in t_1 mit Kosten in Höhe von 20 Mio DM umbaut und eine Handelskette C über die Perioden t_2 bis t_4 mit neuesten Mountain Bikes beliefert. Der Restverkaufserlös der Anlage in t_4 würde 5 Mio DM betragen. Der Zusatzauftrag könnte dann nicht erfüllt werden. An die Handelskette C rechnet Herr Sandmann mit folgenden Absatzzahlen und Kosten:

Periode	t_2	t_3	t_4
Absatz (Stück)	200.000	220.000	250.000
Material- u. Lohnkosten (DM/Stück)	700	700	700

Wie hoch müßte der Preis je Mountain Bike sein, um sich gegenüber den anderen Handlungsalternativen (Realisierung des Zusatzauftrages bzw. Verkauf der in t_0 realisierten Investition in t_1 zu einem Erlös von 30 Mio DM) besserzustellen ?

A 36 Ein Investor hat die Absicht, ein neues Produkt auf dem Markt einzuführen. Das kann auf der Grundlage von zwei alternativen Investitionen erfolgen, die wie folgt charakterisiert sind:

	Variante 1	Variante 2
Anschaffungskosten in DM	400.000	600.000
Nutzungsdauer in Jahren	4	6
Maximale Kapazität in St./a	1.250	1.200
Variable Kosten in DM/St.	50	40

Der Investor verfügt über Eigenkapital, das er zu einem Zins in Höhe von 10 % p.a. angelegt hat. Die Höhe des Absatzes für das Produkt ist ungewiß.

a) Für welche der Varianten (Anlagen) entscheidet sich der Investor, wenn er für beide Anlagen eine technisch begrenzte Ausnutzung der maximalen Kapazität in Höhe von 80 % voraussetzt ? Welchen Preis muß der Investor für das Produkt mindestens durchsetzen, wenn er sich für die vorteilhaftere Variante entscheidet und er sich gegenüber seiner alternativen Kapitalanlage nicht schlechter stellen will ?

b) Es wurde Variante 1 realisiert. In Periode 2 wird festgestellt, daß in den Perioden 3 und 4, gegenüber ursprünglichen Annahmen, nur noch 800 St./a mit einem Preis von 150 DM/St. abgesetzt werden können. Welche Entscheidung ist zu treffen, wenn durch Verkauf der Anlage am Ende der 2. Periode noch ein Restwerterlös in Höhe von 150.000 DM erzielt werden könnte und der Restwert nach der 4. Periode Null ist ?

c) Nach weiterer Analyse der wirtschaftlichen Situation ergibt sich die Möglichkeit, nach Umbau dieser Anlage am Ende der 2. Periode über 3 sich anschließende Perioden ein verändertes Produkt herzustellen. Der Absatz würde 500 St./a, die variablen Kosten 100 DM/St. und der Preis 300 DM/St. betragen. Die Umbaukosten für die Anlage belaufen sich auf 150.000 DM und der am Ende erzielbare Restwerterlös auf 50.000 DM. Welche Entscheidung wird der Investor unter diesen Gegebenheiten treffen ?

A 37 Ein Unternehmen produziert mittels Fließbandfertigung Fahrräder. Die Kapazität der Fließstraße wird durch das Leistungsvermögen der Lackiererei auf durchschnittlich 10.000 Stück pro Monat begrenzt. Dieser Engpaß soll beseitigt werden. Die Unternehmensleitung zieht dafür eine Rationalisierungsinvestition in Form eines Spritzroboters in Erwägung. Derzeit wird die Lackierung von Hand an zwei Arbeitsplätzen durchgeführt, die durch den Spritzroboter vollständig ersetzt werden sollen. Aufgrund früherer Erfahrungen rechnet man mit einer Senkung der Lackverluste und infolgedessen einer Reduzierung des spezifischen Verbrauchs an Lack um 0,5 l/Stk. Der Spritzroboter soll so ausgelegt sein, daß die Durchlaßfähigkeit auf 12.000 Stück pro Monat gesteigert werden kann. Die Instandhaltungskosten eines solchen Roboter betragen erfahrungsgemäß jährlich 20 % seines Anschaffungspreises.
Für die derzeitige Produktion liegen folgende Daten vor:

- AK-Faktor bei 2-Schichtregime	2,5 AK/APL
- Lohnkosten incl. Lohnnebenkosten	60 TDM/AKa
- Materialpreis für Lack	20 DM/l
- Absatzpreis der Fahrräder	300 DM/Stk.
- auszahlungwirksame variable Kosten	200 DM/Stk.

Das Unternehmen führt die Rationalisierung nur durch, wenn eine Verzinsung von mindestens 10 % p.a. erreicht wird.
Wie hoch darf der Investitionsaufwand maximal sein, wenn der Spritzroboter alle vorgegebenen Kriterien erfüllt und eine Nutzungsdauer von 5 Jahren hat ?

A 38 Ein Investor hat 1 Mio DM Eigenkapital verfügbar und steht vor dem Problem, sich zwischen drei alternativen Anlagemöglichkeiten entscheiden zu müssen.

Eine erste Variante ist eine reine Festgeldanlage zu einem Zins von 10 % p.a. Eine weitere Variante ist die Beteiligung an einem Immobilienfonds mit einer Anlagesumme von 800 TDM und erwarteten Rückflüssen von 100 TDM/a in Form einer unendlichen Rente.

Als dritte Variante steht eine Sachinvestition (Anschaffungskosten 1 Mio DM) zur Auswahl, mit der ein Produkt hergestellt werden kann, für das sich eine Handelskette interessiert.

Der Investor rechnet für diese Variante mit folgenden Daten:

linear variable Kosten:	50 DM/ME
Fixkosten außerhalb des Kapitaldienstes:	200 TDM/a
Nutzungsdauer der Produktionsanlage:	6 a
Restwert der Produktionsanlage am Ende der ND:	50 TDM

Nach ersten Verhandlungen mit der Handelskette geht der Investor von folgenden Absatzmengen in den einzelnen Perioden aus:

Periode	1	2	3	4	5	6
Menge	8.000	10.000	15.000	10.000	10.000	10.000

a) Welchen Preis muß der Investor für das Produkt mindestens durchsetzen, wenn er sich gegenüber der nächstbesten Alternative nicht schlechterstellen will ?

b) Der Investor hat sich mit der Handelskette auf der Grundlage der oben genannten Mengen auf einen Preis von 110 DM/ME geeinigt. Auf welche Summe darf der Investitionsaufwand gegenüber a) maximal steigen, um immer noch die beste Alternative darzustellen ?

c) Der Standort des Betriebes des Investors liegt in einem ökologisch sensiblen Gebiet. Durch die umliegenden Anlieger wird im Rahmen des Genehmigungsverfahrens eine alternative Produktionsanlage vorgeschlagen, die bei gleichem Produktionsvolumen etwa 1.000 m² weniger Fläche in Anspruch nehmen würde. Für diese Anlage wird folgender Zahlungsstrom erwartet:

Periode	0	1	2	3	4	5	6
Zahlung (TDM)	-1.000	200	300	500	300	300	300

Welchen Aufwand kann der Investor maximal betreiben, um die Anlieger für die Folgen der Inanspruchnahme von 1 m² bei der Ausgangsvariante zu entschädigen, selbst aber im Vergleich zu der Alternativvariante keine wirtschaftlichen Nachteile zu erleiden ?

A 39 Ein Bergbauunternehmen hat mit dem benachbarten Kraftwerk einen Vertrag über die Lieferung einer festen Menge Kohle über 40 Jahre geschlossen. Um diesen Vertrag erfüllen zu können, muß ein Tagebau erweitert oder neu aufgeschlossen werden. Hierzu wurden drei Varianten ausgearbeitet, die sich hauptsächlich in den für die erforderliche Kohlemenge aufzuwendenden Kosten und der in der Öffentlichkeit besonders kritisch betrachteten Anzahl erforderlicher Umsiedlungen (betroffene Personen) unterscheiden:

Variante	Barwert der Kosten	Anzahl von Umsiedlungen
Variante A - Neuaufschluß einer Lagerstätte	2.500 Mio DM	400
Variante B - maximale Erweiterung eines bestehenden, nahegelegenen Tagebaues	2.000 Mio DM	1.200
Variante C - gegenüber B Ausgliederung eines Ortskernes und Versorgung aus Erweiterung eines entfernteren Tagebaues	2.300 Mio DM	900

Welche wirtschaftlichen Spielräume bestehen für das Bergbauunternehmen, um die Betroffenen für die durch die Umsiedlung hervorgerufenen Folgen zu entschädigen ? Welche Variante wäre vorteilhaft ?

A 40 Das Leistungsvermögen eines Systems von Produktionsanlagen wird durch eine Produktionsanlage als Engpaß auf eine effektive Stundenleistung Q_e = 100 ME/h begrenzt.

Für dieses System liegen als weitere Informationen vor:

- Zeitverfügbarkeit η_T, bezogen auf die Kalenderzeit	50 %
- fixe Kosten	800 TDM/a
- Materialkosten k_M	2 DM/ME
- Energieverbrauch e	$1 + \frac{100}{Q_e}$ kWh/ME
- Energiepreis	0,25 DM/kWh
- Produktpreis (Erlös) p	5 DM/ME
- Restnutzungsdauer	4 a

Das Unternehmen rechnet mit einem Zins von 10 % p.a.

In Erwägung gezogen wird die Durchführung einer Rationalisierungsinvestition (RI) im Engpaß mit dem Ziel der Leistungssteigerung der Gesamtanlage. Der Spielraum der Leistungssteigerung ist durch andere Prozeßstufen auf maximal 110 ME/h begrenzt. Die vor Leistungssteigerung gültigen Prozeßdaten bezüglich Nutzungsdauer, zeitliche Auslastung, Fixkosten, spezifische Materialkosten, Energiepreis und Produktpreis werden durch die RI nicht beeinflußt. Der Energieverbrauch ist eine Funktion der effektiven Stundenleistung (s.o.).

a) Bestimmen Sie den maximal zulässigen Investitionsaufwand für die RI in Abhängigkeit vom Rationalisierungserfolg (der Leistungssteigerung) ! Stellen Sie die Entwicklung des maximal zulässigen Investitionsaufwandes in Abhängigkeit von der Leistungssteigerung funktionell und graphisch dar !
b) Diskutieren Sie den Einfluß von Veränderungen der Nutzungsdauer und des Zinsfaktors auf die Entwicklungstendenz des maximal zulässigen Investitionsaufwandes !
c) Weiterführende Untersuchungen und Vorbereitungen der RI führen zu dem Ergebnis, daß mit einem effektiv erforderlichen Investitionsaufwand von 200 TDM eine Leistungssteigerung auf 110 ME/h erreicht werden kann. Beurteilen Sie die ökonomische Wirksamkeit dieser Investition !

   Zugleich wird ermittelt, daß Veränderungen auf den Absatz- und Beschaffungsmärkten über die Nutzungsdauer der Anlage eine Senkung der Produktpreise auf 4,50 DM/ME und einen Anstieg der Materialkosten auf 2,50 DM/ME Absatzprodukt erwarten lassen. Wie beurteilen Sie unter diesen Voraussetzungen die Wirtschaftlichkeit der Weiterführung der Produktion unter dem Aspekt der Gewinnerwirtschaftung ? Welchen Einfluß haben diese Veränderungen auf Ihre Entscheidung über die RI ?
d) Welche Entscheidung treffen Sie unter der Voraussetzung, daß nur 650 TDM der Fixkosten insgesamt der Anlage zahlungswirksam zugerechnet werden können, d.h. die verbleibenden 150 TDM den Charakter versunkener Kosten haben und daß bei sofortiger Liquidation der Gesamtanlage die erforderlichen Liquidationskosten genau durch die Liquidationserlöse gedeckt werden ? Bei Durchführung der RI wird am Ende der Nutzungsdauer ein positiver Liquidationserfolg in Höhe von 30 TDM erwartet.
e) Wie hoch ist Ihr Grenzpreis für einen Verkauf der Produktionsanlage ausgehend von den für Sie bestehenden Verhaltensalternativen ?

A 41 Für ein größeres Industrieprojekt sind für einen Investor 3 Varianten der Realisierung gegeben. Diese Varianten unterscheiden sich in der Realisierungszeit (Bauzeit), im Investitionsaufwand insgesamt und in der zeitlichen Struktur des Investitionsaufwandes über die Realisierungszeit wie folgt:

	Bauzeit in Jahren	Investitionsaufwand in Mio DM						
		1. Jahr	2. Jahr	3. Jahr	4. Jahr	5. Jahr	6. Jahr	in Σ
Var. 1	4	30	90	110	190			420
Var. 2	5	30	40	50	100	190		410
Var. 3	6	20	60	90	90	100	20	380

a) Welcher Variante geben Sie den Vorzug, wenn im Unternehmen von alternativen Kapitalanlagen in Höhe von 5 % p.a., 10 % p.a. und 15 % p.a. ausgegangen wird ?

b) Welche Handlungsspielräume ergeben sich für das Unternehmen aus dieser Situation und welche hiervon abhängigen Konsequenzen würden Ihr Entscheidungsverhalten weiter beeinflussen ?

A 42 Nach der Einstellung des Bergbaus sind in der betroffenen Region umfangreiche Sanierungsarbeiten erforderlich, da ansonsten negative Beeinflussungen im Boden-, Wasser-, Luft- und Biopfad auftreten. Es stehen hierfür 4 alternative Sanierungsprojekte zur Auswahl. Aus ökologischer Sicht erfüllen alle Projekte die gestellten Anforderungen.

Die zu erwartenden Auszahlungsströme für die Varianten wurden unter Beachtung der unterschiedlichen Verfahren, Leistungsprofile und Aufwandsstrukturen über die Jahre 1 bis 10 wie folgt vorauskalkuliert (in Mio DM):

Jahr	1	2	3	4	5	6	7	8	9	10	Σ
Var. 1	33	33	33	33	34	2	2	1	4	5	180
Var. 2	12	12	16	16	15	20	10	11	7	6	125
Var. 3	12	12	12	12	11	11	13	21	23	13	140
Var. 4	10	11	10	10	10	11	11	17	28	33	151

Nach diesen 10 Jahren ist infolge Flutung eine fortdauernde Wasserhaltung erforderlich, um gesetzlich vorgeschriebene Grenzwerte für die Einleitung von Wässern in die Vorflut einzuhalten. Die hierfür im Jahr 11 zahlungswirksamen Kosten werden in Höhe von

2 Mio DM für Variante 1,
5 Mio DM für Variante 2,
4 Mio DM für Variante 3,
7 Mio DM für Variante 4 kalkuliert.

Bezüglich der Dauer erforderlicher Wasserhaltungsmaßnahmen und der zeitlichen Entwicklung der hierfür erforderlichen Kosten - vor allem abhängig vom Tempo des Abbaus der Gefährdungspotentiale im Wasserhaushalt und der hiervon abhängigen Wassermengen - liegen noch keine gesicherten Erfahrungen vor.
Auf der Grundlage von Modellversuchen und Experteneinschätzungen ist von einer erforderlichen Dauer der Wasserhaltung von mindestens 20 Jahren, im ungünstigsten Fall von bis zu 100 Jahren, auszugehen. Hierbei wird im Ergebnis des tendenziellen Abbaues der Gefährdungspotentiale mit einer stetigen Kostensenkung in Höhe von 2 % p.a. für die Wasserhaltung gerechnet.

a) Welcher Variante geben Sie unter den Annahmen eines Kalkulationszinses in Höhe von 5, 10 oder 15 % p.a. den Vorzug ?
b) Welche allgemeingültigen Schlußfolgerungen leiten Sie aus dem Beispiel, vor allem bezüglich der Wahl des Kalkulationszinses und des Einflusses der Nutzungsdauer ab ?

A 43 Im Rahmen der Realisierung einer Straßenbaumaßnahme ist durch den Bauträger folgender Auftrag ausgeschrieben:

- Vorbereitung der Trasse durch Planier- und Böschungsarbeiten über eine Länge von 40 km und eine Breite von 9 m
- Möglicher Realisierungszeitraum 1.4. bis 31.8. des Jahres
- Auftragswert (Vereinbarungspreis) ohne MwSt. 400 TDM

Ein Erd- und Tiefbauunternehmen zeigt Interesse an dieser Ausschreibung. Eine Analyse der örtlichen Gegebenheiten führt zu dem Ergebnis, daß die Aufgabe unter Einsatz mittelschwerer Planiertechnik erfüllt werden kann. Es sind vor allem folgende Standortbedingungen und technologischen Anforderungen zu berücksichtigen:

- leichter Mischboden
- durchschnittlicher Schubweg 70 m und durchschnittliches Schubvolumenangebot 0,5 m^3/m^2 Trassenfläche
- besonders geeignet Planierraupen mittlerer Leistung (100 bis 200 kW) mit U-Schild

Das Erd- und Tiefbauunternehmen sieht folgende Realisierungsmöglichkeiten:
- Einsatz von maximal 3 Raupen der Motorleistung 75 kW oder mindestens 2 Raupen der Motorleistung 130 kW oder mind. 2 Raupen der Motorleistung 170 kW.
- 1 oder 2-Schichtbetrieb bei 250 Arbeitstagen pro Jahr und einer erwarteten zeitlichen Auslastung des damit zur Disposition stehenden Zeitfonds (Präsenzzeit) durch die Technik mit $\eta_T = 0{,}75$ bei 1-Schichtbetrieb und 0,65 bei 2-Schichtbetrieb.
- Raupenleistung unter den gegebenen Bedingungen in m^3/h Betriebszeit (BZ) je Raupe für 75 kW - Raupe 60 m^3/h BZ, für 130 kW - Raupe 120 m^3/h und für 170 kW - Raupe 150 m^3/h.

Sollte sich das Erd- und Tiefbauunternehmen auf der Grundlage der vorliegenden Ausschreibung bewerben ? Welche Realisierungsvariante bezüglich des Raupeneinsatzes wäre die Vorzugsvariante ? Beurteilen Sie die Wirtschaftlichkeit dieses Auftrages und den bestehenden Handlungsspielraum des Unternehmens in den ausstehenden Vertragsverhandlungen (Preis, Realisierunszeitraum) !

Bei der Kosten- und Preiskalkulation wird im Erd- und Tiefbauunternehmen von folgenden Richtwerten und Erfahrungen ausgegangen:
- Vorhaltekosten (KD und IHK) für die Planierraupen in DM/h Präsenzzeit:

	Vorhaltekosten [DM/h $_{PZ}$]	
Raupenleistung	1-Schichtregime	2-Schichtregime
75 kW	53	35
130 kW	89	59
170 kW	128	84

- Energiekosten (EK) und Energiepreise entsprechend den auf den Seiten 105 und 116 gegebenen Informationen
- Personalkostenkalkulation (PK) auf der Grundlage der Besetzung jeder Raupe mit einer Arbeitskraft, eines tatsächlichen Arbeitszeitfonds AZF = 1.600 h/ANa und eines Richtwertes für Personalkosten = 60 TDM/ANa bei 75 kW-Raupe bzw. 70 TDM/ANa bei 100 und 130 kW-Raupen

- Berücksichtigung eines Zuschlages in Höhe von 30 % auf die kalkulierten Kapitaldienst-, Instandhaltungs-, Energie- und Personalkosten zur Deckung damit noch nicht berücksichtigter weiterer Kosten (Hilfsleistungen, Baustelleneinrichtung, ...) und einer Mindestforderung an den Gewinn.

A 44 In einem Braunkohlentagebau ist zur Kohlefreilegung ein Quarzithorizont zu gewinnen. Das gesprengte Material soll mit einer Kombination aus einem Radlader und der entsprechenden Anzahl SLKW auf die Kippe transportiert werden. Im Rahmen der Planung sind die hierfür erforderlichen Kosten je m³ Festgestein zu kalkulieren. Hierzu stehen folgende Daten zur Verfügung:

- Schichtsystem: 5-Tage-Woche, 2-Schichten je 8 h pro Tag, 11 d/a Feiertage
- tarifliche Wochenarbeitszeit 40 h/Woche, 30 d/ANa Urlaub, 20 d/ANa Krankheit/sonstige Fehlzeiten
- Präsenzzeitauslastung $\eta_{T/PZ}$ 0,70
- Muldenvolumen SLKW 36,50 lm³
- Auflockerungsfaktor 1,60 lm³/fm³
- Beladezeit und Fahrzeugwechselzeit je SLKW 5 min
- durchschnittliche Fahrspielzeit (Beladen, Lastfahrt, Verkippen, Leerfahrt, Einrangieren) 18,5 min
- Personalkostennormativ 63.000 DM/ANa
- Verrechnungspreis Dieselkraftstoff 0,90 DM/l
- Verrechnungspreis eigene Instandhaltungsleistung 55,00 DM/h
- Kalkulationszins 8,50 % p.a.

	Radlader	SLKW
Wiederbeschaffungspreis [DM]	1.435.000	1.300.000
Nutzungsdauer [a]	4	4
Wiederbeschaffungspreis Reifen [DM/Stck]	28.000	18.000
zu besetzende Arbeitsplätze	1	1
Dieselverbrauch [l/h_{BZ}]	100	85
Aufwand eigene Instandhaltungsleistung [h/h_{BZ}]	0,5	0,4
Material/fremde Leistungen [DM/h_{BZ}]	30	25
Reifenverbrauch [Stück/1000 h_{BZ}]	1	1,5
Zuschlagssatz für sonstige Kosten	10 %	10 %

Die Anzahl der bereitzustellenden SLKW soll so gewählt werden, daß keine Wartezeiten für den Radlader entstehen, der Radlader also das leistungsbestimmende Element des Systems ist.
Wie hoch sind die Kosten je m^3 Festgestein ?

(lm^3 - m^3 Lockergestein (gelöst), fm^3 = m^3 Festgestein (gewachsen)

A 45 Bestimmen Sie für ein Investitionsprojekt den Erwartungswert und die Standardabweichung für die Zielgröße Kapitalwert

a) bei einer subjektiven 5-Punkte-Schätzung durch einen Experten bezüglich der Ausprägung der Zielgröße Kapitalwert

KW	100	130	210	250	330
w(KW)	0,05	0,1	0,35	0,3	0,2

b) bei einer subjektiven 5-Punkte-Schätzung durch zwei Experten bezüglich der Ausprägung der Zielgröße Kapitalwert.
Beide Experten sollen mit gleichem Gewicht in die Bewertung eingehen.

KW	300	350	400	450	500
w(KW) (Experte 1)	0,05	0,15	0,20	0,45	0,15
w(KW) (Experte 2)	0,00	0,30	0,35	0,30	0,05

Stellen Sie diese Verteilung graphisch dar !

Beschreiben Sie das unterschiedliche Risikoverhalten der Experten !

A 46 Ein Automobilunternehmen plant den Bau eines Werkes für ein neues Modell an einem Standort unter unsicheren, aber Chancen versprechenden Bedingungen. Das Projekt wurde von drei unabhängigen Institutionen (A, B und C) begutachtet und bewertet.
Folgende Größen waren und sind Gegenstand der Beurteilung:

(1) Investitionen (AK) in Mio GE (bezogen auf t_0)

AK	2.000	2.500	3.000	3.500	4.000
A: p_A	-	0,2	0,4	0,3	0,1
B: p_B	0,1	0,3	0,2	0,2	0,2
C: p_C	0,1	0,1	0,2	0,4	0,2

(2) Absatzmengen im Jahresdurchschnitt über 10 Jahre

Q	60.000	70.000	80.000	90.000	100.000
A: w_A	0,1	0,3	0,3	0,2	0,1
B: w_B	-	0,2	0,5	0,3	-
C: w_C	-	0,3	0,5	0,2	-

(3) Durchschnittlicher Preis (Erlös) in GE/St.

e	18.000	19.000	20.000	21.000
A: w_A	0,05	0,2	0,7	0,05
B: w_B	0,1	0,3	0,4	0,2
C: w_C	0,2	0,5	0,2	0,1

(4) Durchschnittliche vollvariable Betriebskosten (Auszahlungen) in GE/St.

a	10.000	11.000	12.000
A: w_A	0,4	0,5	0,1
B: w_B	0,2	0,6	0,2
C: w_C	0,3	0,4	0,3

Der Restverkaufserlös für das Werk nach t = 10 wird unabhängig und einheitlich in Höhe von 200 Mio GE geschätzt.

Berechnen Sie den Erwartungswert und die Extremwerte für den Kapitalwert! Gehen Sie von der notwendigen und vereinfachenden Annahme aus, daß die Einflußvariablen auf den Kapitalwert voneinander unabhängig sind! Die Experten A und B sollen mit je 30 %, C mit 40 % bei der Bewertung Berücksichtigung finden. Alternative Kapitalanlagen bestehen für das Unternehmen zu einer Rendite in Höhe von 10 % p.a. Der Risikozins soll mit 2 % p.a. festgelegt sein.

A 47 Der Erwartungswert für den Kapitalwert in Aufgabe 46 wurde mit 774.560.112 GE ermittelt.

Mit dem Ziel einer weiteren Fundierung der zu treffenden Entscheidung soll eine Sensitivitätsanalyse durchgeführt werden.

a) Bestimmen Sie die Sensitivität des Kapitalwertes in Abhängigkeit von einer isolierten Veränderung aller relevanten Einflußgrößen ! Ordnen Sie die Einflußgrößen nach dem Grad der Abhängigkeit des Kapitalwertes von der Einflußgröße ! Gehen Sie hierbei von den Erwartungswerten der Einflußgrößen und einer Veränderung der jeweiligen Einflußgröße in Höhe von jeweils ± 10 % aus !

b) Welche Schlußfolgerungen ziehen Sie aus den durchgeführten Berechnungen und Analysen ?

c) Bestimmen Sie für die zwei sensibelsten Einflußgrößen die kritischen Werte, bei denen gerade noch die Mindestrentabilität erwirtschaftet wird !

A 48 Ein geplantes Investitionsprojekt soll hinsichtlich seiner Risikobehaftung näher untersucht werden. Es liegen folgende Daten vor:

Anfangsinvestitionen:	1 Mio DM
Fixkosten:	100 TDM/a
Absatzmenge:	100.000 ME/a
Projektdauer:	10 Jahre

Für den Preis des Produktes und die variablen Kosten wurden wegen der besonderen Sensibilität der Zielgröße Kapitalwert zwei Expertenmeinungen in Form von 3-Punkt-Schätzungen eingeholt.

variable Kosten DM/ME w	6,80 0,15	7,00 0,55	7,20 0,30
Preis DM/ME w	9,70 0,25	10,00 0,60	10,30 0,15

Erstellen Sie ein Risiko-Chancen-Profil für das Projekt !

Mit welcher Wahrscheinlichkeit wird ein Kapitalwert von wenigstens 100 TDM erwirtschaftet ?

A 49 Ein Unternehmen steht vor der Frage, ob ein neues Produkt gefertigt werden soll. Hierfür stehen zwei Varianten mit unterschiedlicher Kapazität und Technologie zur Verfügung.

Variante 1 mit I_0 = 2,0 Mio DM
Variante 2 mit I_0 = 1,3 Mio DM

Variante 1 ermöglicht eine höhere Produktion und läßt, entsprechende Auslastung vorausgesetzt, höhere Gewinne und Rückflüsse erwarten.
Außerdem müssen Folgeentscheidungen getroffen werden.

a) Wenn **Variante 1 realisiert** wurde, ist zu entscheiden, ob das Produkt exportiert werden soll. Die Basisinvestitionen hierfür (Markterschließung) betragen I_0 = 1 Mio DM. Die Exportstrategie ist nur sinnvoll, wenn vorher das Zufallsereignis *steigende Nachfrage* (w = 0,6) eingetreten ist.
Im Fall *sinkender Nachfrage* (w = 0,4) kann der Absatz im Inland durch eine Werbeaktion erhöht werden. Die Basisinvestitionen hierfür betragen I_0 = 0,6 Mio DM.

b) Wenn **Variante 2 realisiert** wurde, ist über die Durchführung einer Zusatzinvestition mit I_0 = 0,4 Mio DM zur Erweiterung der Kapazität zu entscheiden. Diese Erweiterungsinvestition ist nur sinnvoll, wenn vorher das Zufallsereignis *steigende Nachfrage* (w = 0,5) eingetreten ist.
Für den Fall des Ausbleibens des Zufallsereignisses Nachfragesteigerung sind keine weiteren Aktivitäten vorgesehen.

Folgende weitere Informationen liegen vor:

Die Durchführung der **Exportstrategie** läßt Ertragswerte (Summenbarwert der Rückflüsse) in Höhe von

4,0 Mio DM	mit	w = 0,7
2,5 Mio DM	mit	w = 0,1
1,1 Mio DM	mit	w = 0,2

erwarten.

Bei Verzicht auf gezielte Exportstrategie betragen die Ertragswerte

2,5 Mio DM	mit	w = 0,8
1,7 Mio DM	mit	w = 0,2

Die Durchführung der **Werbeaktion** im Inland läßt Ertragswerte erwarten in Höhe von

2,5 Mio DM	mit	w = 0,6
2,3 Mio DM	mit	w = 0,3
1,0 Mio DM	mit	w = 0,1

Ohne Werbeaktion ist der Ertragswert 1,1 Mio DM mit w = 1.

Auf der Grundlage der **Zusatzinvestition** betragen die Ertragswerte

2,0 Mio DM	mit	w = 0,5
1,6 Mio DM	mit	w = 0,3
1,3 Mio DM	mit	w = 0,2

Bei Verzicht auf Durchführung der Zusatzinvestition werden die Ertragswerte berücksichtigt in Höhe von

1,5 Mio DM	mit	w = 0,5
1,3 Mio DM	mit	w = 0,5

Unter der Annahme der Realisierung von Variante 2 und nachlassender Nachfrage (w = 0,5) beträgt der Ertragswert in jedem Fall 1 Mio DM.

Stellen Sie das Entscheidungsproblem in einem Entscheidungsbaum dar ! Bestimmen Sie die optimale Variante nach dem Kapitalwertkriterium !

A 50 Ein Unternehmen der Unterhaltungselektronik plant den Bau eines Werkes für Fernsehgeräte. Die Höhe des Absatzes ist unsicher, und es werden alternative Varianten, die sich in der Kapazität und in der Ausstattung unterscheiden, betrachtet. Zum einen Auslegung des Werkes auf eine maximale Kapazität in t_0 (Variante 1) oder Durchführung eines Stufenprojektes, d.h. Realisierung einer kleineren Variante 2 in t_0 und nach Beendigung der Einführungsphase (t_3) Durchführung einer Ergänzungsinvestition. Diese Erweiterungsinvestition in t_3 könnte wiederum in zwei Varianten (Var. 21 oder 22) erfolgen, sie könnte auch unterlassen werden (Var. 20).

Die Bewertung der möglichen Verhaltensalternativen soll nach dem Entscheidungsbaumverfahren durchgeführt werden. Es liegen folgende sichere und unsichere Informationen vor:

- Die Investitionen betragen

  für Variante 1 in t_0 I = -160

  für Variante 2 in t_0 I = -100

  für Ergänzungsvariante 21 in t_3 I = -80

  für Ergänzungsvariante 22 in t_3 I = -100

- Die Projektdauer wird in eine Anlauf(Einführungs)phase von 3 Jahren (t_1 bis t_3) und eine Regelphase von 10 Jahren (t_4 bis t_{13}) unterschieden.

- Die nach Ablauf der Projektdauer erzielbaren Restwerterlöse werden mit 20 % der jeweiligen Gesamtinvestition geschätzt.

- Zufallsvariable ist der mögliche Absatz. Die hiervon abhängigen zeitlichen Zahlungsüberschüsse (Cash-flows) wurden für die einzelnen Perioden durch 2-Punktschätzungen in folgender Höhe und mit folgenden Wahrscheinlichkeiten ermittelt:

Variante 1:

C_i (1 bis 3) = 18 und C_i (4 bis 13) = 20 mit w = 0,4

C_i (4 bis 13) = 20 und C_i (4 bis 13) = 22 mit w = 0,6

Variante 2:

C_i (1 bis 3) = 12 mit w = 0,7

C_i (1 bis 3) = 14 mit w = 0,3

Variante 20:

C_i (4 bis 13) = 13 mit w = 0,1

C_i (4 bis 13) = 15 mit w = 0,9

Variante 21:

wenn vorlaufend w = 0,7, dann

C_i (4 bis 13) = 28 mit w = 0,8

C_i (4 bis 13) = 26 mit w = 0,2

wenn vorlaufend w = 0,3, dann

C_i (4 bis 13) = 27,8 mit w = 0,8

C_i (4 bis 13) = 26,0 mit w = 0,2

Variante 22:

wenn vorlaufend w = 0,7, dann

C_i (4 bis 13) = 30	mit w = 0,7
C_i (4 bis 13) = 28	mit w = 0,3

wenn vorlaufend w = 0,3, dann

C_i (4 bis 13) = 29,5	mit w = 0,7
C_i (4 bis 13) = 27,5	mit w = 0,3

Der Kalkulationszins beträgt 10 % p.a. Bereiten Sie das Entscheidungsproblem in einem Entscheidungsbaum auf ! Bewerten Sie alle möglichen Verhaltensalternativen ! Für welche Strategie entscheiden Sie sich ?

A 51 Ein Investitionsprojekt mit einer Laufzeit von 15 Jahren verursacht über die Projektdauer folgende Zahlungen:

Erlöse:	1.400 TDM/a
Materialkosten:	600 TDM/a
Lohnkosten:	500 TDM/a

Die in der Periode vor Beginn der Nutzung getätigte Anfangsinvestition erfordert einen Aufwand von 2.200 TDM. Der Kalkulationszins beträgt 10 % p.a.

Es werden folgende über die Projektdauer stetige Entwicklungen erwartet:

- Senkung des Materialverbrauches um 1,5 % p.a.,
- Senkung des Verbrauches an Arbeitszeit (durch Produktivitätssteigerung) um 1 % p.a.,
- Steigerung der Materialpreise um 2 % p.a.,
- Steigerung der Tariflöhne um 3 % p.a.,
- Steigerung der Absatzpreise um 1 % p.a.,
- Inflation: 2 % p.a.

Beurteilen Sie die Wirtschaftlichkeit des Projektes unter der Bedingung, daß

a) keine tendenziellen Veränderungen angenommen werden,

b) die mengenbezogenen Veränderungen in die Berechnung einbezogen werden,

c) alle Veränderungsfaktoren einbezogen werden !

d) Wann sollten Veränderungen wie unter b) und c) generell in die Bewertung von Projekten einfließen ?

A 52 Zur Produktion eines Konsumgutes stehen zwei alternative Möglichkeiten zur Auswahl, die durch folgende Zahlungsströme charakterisiert sind:

	Projekt A	Projekt B
Anfangsinvestitionen [TDM]	2.800	1.500
Erlöse [TDM/a]	1.700	1.700
Materialkosten [TDM/a]	750	750
Lohnkosten [TDM/a]	500	700

Es werden folgende über die Projektdauer von 10 Jahren stetigen Entwicklungen erwartet:

- Senkung des Materialverbrauches um 1 % p.a.,
- Senkung des Verbrauches an Arbeitszeit (durch Produktivitätssteigerung) um 1 % p.a.,
- Steigerung der Materialpreise um 2 % p.a.,
- Steigerung der Tariflöhne um 2,5 % p.a.,
- Steigerung der Absatzpreise um 1 % p.a.

Bewerten Sie die Vorteilhaftigkeit der Projekte ohne und mit Einbezug der stetigen Veränderungen ! Der Kalkulationszins beträgt 10 % p.a.

A 53 Ein Bergbauunternehmen steht vor der Entscheidung, einen Schaufelradbagger (SRs) oder einen Eimerkettenbagger (ERs) anzuschaffen.

Im Ergebnis einer Expertenbefragung wurden die in der Tabelle ausgewiesenen Bewertungskriterien und deren prozentuales Gewicht an der Bewertung dargestellt. Aus einem Vergleich der Leistungsangebote wurden die prozentualen Vorteile bzw. Nachteile zwischen den Baggern nach den einzelnen Bewertungskriterien ermittelt (vgl. Tabelle).

	Bewertungskriterium	Gewicht	prozentuale Vorteilhaftigkeit (+)	
			SRs	ERs
(1)	Preis-Leistungs-Verhältnis	20		+40 %
(2)	Zuverlässigkeit	6	±0 %	±0 %
(3)	Instandhaltungserfordernisse	8	+20 %	
(4)	Technische Sicherheit	10	+30 %	
(5)	Arbeitsbedingungen/Lärm	7	+20 %	
(6)	Volumen, Platzbedarf	7		+10 %
(7)	Dienstmasse, Bodenpressung	4	+20 %	
(8)	Energieverbrauch	12	+30 %	
(9)	Arbeitskräftebedarf	6	+10 %	
(10)	Technologische Disponibilität	20	+ 50 %	

Vergleichen Sie diese Geräte unter Anwendung geeigneter Verfahren der Nutzwertberechnung !

A 54 In einem Unternehmen stehen drei alternative Investitionsobjekte zur Auswahl. In Übereinstimmung mit der generellen Zielstellung dieser Investition, Reduzierung von Schadstoffemissionen einer Feuerungsanlage, wurden 14 entscheidungsrelevante Bewertungskriterien ermittelt (Kriterien A bis N). Ein Paarvergleich dieser Bewertungskriterien führt zu den nachstehenden Ergebnissen (0 - 1 Matrix):

Kriterium	A	B	C	D	E	F	G	H	I	J	K	L	M	N
A		1	½	0	0	1	½	0	1	½	1	0	0	½
B	0		1	½	½	1	1	0	½	1	0	1	0	1
C	½	0		1	0	½	1	0	½	0	1	½	1	0
D	1	½	0		0	½	0	0	0	½	0	0	0	0
E	1	½	1	1		1	1	½	1	½	1	1	1	1
F	0	0	½	½	0		1	½	½	0	½	0	0	½
G	½	0	0	1	0	0		0	½	0	1	½	0	½
H	1	1	1	1	½	½	1		1	½	½	1	1	1
I	0	½	½	1	0	½	½	0		0	1	1	½	1
J	½	0	1	½	½	1	1	½	1		1	½	½	1
K	0	1	0	1	0	½	0	½	0	0		0	½	0
L	1	0	½	1	0	1	½	0	0	½	1		½	0
M	1	1	0	1	0	1	1	0	½	½	½	½		1
N	½	0	1	1	0	½	½	0	0	0	1	1	0	

Eine Intervallskalierung innerhalb der Bewertungskriterien auf der Basis einer Skalenbreite von insgesamt 10 Punkten (Anteilen) für die drei zur Auswahl stehenden Investitionsalternativen weist das folgende Ergebnis aus.

Kriterium / Variante	A	B	C	D	E	F	G	H	I	J	K	L	M	N
Variante 1	1	3	2	2	4	5	8	2	3	3	5	1	7	4
Variante 2	6	3	5	3	2	1	1	5	6	3	2	6	2	3
Variante 3	3	4	3	5	4	4	1	3	1	4	3	3	1	3

a) Berechnen Sie die Vorzugshäufigkeit, die auf 1 normierten Gewichtungsfaktoren und geben Sie die Rangigkeit der Bewertungskriterien an !

b) Ermitteln Sie die Nutzwerte und die Rangfolge für die Investitionsalternativen !

c) Unter welchen Voraussetzungen sollte die Nutzwertberechnung vorzugsweise auf der Grundlage eines hierarchischen Aufbaues der Bewertungskriterien und der Durchführung eines Stufenvergleiches durchgeführt werden ?

Lösungen und Lösungshinweise zu den Übungsaufgaben:

A 1 a) Kostenvergleich (einschließlich Kalkulationszins):

$$K = \frac{I}{ND} + \frac{I}{2} p + k_v Q \quad \text{in DM / a}$$

$K_A = K_B$ $\qquad Q_{kri} = 7.000$ ME/a $\qquad Q > 7.000 \rightarrow$ Var. B

Gewinnvergleich (nach FK-Zins):

$$G = Q\,(e - k_v) - \left(\frac{I}{ND} + \frac{I}{2} \cdot p\right) \quad \text{in DM / a}$$

$G_A = G_B$ $\qquad Q_{kri} = 5.600$ ME/a $\qquad Q > 5.600 \rightarrow$ Var. B

Gesamtkapitalrentabilität:

$$GKR = \frac{G\ (\text{vor FK - Zins})}{GK(I)\ /\ 2} \quad \text{in 1 / a}$$

$GKR_A = GKR_B$ $\qquad Q_{kri} = 6.364$ ME/a $\qquad Q > 6.364 \rightarrow$ Var. B

Eigenkapitalrentabilität:

$$EKR = \frac{G\ (\text{nach FK - Zins})}{EK\ /\ 2} \quad \text{in 1 / a}$$

$EKR_A = EKR_B$ $\qquad Q_{kri} = 5.600$ ME/A $\qquad Q > 5.600 \rightarrow$ Var. B

Die Anwendung dieser Kriterien als Grundlage der Entscheidung im vorliegenden Anwendungsfall wird vor allem gestört durch die unterschiedliche Erlöswirksamkeit (beim Kostenvergleich), Nutzungsdauer und Finanzierungsstrukturen der Varianten.

b) Projekt A

in TDM	0	1	2	3	4	5	6	7	8	9	10
FK-Bindung	-40,0	-22,0	-2,2	-	-	-	-	-	-	-	-
EK-Bindung	-100,0	-100,0	-100	-80,4	-58,4	-36,4	-14,4	7,6	29,6	51,6	73,6
CF v. FKZ u. T		22,0	22,0	22,0	22,0	22,0	22,0	22,0	22,0	22,0	22,0
- FKZ		-4,0	-2,2	-0,2	-	-	-	-	-	-	-
- T		-18,0	-19,8	-2,2	-	-	-	-	-	-	-
CF n FKZ u. T		-	-	19,6	22,0	22,0	22,0	22,0	22,0	22,0	22,0
Σ CF n. FKZ u. T		-	-	19,6	41,6	63,6	85,6	107,6	129,6	151,6	173,6

Projekt B

in TDM	0	1	2	3	4	5	6	7	8
FK-Bindung	-100,0	-74,3	-45,9	-14,8	-	-	-	-	-
EK-Bindung	-100,0	-100,0	-100,0	-100,0	-80,5	-44,8	-9,0	26,8	62,5
CF v. FKZ u. T		35,8	35,8	35,8	35,8	35,8	35,8	35,8	35,8
- FKZ		-10,0	-7,4	-4,6	-1,5	-	-	-	-
- T		-25,8	-28,3	-31,2	-14,8	-	-	-	-
CF n FKZ u. T		-	-	-	19,5	35,8	35,8	35,8	35,8
Σ CF n. FKZ u. T					19,5	55,3	91,0	126,8	162,5

Bezüglich Tilgungsdauer für FK und Gesamtüberschuß Vorteile bei Projekt A

c) Höhere AfA und FKZ für Projekt B führen durch dieses Projekt zu einer vglw. höheren Steuerentlastung für das Unternehmen in den Perioden 1 bis 4 in der Auszahlungsreihe in Höhe von

in TDM	1	2	3	4
Δ Est. im Vergl. Projekt B mit Projekt A	-10,50	-10,12	-9,70	-8,24

und zu einer wirtschaftlichen Aufwertung des Projektes B im Vergleich zum Projekt A.

A 2 $$RFD_Z = \frac{I_i - I_0}{(AfA_i + G_i) - (Af_0 + G_0)} = \frac{I_i - I_0}{DB_i - DB_0}$$

Index kennzeichnet Variante / Zustand

Beachte: Verzicht auf Restwerterlöse belastet die jeweilige Variante!

a) $$RFD_{Z\,1/0} = \frac{90\text{ TDM}}{28\text{ TDM / a}} = 3{,}21\text{ a}$$

$$RFD_{Z\,2/0} = \frac{150\text{ TDM}}{40\text{ TDM / a}} = 3{,}75\text{ a}$$

$$RFD_{Z\,2/1} = \frac{60\text{ TDM}}{12\text{ TDM / a}} = 5\text{ a}$$

Entscheidung für Variante (2) weil nur hier RFD_Z kleiner als Restnutzungsdauer und vorgegebener Grenzamortisationsdauer. $RFD_{Z\,2/1}$ hier ohne Aussage, da kein Vergleich mit der Basis.

b) keine andere Entscheidung als nach a) weil RW = 0

c) jetzt Entscheidung für Verkauf zu 100 TDM weil Überschüsse aus Weiterführung über die Restnutzungsdauer mit oder ohne Rationalierung in jedem Fall geringer als 100 TDM, bei Variante (0) → 60 TDM, bei Variante (1) → 54 TDM und bei Variante (2) → 90 TDM

A 3 Zahlungsstrommodell in 10^3 DM

Jahr	0	1	2	3	4	5
E_i		100	100	110	105	105
A_i	100	50	50	50	50	50
K_{AfA}		20	20	20	20	20
K_Z		10	10	10	0	0
$CF_{vor\ Steuer}=E_i - A_i - K_Z$		40	40	50	55	55
$G_{vor\ Steuer} = CF_{vor\ Steuer} - K_{AfA}$		20	20	30	35	35
$A_{Steuer} = G_{vor\ Steuer} \cdot 0{,}5 = G_{nach\ St}$		10	10	15	17,5	17,5
$CF_{nach\ St.} = CF_{vor\ Steuer} - A_{Steuer}$		30	30	35	37,5	37,5

a) Es kann keine Tilgung nach 3 Jahren erfolgen (20 + 20 + 30 < 100)

b) Es kann keine Tilgung nach 3 Jahren erfolgen (10 + 10 + 15 < 100)

c) Rein summarisch ist eine Tilgung nach 3 Jahren nicht möglich (30 + 30 + 35 > 100)

Anlage des $CF_{nach\ St}$ zu 10 % p.a. möglich

$$30 \cdot 10^3\ DM \cdot 1{,}1^2 = 36{,}3 \cdot 10^3\ DM$$

$$30 \cdot 10^3\ DM \cdot 1{,}1^1 = 33{,}0 \cdot 10^3\ DM$$

$$35 \cdot 10^3\ DM \cdot 1{,}1^0 = 35{,}0 \cdot 10^3\ DM$$

$$\text{Summe} = 104{,}3 \cdot 10^3\ DM$$ → Tilgung möglich

A 4 a)

Projekt	KW	KWR	KWA	IZF
A	40,00	0,100	4,00	11,0 %
B	35,53	0,089	9,37	13,1 %
C	29,63	0,069	9,35	13,1 %
D	27,61	0,079	11,10	15,1 %
E	0,17	0,000	0,05	10,0 %
F	-19,01	-0,048	-10,95	6,5 %

Projekt F ist als einziges nicht wirtschaftlich

c) Anschlußinvestitionen zu Kalkulationszins → KW als Kriterium

Anschlußinvestitionen mit identischer Wirtschaftlichkeit → KWA als Kriterium

Ergänzungsinvestitionen in t_0 mit identischer Wirtschaftlichkeit → KWR als Kriterium

Kapitalbeschaffung und -anlage zum internen Zins → IZF als Kriterium

A 5 Zahlungsstrommodelle für ND = 18 a (letzte Drehung zum Zeitpunkt t = 17)

Periode	0	1	2	3	4	5	6	7	8	9	10	11	12	13	14	15	16	17
St 85-87																		
Drehen	60	60	60	60	60	60	60	60	60	60	60	60	60	60	60	60	60	60
Rohre	280			280			280			280			280			280		
Summe	340	60	60	340	60	60	340	60	60	340	60	60	340	60	60	340	60	60
Basalt																		
Drehen	60		60		60		60		60		60		60		60		60	
Rohre	510						510						510					
Summe	570	0	60	0	60	0	570	0	60	0	60	0	570	0	60	0	60	0
Esser																		
Drehen	60			60			60			60			60			60		
Rohre	900									900								
Summe	960	0	0	60	0	0	60	0	0	960	0	0	60	0	0	60	0	0

Aufwandsbarwerte berechnen

ND	15 a	18 a	24 a
St 85-87	1.358	1.465	1.605
Basalt	1.231	1.244	1.363
Esser	1.465	1.480	1.660

Bei allen betrachteten Nutzungsdauern Variante 2 - Schmelzbasaltrohre am kostengünstigsten

A 6

a)	E_0	A_0	KW	KWR	$\eta_ö$
Projekt A	15,99	10	5,99	0,5988	-1,60
Projekt B	67,92	50	17,92	0,3584	-1,36

b) optimal ist 6 x Projekt A

A 7 Vermögensendwertberechnung *ohne* Kontenausgleich:

- alle Auszahlungen mit Sollzins auf t=5 aufzinsen
- alle Einzahlungen mit Habenzins auf t=5 aufzinsen
- Differenz = Vermögensendwert

	Projekt A	Projekt B
Auszahlungsendwert	4.397,96	5.678,47
Einzahlungsendwert	4.061,90	5.148,23
Vermögensendwert	-336,06	-530,24

Projekt A ist nach dem Vermögensendwert vorteilhafter, beide Endwerte sind jedoch negativ

Vermögensendwertberechnung *mit* Kontenausgleich erfordert kumulative Fortschrittsrechnung, für jede Periode Berechnung des Vermögensendwertes, bei negativem VEW Kreditaufnahme (Sollzins), bei positivem VEW Kapitalanlage (Habenzins)

Periode	0	1	2	3	4	5
CF aus Projekt A	-1.000	100	400	300	300	300
Kreditrückzahlung/Erlös Kapitalanlage aus Vorperiode		-1.100	-1.100	-770	-517	-239
Kreditaufnahme/Kapitalanlage	-1.000	-1.000	-700	-470	-217	61
CF aus Projekt B	-2.000	700	600	500	700	100
Kreditrückzahlung/Erlös Kapitalanlage aus Vorperiode		-2.200	-1.650	-1.155	-721	-23
Kreditaufnahme/Kapitalanlage	-2.000	-1.500	-1.050	-655	-21	77

Projekt B hat den höheren Vermögensendwert (77 > 61 GE)

A 8 Kapitalrentabilität: näherungsweise Berechnung der Gesamtkapitalrentabilität (projektbezogene Betrachtungsweise)

$$GKR = \frac{\varnothing CF - \varnothing AfA}{\frac{\Sigma I}{2}}$$

Amortisationsdauer: Basis CF, Anlage der Zahlungsüberschüsse während der Nutzungsdauer zu 8 % p.a., Zeitpunkt des Erreichens der Anfangsinvestitionssumme ist die Amortisationsdauer

Berechnung des Kapitalwertes: Kalkulationszeitpunkt t = 2 (Produktionsbeginn), Investitionsauszahlungen auf t = 2 aufzinsen

$$KW = \sum_{i=0}^{2} CF_i \cdot q^i + \sum_{i=3}^{9} \frac{CF_i}{q^{i-2}}$$

Interner Zinsfuß: Berechnung mittels finanzmathematischem Rechner (unabhängig vom Kalkulatiopnszeitpunkt)

Kapitalwertrate: hier Berechnung auf Basis Kapitalwert möglich, da Nutzungsdauern der Alternativen gleich

$$KWR = \frac{KW}{I_0}$$

Ökonomischer Wirkungsgrad: Kalkulationszeitpunkt beliebig

$$\eta_ö = \frac{E_0}{A_0}$$

Kriterium	8 % p.a.		mit Risikozins (11 % p.a.)	
	Altern. I	Altern. II	Altern. I	Altern. II
GKR	10,8 % p.a.	8,1 % p.a.	kein Einfluß	
AD	im 7. Jahr	im 7. Jahr	kein Einfluß	
KW	-198,26	-207,54	-582,39	-411,34
IZF	6,58 %	5,25 %	kein Einfluß	
KWR	-0,063	-0,116	-0,180	-0,222
$\eta_ö$	0,946	0,941	0,844	0,880

Die Projekte erfüllen nicht die mit dem Kalkulationszins gestellten Rentabilitätsforderungen; im Falle einer möglichen FK-Finanzierung nur dann, wenn Kapitalbeschaffungszins < IZF.

A 9 a) **Finanzpläne für Vermögensmaximierung in t_5, Eigenkapital, Anlagezins 5 % p.a.**

Periode	0	1	2	3	4	5
CF Projekt A	-100	-	-	-	-	200
Erlös Anlage Vorperiode		-	-	-	-	-
Anlage		-	-	-	-	-
Endvermögen						200
CF Projekt B	-100	40	50	40	30	15
Erlös Anlage Vorperiode		0	42,00	96,60	143,43	182,10
Anlage		-40,00	-92,00	-136,60	-173,43	-
Endvermögen						197,10

b) **Vermögensmaximierung in t_5, Fremdkapital (10 % p.a.), Anlagezins 5 % p.a.**

Periode	0	1	2	3	4	5
CF Projekt A	-100	0	0	0	0	200
Kreditrückzahlung Vorperiode		-110,00	-121,00	-133,10	-146,41	-161,05
Kreditaufnahme	100,00	110,00	121,00	133,10	146,41	361,05
Endvermögen						38,95
CF Projekt B	-100	40	50	40	30	15
Kreditrückzahlung Vorperiode		-110,00	-77,00	-29,70	-	-
Kreditaufnahme	100,00	70,00	27,00	-	-	-
Erlös Anlage Vorperiode		-	-	-	10,82	42,86
Anlage		-	-	-10,30	-40,82	-
Endvermögen						57,86

c) **Maximales uniformes Einkommen, Eigenkapital, Kreditzins 10 % p.a., Anlagezins 10 % p.a.**

Berechnen des uniformen Einkommens über die Annuität des Barwertes der Einzahlungsüberschüsse = Entnahmestrom (Zielzahlungsstrom)

Periode	0	1	2	3	4	5
CF Projekt A	-100	0	0	0	0	200
Kreditrückzahlung Vorperiode		0,00	36,04	75,67	119,28	167,24
Kreditaufnahme		32,76	68,79	108,43	152,04	0,00
Entnahmestrom		-32,76	-32,76	-32,76	-32,76	-32,76
Endvermögen						0,00
CF Projekt B	-100	40	50	40	30	15
Erlös Anlage Vorperiode		-	4,09	19,59	25,63	21,28
Anlage		-3,72	-17,80	-23,30	-19,35	-
Entnahmestrom		-36,28	-36,28	-36,28	-36,28	-36,28
Endvermögen						0,00

d) Maximales uniformes Einkommen, Fremdkapital (10 % p.a.), Anlagezins 5 % p.a.

Berechnen des uniformen Einkommens über die Annuität des Kapitalwertes = Entnahmestrom (Zielzahlungsstrom)

Periode	0	1	2	3	4	5
CF Projekt A	-100	0	0	0	0	200
Kreditrückzahlung Vorperiode		-110,00	-128,02	-147,84	-169,64	-193,62
Kreditaufnahme	100,00	116,38	134,40	154,22	176,02	0,00
Entnahmestrom		-6,38	-6,38	-6,38	-6,38	-6,38
Endvermögen						0,00
CF Projekt B	-100	40	50	40	30	15
Kreditrückzahlung Vorperiode		-110,00	-87,89	-52,57	-24,72	-5,08
Kreditaufnahme	100,00	79,90	47,79	22,47	4,62	0,00
Entnahmestrom		-9,90	-9,90	-9,90	-9,90	-9,90
Endvermögen						0,00

Vorteihaftigkeit: nach a) Projekt A, nach b), c) und d) Projekt B

A 10 Vollständige Finanzpläne der Projekte:

	0	1	2	3	4
CF Projekt A	-200	220			
Erlös Anlage Vorperiode		-	242,00	266,20	292,82
Anlage		-220,00	-242,00	-266,20	-
Endvermögen					292,82
CF Projekt B	-200	10	20	30	300
Erlös Anlage Vorperiode		-	11,00	34,10	70,51
Anlage		-10,00	-31,00	-64,10	-
Endvermögen					370,51
CF Projekt C	-200	160	90	40	
Erlös Anlage Vorperiode		-	176,00	292,60	365,86
Anlage		-160,00	-266,00	-332,60	-
Endvermögen					365,86

Vorteilhaftigkeit B > C > A

	Projekt A	Projekt B	Projekt C	Vorteilhaftigkeit
KW	0,00	53,06	49,89	B > C > A
KW-Annuität über die Projektdauer	0,00	16,74	20,06	C > B > A
IZF	10,0 %	17,3 %	27,6 %	C > B > A

Annahme von KMA nach Ablauf der Projekte → Entscheidung nach Finanzplan am sichersten, Kapitalwertkriterium führt zum gleichen Ergebnis, da einheitliche Anfangsinvestition und einheitlicher Kapitalmarktzins

Annahme identischer Ersatz nach Ablauf der Projekte → KW-Annuität, IZF und Amortisationsdauer nicht geeignet

A 11 Endvermögen von Alternative A:

Periode	0	1	2	3
CF Alternative A	-1.000	500	500	500
Erlös Anlage Vorperiode		-	520,00	1.060,80
Anlage		-500,00	-1.020,00	-
Endvermögen				1.560,80

Investor 1 entscheidet für Alternative B (1.570 > 1.560,80)

Uniformer Entnahmestrom von Alternative B:

	0	1	2	3
CF Alternative B	-1.000	0	0	1.570
Kreditrückzahlung Vorperiode		-	1,1a	2,31a
Kreditaufnahme		a	2,1a	-
Entnahmestrom		-a	-a	-a
Endvermögen				1.570-3,31a = 0

→ a = 474,32

Investor 2 entscheidet für Alternative A (500 > 474,32)

A 12 Vollständige Finanzpläne für die Projekte:

Periode	0	1	2	3	4	5
CF **Projekt A**	-800,000	100,000	-300,000	300,000	500,000	550,000
Tilgung Kredit X Vorperiode		-540,000	-475,200	-540,000	-540,000	-101,532
Aufnahme Kredit X	500,000	440,000	500,000	500,000	94,011	-
Tilgung Kredit Y Vorperiode		-	-	-308,224	-54,011	-
Aufnahme Kredit Y		-	275,200	48,224	-	-
EK-Einsatz/Endvermögen	300,000					448,468
CF **Projekt B**	-100	200	200	-300	0	0
Erlös aus Anlage Vorperiode		220,000	462,000	728,200	471,020	518,122
Anlage	-200,000	-420,000	-662,000	-428,200	-471,020	-
EK-Einsatz/Endvermögen	300,000					518,122
CF **Projekt C**	-600	-200	-100	350	850	0
Tilgung Kredit X Vorperiode		-324,000	-540,000	-540,000	-407,058	-
Aufnahme Kredit X	300,000	500,000	500,000	376,906	-	-
Tilgung Kredit Y Vorperiode		-	-26,880	-186,906	-	-
Aufnahme Kredit Y	-	24,000	166,880	-	-	-
Erlös aus Anlage Vorperiode	-	-	-	-	-	487,236
Anlage	-	-	-	-	-442,942	
EK-Einsatz/Endvermögen	300,000					487,236

Variante nur Kapitalmarktanlage ergibt ein Endvermögen von $300 \cdot 1{,}1^5 = 483{,}153$

Vorteilhaftigkeit: B > C > KMA > A

A 13

Projekt	KW	Platz	IZF	Platz	KWR	Platz
A	47,96	6	15,88	6	0,23980	6
B	47,61	7	17,32	4	0,47613	2
C	91,43	5	22,33	3	0,22858	7
D	140,41	3	15,94	5	0,40116	3
E	273,68	1	28,96	2	0,34210	4
F	0,19	8	9,67	8	0,00389	8
G	131,00	4	64,40	1	0,52404	1
H	150,03	2	13,75	7	0,25005	5
Vorzug	E + A		G + C + B + A + F		G+B+D+A+F+50 KMA	

b) Zielfunktion für das Investitionsprogramm muß bei den geforderten Randbedingungen der maximale Kapitalwert des Programmes sein. Dem entspricht eine Anlage des zur Verfügung stehenden Kapitals nach der Kapitalwertrate. Das Investitionsprogramm nach KWR hat mit 367,19 TDM den höchsten Kapitalwert.

A 14

Projekt	IZF	Platz	KW	Platz	KWR	Platz	KWR'	Platz
A	0		-33,21		-0,208		-0,0655	
B	12,5	1	22,24	2	0,044	3	0,0179	1
C	4,59		-27,57		-0,153		-0,0352	
D	12,41	2	15,9	3	0,106	1	0,0173	2
E	11,81	3	26,79	1	0,067	2	0,0126	3

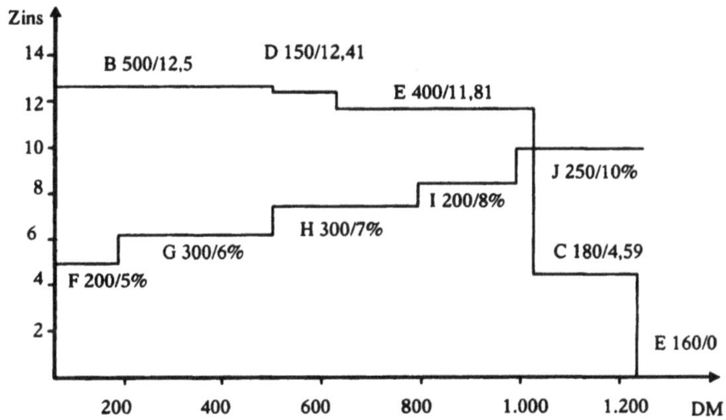

A 15 Eingrenzung auf Basis der internen Zinsfüße der Projekte:

Projekt	A	B	C	D	F
IZF in % p.a.	18,6	19,9	11,5	2,6	0

Projekte D und F werden ausgegrenzt (IZF unter 8 % p.a.), es verbleiben 8 Kombinationen aus A, B und C; jeweils ergänzt um E und KMA

Zukunftserfolgswerte der über t = 5 hinausgehenden Zahlungen:

Projekt	A	B	C	E
Restnutzungsdauer	3 a	0 a	1 a	3 a
Zukunftserfolgswert	24,9	0	10,9	9,9

Aufstellen vollständiger Finanzpläne für alle 8 verbliebenen Kombinationen

(1) Projekte A, E und KMA

Periode	0	1	2	3	4	5
CF Projekt A	-40,0	10,0	10,0	10,0	10,0	10 +24,9
CF Projekt E			-20,0	4,0	4,0	4 + 9,9
Erlös aus Anlage Vorperiode		66,0	50,1	11,1	-	-
Anlage	-60,0	-46,0	-10,1	-	-	-
Tilgung Kredit(e) Vorperiode					-5,4	-23,8
Aufnahme Kredit(e)				4,9	21,4	-
Entnahmestrom		-30,0	-30,0	-30,0	-30,0	-30,0
EK-Einsatz / Endvermögen	100,0					-5,0

(2) Projekte A, B, E und KMA

Periode	0	1	2	3	4	5
CF Projekt A	-40,0	10,0	10,0	10,0	10,0	10 +24,9
CF Projekt B	-30,0	10,0	10,0	10,0	10,0	10,0
CF Projekt E			-20,0	4,0	4,0	4 + 9,9
Erlös aus Anlage Vorperiode		33,0	25,1	-	-	-
Anlage	-30,0	-23,0	-	-	-	-
Tilgung Kredit Vorperiode				-5,4	-12,6	-20,6
Aufnahme Kredit			4,9	-11,4	-18,6	-
Entnahmestrom		-30,0	-30,0	-30,0	-30,0	-30,0
EK-Einsatz / Endvermögen	100,0					8,2

(3) Projekte A, C, E und KMA → Endvermögen = -3,0

(4) Projekte A, B, C, E und KMA → Endvermögen = 7,8

(5) Projekte B, E und KMA → Endvermögen = -14,0

(6) Projekte B, C, E und KMA → Endvermögen = -10,0

(7) Projekte C, E und KMA → Endvermögen = -23,1

(8) Projekt E und KMA → Endvermögen = -27,3

→ das höchste Endvermögen liefert das Programm A + B + E + KMA mit 8,2 (t_5)

A 16 Vollständige Finanzpläne für die Projekte:

Periode	0	1	2	3	4	5
CF **Projekt A**	-3.000	500	-500	1.000	1.500	1.900
Tilgung Kredit X Vorperiode		-1.650	-1.650			
Aufnahme X Kredit	1.500	1.500	1.500			
Tilgung Kredit Y Vorperiode		-560	-347			
Aufnahme Y Kredit	500	310	***1117***			
Entnahmestrom		-100	-120			
EK-Einsatz / Endvermögen	1.000		Abbruch wegen Überschreitung des Kreditlimits			

Periode	0	1	2	3	4	5
CF **Projekt B**	-1.500	400	450	500	500	-
Tilgung Kredit X Vorperiode		-550	-275	-	-	-
Aufnahme X Kredit	500	250	-	-	-	-
Erlös aus Anlage Vorperiode		-	-	59	453	867
Anlage		-	-55	-419	-803	-
Entnahmestrom		-100	-120	-140	-150	-160
EK-Einsatz / Endvermögen	1.000					707

Periode	0	1	2	3	4	5
CF **Projekt C**	-3.200	700	1.000	1.100	900	400
Tilgung Kredit X Vorperiode		-1.650	-1.650	-1.258	-328	-
Aufnahme X Kredit	1.500	1.500	1.144	298	-	-
Tilgung Kredit Y Vorperiode		-784	-374	-	-	-
Aufnahme Y Kredit	700	334	-	-	-	-
Erlös aus Anlage Vorperiode		-	-	-	-	455
Anlage		-	-	-	-422	-
Entnahmestrom		-100	-120	-140	-150	-160
EK-Einsatz / Endvermögen	1.000					695

Reine Kapitalmarktanlage liefert ein Endvermögen von 697 TDM

→ Reihenfolge B > KMA > C, A nicht realisierbar

A 17 a) Berechnung der optimalen ND des 2. Gliedes nach dem maximalen Kapitalwert

$$KW_{2.\,Glied}(n_2) = \sum_{i=1}^{n_2} \frac{C_i}{q^i} + \frac{L_{n_2}}{q^{n_2}} - I_0 \quad \rightarrow \quad Max$$

Berechnung der optimalen ND des 1. Gliedes nach dem maximalen Kapitalwert der Investitionskette

$$KW_{Kette}(n_1) = KW_{1.\,Glied}(n_1) + KW_{Max\,2.\,Glied} \cdot q^{-n_1} \quad \rightarrow \quad Max$$

Berechnung der optimalen ND des 1. Gliedes nach dem zeitlichen Grenzgewinn

$$C_i - (L_{i-1} - L_i) - (L_{i-1} \cdot \frac{p}{100}) - KW_{Max\,2.\,Glied} \cdot \frac{p}{100} \geq 0$$

Periode	1	2	3	4
KW 2. Glied	91	223	231	203
KW 2.Glied abgezinst	210	191	173	158
KW einmaliger Ersatz	301	414	404	361
Grenzgewinn 1. Glied	100	160	10	-40
Grenzgewinn - Zins auf KW 2. Glied	77	137	-13	-63

optimale Nutzungsdauer des 1. Gliedes 2 Jahre und für die Kette 5 Jahre

b) Berechnung der optimalen ND nach dem Kriterium der minimalen Aufwandsannuität

$$b(n) = KW(n) \cdot \frac{q^n \cdot (q-1)}{q^n - 1}$$

Periode	1	2	3	4
Kapitalwert KW(n)	-1.273	-2.380	-3.500	-4.551
Annuität b(n)	-1.400	-1.371	-1.407	-1.436

optimale Nutzungsdauer 2 Jahre

A 18 a) Ermittlung des Zahlungsstrommodells für Q = 2.000 ME/a, Berechnung des Kapitalwertes unter Beachtung der Liquidationskosten

b) Berechnung von Kapitalwert und Kapitalwertannuität über die jeweilige Nutzungsdauer

	0	1	2	3	4	5	6	7	8	9
Restwert	39.000	30.000	23.000	18.000	14.000	10.000	6.000	2.000	0	0
		-1.000	-1.000	-1.000	-1.000	-1.000	-1.000	-1.000	-1.000	-1.000
KW		-3.545	-3.463	-1.359	895	2.882	4.632	5.555	6.208	6.675
KWA		-3.900	-1.995	-547	282	760	1.063	1.141	1.164	1.159

optimale ND ohne Ersatz 9 Jahre (= maximale ND)

optimale ND mit unendlichem Ersatz 8 Jahre

c) Berechnung analog

optimale ND ohne Ersatz 5 Jahre (KW = 13.630)

optimale ND mit unendlichem Ersatz 4 Jahre (KWA = 3.625)

A 19 a) Berechnung der optimalen Nutzungsdauer der Ersatzanlage nach dem Kriterium der minimalen Aufwandsannuität (siehe A 17 b)

Periode	1	2	3	4	5
Kapitalwert	-77.273	-122.727	-169.684	-210.665	-252.577
Aufwandsannuität b_{neu}	-85.000	-70.714	-68.233	-66.459	-66.629

optimale Nutzungsdauer der Ersatzanlage 4 Jahre

Berechnung des Ausgabenzuwachses (der Grenzausgaben) der alten Anlage

$$A_i + (L_{i-1} - L_i) + (L_{i-1} \cdot \frac{p}{100}) \leq b_{neu}$$

Periode	4	5	6
Grenzausgaben	62.500	50.000	70.000

optimaler Ersatzzeitpunkt ist das Ende des 5. Nutzungsjahres

b) keine Veränderung der optimalen ND der Ersatzanlage, optimale Aufwandsannuität der Ersatzanlage durch Faktor 1,2 dividieren und dann Vergleich mit Grenzausgaben der alten Anlage → sofortiger Ersatz (55.383 < 62.500)

A 20 a) Berechnung der Kapitalwerte für die verschiedenen Verkaufszeitpunkte (Kalkulationszeitpunkt 1997)

Jahr	1997	1998	1999	2000	2001	2002
Verkaufserlös	1.750	2.000	2.100	2.400	2.800	3.000
Lagerkosten		-100	-100	-100	-100	-100
Kapitalwert	1.750	1.792	1.686	1.748	1.871	1.821

Sorte A im Jahr 2001 verkaufen

b) Berechnung der zeitlichen Grenzgewinne bei Lagerung um ein weiteres Jahr, diese müssen größer sein als die Zinsen auf den Kapitalwert der Alternative Kauf der Sorte B

$$Erlös_t - Erlös_{t-1} - Lagerkosten - Erlös_{t-1} \cdot \frac{p}{100} > KW_{Sorte\,B} \cdot \frac{p}{100}$$

$$KW_{Sorte\,B} \cdot \frac{p}{100} = \left(-1.500 + \frac{1.800-1.500-100}{0,06}\right) \cdot 0,06 = 110$$

Jahr	1998	1999	2000	2001	2002
Grenzgewinn A	45	-120	74	156	-68

→ Sorte A sofort verkaufen und Sorte B einlagern

c) analoge Berechnung mit 15 % p.a., Sorte A sofort verkaufen, Sorte B nicht einlagern, da negativer Kapitalwert

A 21 a) $b_{neu} = \left(I - \frac{L}{q^n}\right) \cdot \frac{q^n \cdot (q-1)}{q^n - 1} + \varnothing$ Betriebskosten

$$b_{neu} = \left(50.000 - \frac{5.000}{1,61051}\right) \cdot 0,263797 + 20.000 = 32.371 \text{ DM/a}$$

b) Berechnung des Ausgabenzuwachses (der Grenzausgaben) des alten LKW

$$A_i + (L_{i-1} - L_i) + (L_{i-1} \cdot \frac{p}{100}) \leq b_{neu}$$

Periode	1	2	3
Grenzausgaben	35.000	27.200	27.800
∅ Kosten	35.000	31.100	30.000

alten LKW reparieren und noch 3 Jahre nutzen

A 22 Berechnung der optimalen ND ohne und mit Generalreparatur für die jeweilige Ersatzvorstellung (ohne Ersatz → Optimierung nach Kapitalwert, mit unendlichem Ersatz → Optimierung nach Kapitalwertannuität)
anschließend Vergleich der optimierten Varianten anhand des KW bzw. der KWA und Auswahl der Variante mit dem jeweils höheren Wert

ohne GR:

Nutzungsdauer	1	2	3	4
KW (ohne Ersatz)	181,82	363,64	468,82	496,14
KWA (unendl. Ersatz)	200,00	209,52	188,52	156,52

mit GR verändertes Zahlungsstrommodell:

Periode/ Nutzungsdauer	0	1	2	3	4	5
C_i	-1.000	500	*275*	500	450	400
R_i		800	750	600	400	200
KW (ohne Ersatz)		181,82	301,65	508,26	638,04	737,38
KWA (unendl. Ersatz)		200,00	173,81	204,38	201,28	194,52

a) Generalreparatur durchführen, optimale ND 5 Jahre

b) Generalreparatur nicht durchführen, optimale ND 2 Jahre

A 23 a) Zahlungsstrommodell:

Periode	0	1	2	3	4	5	6	7
CF ohne IH-Kosten	-2.000	700	700	700	700	700	700	700
IH-Kosten			-100	-200	-300	-400	-500	-600
CF	-2.000	700	600	500	400	300	200	100
Restwert		1.600	1.280	1.024	819	655	524	419

b) Berechnung der vollständigen Finanzpläne für alle möglichen Nutzungsdauern, dabei Einbeziehung der geplanten Entnahmen und der Restwerterlöse, alle Finanzpläne müssen bis t = 7 berechnet werden (Zielfunktion Endvermögen im 7. Jahr), nach Ende der Nutzungsdauer jeweils Kapitalmarktanlagen einbeziehen

Beispiel vollständiger Finanzplan für ND = 4 Jahre:

Periode	0	1	2	3	4	5	6	7
CF aus Investition	-2.000	700	600	500	1.219	0	0	0
Tilgung Kredit Vorperiode		-896	-264	-	-	-	-	-
Aufnahme Kredit	800	236	-	-	-	-	-	-
Erlös aus Anlage Vorperiode		-	-	316	831	2.151	2.258	2.374
Anlage		-	-296	-776	-2.010	-2.111	-2.218	-
Entnahmestrom		-40	-40	-40	-40	-40	-40	-40
EK-Einsatz / Endvermögen	1.200							2.334

Zusammenfassung der berechneten Endvermögenswerte:

Nutzungsdauer Investition	0	1	2	3	4	5	6	7
Endvermögen in t = 7	1.581	1.761	1.980	2.182	2.334	2.424	2.449	2.407

→ optimale ND 6 Jahre

c) Berechnung der Kapitalwerte für jede Nutzungsdauer, die ND mit dem höchsten Kapitalwert führt auch zum höchsten Endvermögen

Nutzungsdauer Investition	0	1	2	3	4	5	6	7
Kapitalwert	0	91	190	277	341	374	376	347

→ optimale ND 6 Jahre

d) Zeitlicher Grenzgewinn als Barwert = $KW_3 - KW_2 = 87{,}15$

Zeitlicher Grenzgewinn bezogen auf Periode 3:

$G'_3 = CF_3 - (RW_3 - RW_2) - RW_2 \cdot \frac{p}{100} = 116$

beachte: $\frac{116}{1{,}1^3} = 87{,}15$

Aussage: Vermögenszuwachs durch Verlängerung der ND von 2 auf 3 Jahre

e) Berechnung der Kapitalwertannuitäten für jede Nutzungsdauer, die ND mit der höchsten Kapitalwertannuität ist optimal

Nutzungsdauer Investition	0	1	2	3	4	5	6	7
Kapitalwertannuität	0	100	110	111	107	99	86	71

→ optimale ND 3 Jahre

A 24 a) Berechnung von Kapitalwert ohne Ersatz, Kapitalwert der Kette bei einmaligem Ersatz und Kapitalwertannuität bei unendlichem Ersatz

Nutzungsdauer	1	2	3	4	5	6
KW(n)	0	198.347	235.913	249.573	243.364	242.235
$\frac{KW_{max\ 2.\ Glied}}{q^n}$	226.885	206.259	187.508	170.462	154.965	140.877
$KW(n)_{Kette}$	226.885	404.606	423.421	420.035	398.329	383.112
KWA(n)	0	114.286	94.864	78.733	64.199	55.619

Optimale ND der Ersatzalternative ohne Ersatz 4 Jahre

mit einmaligem Ersatz 3 Jahre

mit unendlichem Ersatz 2 Jahre

b) Aufstellung des Zahlungsstrommodelles für die generalreparierte Anlage

Vergleich der zeitlichen Grenzgewinne bei Verlängerung der Nutzungsdauer der alten Anlage mit den Zinsen auf den Kapitalwert der Ersatzanlage (hier wegen unendlichem Ersatz gleich der Kapitalwertannuität)

Periode/ND	0	1	2	3
CF alte Anlage	-100.000	300.000	100.000	0
RW alte Anlage		50.000	0	0
Restwertverzicht		50.000	50.000	50.000
Zinsverzicht		10.000	5.000	5.000
Grenzgewinn		240.000	45.000	-55.000

GR durchführen, 1 Jahr weiternutzen, dann Ersatz (da 240.000 > 114.286 und 45.000 < 114.286)

A 25 a) **Aufstellung des Zahlungsstrommodelles für die Ersatzanlage, Optimierung der Nutzungsdauer nach der Kapitalwertannuität**

Nutzungsdauer	1	2	3
Kapitalwertannuität	0	66.667	49.547

b) **Berechnung des Kapitalwertes der Investitionskette für die Varianten keine GR, GR mit einem oder zwei Jahren Weiternutzung der alten Anlage,**

die Variante mit dem höchsten Kapitalwert ist die optimale

Zahlungsstrommodell für alte Anlage mit GR:

	0	1	2
CF	-70.000	300.000	100.000
RW		60.000	0
Kapitalwert		148.182	176.281

Kapitalwerte der Investitionsketten:

Variante	Kapitalwert	
keine GR	$= 50.000 + 66.667 \cdot 0{,}1$	$= 716.667$
GR, 1 Jahr weiternutzen	$= 148.182 + \frac{66.667 \cdot 0{,}1}{1{,}1}$	$= 754.242$
GR, 2 Jahre weiternutzen	$= 176.281 + \frac{66.667 \cdot 0{,}1}{1{,}1^2}$	$= 727.245$

→ GR durchführen und alte Anlage nach 1 Jahr ersetzen

d) **Verlängerung der ND der alten Anlage, da Kapitalwert der Anschlußalternative sinkt**

A 26 **Aufstellung Zahlungsstrommodell und Produktionsmengen-Zeit-Profil, Berechnung der finanzmathematischen Durchschnittskosten für jede Nutzungsdauer unter Einbeziehung der Restwerterlöse**

Periode/Nutzungsdauer	0	1	2	3	4	5
Leistung		551.880	521.220	398.580	367.920	262.800
Auszahlung	1.000.000	977.820	941.830	797.799	798.672	696.760
Restwerterlös		650.000	350.000	200.000	100.000	50.000
Barwert der Auszahlungen		1.888.927	2.667.299	3.266.697	3.812.201	4.244.834
Barwert des Restwerterlöses		590.909	289.256	150.263	68.301	31.046
Differenz		1.298.018	2.378.043	3.116.434	3.743.900	4.213.788
Barwert der Mengen		501.709	932.469	1.231.928	1.483.223	1.646.401
FMK		2,59	2,55	2,53	2,52	2,56

→ optimale ND 4 Jahre, durchschnittliche Stückkosten 2,52 DM/ME

A 27 **Aufstellung vollständiger Finanzpläne unter Einbeziehung der Ertragssteuer**

Finanzplan für Projekt A

Periode	0	1	2	3
CF Projekt A	-800	500	300	200
AfA		-500,00	-250,00	-250,00
Zinsertrag/-kosten		12,00	42,36	60,13
steuerlicher Gewinn		12,00	92,36	10,13
Steuerzahlung		-6,00	-46,18	-5,07
Erlös aus Anlage Vorperiode		212,00	748,36	1.062,31
Kapitalanlage	200,00	706,00	1.002,18	-
EK-Einsatz/Endvermögen	1.000,00			1.257,25

Finanzplan für Projekt B

Periode	0	1	2	3
CF Projekt B	-1.400	500	1.300	0
AfA		-700,00	-700,00	
Zinsertrag/-kosten		-40,00	10,80	71,12
steuerlicher Gewinn		-240,00	610,80	71,12
Steuerzahlung		120,00	-305,40	-35,56
Tilgung Kredit Vorperiode		-440,00	0,00	0,00
Kreditaufnahme	400,00	-	-	-
Erlös aus Anlage Vorperiode	-	0,00	190,80	1.256,52
Kapitalanlage	-	180,00	1.185,40	-
EK-Einsatz	1.000,00			1.220,96

Endvermögen Variante nur Kapitalanlage: $1.200 \cdot 1{,}03^3 = 1.092{,}73$

→ optimale Variante ist Projekt A

A 28 Ermittlung der Zahlungsreihen nach Steuer für die verschiedenen Abschreibungsalternative, daraus Berechnung des internen Zinsfußes und des Vermögensendwertes (Zahlungsreihe mit 5 % auf t = 8 aufzinsen)

Periode	0	1	2	3	4	5	6	7	8
CF vor Steuer	-100,0	25,0	25,0	25,0	25,0	25,0	25,0	25,0	25,0
lineare Abschr.		12,50	12,50	12,50	12,50	12,50	12,50	12,50	12,50
CF nach Steuer	-100,0	18,75	18,75	18,75	18,75	18,75	18,75	18,75	18,75
degressive Abschr.		30,00	21,00	14,70	10,29	7,20	5,60	5,60	5,60
CF nach Steuer	-100,0	27,50	23,00	19,85	17,65	16,10	15,30	15,30	15,30
Sonderabschr.		62,50	12,50	12,50	12,50	0,00	0,00	0,00	0,00
CF nach Steuer	-100,00	43,75	18,75	18,75	18,75	12,50	12,50	12,50	12,50

Abschreibungsvariante	linear	degressiv	Sonder
interner Zinsfuß	10,01 %	11,42 %	13,27 %
Vermögensendwert	179,05	183,18	187,29

Vorzugsvariante ist Sonderabschreibung

A 29 Ermittlung des Zahlungsstrommodells nach Steuern, Berechnung des Kapitalwertes mit korrigiertem Zins

korrigierter Zins: $p' = p \cdot (1\text{-}s) = 12\,\% \cdot 0{,}4 = 4{,}8\,\%$

Periode	0	1	2	3	4
CF vor Steuer	-5.000	2.500	2.500	1.500	1.500
Abschreibung		1250	1.250	1.250	1.250
Steuerzahlung		-750	-750	-150	-150
CF nach Steuer	-5.000	1.750	1.750	1.350	1.350

KW = 555,23

A 30 Ermittlung der Zahlungsströme nach Finanzierung und Steuer aus Sicht des Eigenkapitalgebers, dazu Aufstellung des Tilgungsplanes (Zinszahlung ermitteln) und Berechnung der Steuerzahlung in Abhängigkeit von der Abschreibungsvariante, durch Aufzinsen der Zahlungsüberschüsse der Perioden 1 bis 5 auf den Zeitpunkt t = 5 mit einem Zins von 5 % p.a. (= 10 % p.a. · 0,5) Berechnung des Vermögensendwertes

Berechnung Cash-flow nach Finanzierung vor Steuerzahlung:

Periode	0	1	2	3	4	5
CF Brutto	-50.000	20.000	20.000	20.000	20.000	20.000
Kredit	40.000	-12.077	-12.077	-12.077	-12.077	-
CF Netto vor St.	-10.000	7.923	7.923	7.923	7.923	20.000

Berechnung Tilgungsplan:

Periode	0	1	2	3	4	5
Zahlung Kredit	40.000	-12.077	-12.077	-12.077	-12.077	-
davon Zins		3.200	2.490	1.723	895	-
davon Tilgung		8.877	9.587	10.354	11.182	-
Restschuld		31.123	21.536	11.182	-	-

a) Berechnung Cash-flow nach Finanzierung und nach Steuer bei linearer Abschreibung:

Periode	0	1	2	3	4	5
CF Brutto	-50.000	20.000	20.000	20.000	20.000	20.000
Zinsen		-3.200	-2.490	-1.723	-895	0
Abschreibung		-10.000	-10.000	-10.000	-10.000	-10.000
Gewinn vor St.		6.800	7.510	8.277	9.105	10.000
Steuerzahlung		-3.400	-3.755	-4.139	-4.553	-5.000
CF Netto nach St.	-10.000	4.523	4.168	3.785	3.370	15.000

VEW = 33.035 DM

b) Berechnung Cash-flow nach Finanzierung und nach Steuer bei Sonderabschreibung:

Periode	0	1	2	3	4	5
CF Brutto	-50.000	20.000	20.000	20.000	20.000	20.000
Zinsen		-3.200	-2.490	-1.723	-895	-
Abschreibung		-25.000	-12.500	-12.500	-	-
Gewinn vor St.		-8.200	5.010	5.777	19.105	20.000
Steuerzahlung		4.100	-2.505	-2.889	-9.553	-10.000
CF Netto nach St.	-10.000	12.023	5.418	5.035	-1.630	10.000

VEW = 34.726 DM

c) VEW würden sinken, da Kreditzins kleiner als Anlagezins (Leverage-Effekt)

A 31 a) Ermittlung des Zahlungsstrommodells, Berechnung des Kapitalwertes (ohne Beachtung von Steuern)

Periode	0	1	2	3	4	5
Cash-flow	-1.000.000	480.000	350.000	220.000	90.000	-40.000
Restwerterlös		700.000	490.000	343.000	240.100	168.070
Kapitalwert		72.727	130.579	148.610	116.372	31.902

optimal ist eine ND von 3 Jahren

b) Berechnung des vollständigen Finanzplanes unter Beachtung der Finanzierungs- und Steuerauszahlungen

Periode	0	1	2	3	4	5
Cash-flow	-1.000.000	480.000	350.000	220.000	90.000	-40.000
AfA		-300.000	-210.000	-147.000	-102.900	-72.030
Zinsen		-160.000	-110.400	-74.432	-51.027	-39.677
Gewinn v. St.		20.000	29.600	-1.432	-63.927	-151.707
Steuerzahlung		-10.000	-14.800	716	31.963	75.853
CF nach Steuer		470.000	335.200	220.716	121.963	35.853
Tilgung Kredit Vorperiode		-1.160.000	-800.400	-539.632	-369.943	-287.656
Kreditaufnahme (Restschuld)	1.000.000	690.000	465.200	318.916	247.979	251.803
möglicher Restwerterlös		700.000	490.000	343.000	240.100	168.070
EV bei Abbruch		10.000	24.800	24.084	-7.879	-83.733

→ bei Beibehaltung der ursprünglichen Konzeption ist Rückzahlung des Kredites am Ende des 5. Jahres nicht möglich, Abbruch des Projektes nach 2. Jahr, da dann Endvermögen maximal

A 32 a) Berechnung der Kapitalwerte der einzelnen Akteure mit deren individuellem Zinssatz, KW für Verkäufer Mindestpreis, für Käufer Höchstpreis

	Zins	KW
Verkäufer	10,0 %	15,4
Käufer A	8,0 %	12,1
Käufer B	9,0 %	48,6
Käufer C	10,0 %	18,9
Käufer D	8,0 %	26,4

b) Berechnung des Kapitalwertes unter Einbeziehung der neu vorliegenden Informationen:

$KW = 48{,}6 - 30 - 3 \cdot DSF(9\%|6a) = 48{,}6 - 30 - 3 \cdot 4{,}48592 = 5{,}1$

Kapitalwert immer noch positiv → Projekt ist wirtschaftlich vorteilhaft

c) Berechnung des Zukunftserfolgswertes der noch ausstehenden Zahlungen (Investitionssumme und Kaufpreis sind nicht entscheidungsrelevant)

$ZEW = (100 - 3) \cdot DSF(10\%|6a) = 97 \cdot 4{,}35526 = 422{,}5$ Mio DM

Ein Käufer müßte über 422,5 Mio DM bieten.

A 33 a) Berechnung des Mindestpreises über die finanzmathematischen Durchschnittskosten für das Produkt unter Einbeziehung des Restwerterlöses und des Kapitalwertes des Betriebes A ($KW_{\text{Betrieb B}}$ muß mindestens $KW_{\text{Betrieb A}}$ betragen)

Kapitalwert Betrieb A: 114,29 TDM ($I_0 = 750$ TDM)

Zahlungsstrommodell Auszahlungen für Betrieb B:

Periode	0	1	2	3	4	5	6
Auszahlungsstrom	-600	-260	-300	-400	-300	-300	-250

Barwert der Auszahlungen: 1.917 TDM

Barwert der Absatzmengen: 45.491 ME

$$FMK = \frac{(1.917 + 114) \cdot 1.000}{45.491} = 44{,}65 \text{ DM/ME}$$

→ Mindestpreis von 44,65 DM/ME sichert Kapitalwert von 114 TDM für Betrieb B

b) Berechnung Summenbarwert der Rückflüsse für Betrieb B mit Preis 45 DM/ME (es gehen alle Zahlungen außer der Investitionssumme ein), Investitionssumme darf maximal auf Summenbarwert der Rückflüsse - Kapitalwertforderung steigen

Periode	0	1	2	3	4	5	6
Cash-flow		100	150	275	150	150	200

Summenbarwert der Rückflüsse: 730 TDM

max. zulässige Investitionssumme: 730 - 114 = 616 TDM

c) Berechnung des Kapitalwertes der Alternativanlage, Ermittlung der Differenz zum ursprünglichen Kapitalwert, umrechnen der Kapitalwertdifferenz in Annuität über Nutzungsdauer, Quotient $\frac{\Delta\,KWA}{\Delta\,Staub}$ gibt maximal zulässigen Vermeidungsaufwand bei Basisvariante an

Kapitalwert Alternative: 49 TDM

Kapitalwertverminderung (Δ KW): 130 - 49 = 81 TDM

Kapitalwertannuitätverminderung (Δ KWA): 81 · KWF(10 %|6a) = 18,6 TDM/a

maximal zulässiger Vermeidungsaufwand: $\frac{18{,}6 \cdot 1.000}{100} = 186$ DM/t

A 34 a) Berechnung des Kapitalwertes aus der Zahlungsreihe mit 6 % p.a.

Kapitalwert$_S$ = 2.144 TDM = Höchstpreis von R

b) Berechnung des Kapitalwertes aus der unendlichen Rente mit 5 % p.a.

Kapitalwert$_R$ = $\frac{75\,TDM}{0{,}05}$ 1.500 TDM = Mindestpreis von S

Einigungsmöglichkeit besteht, da Mindestpreis von S kleiner als Höchstpreis von R

c) Berechnung der Kapitalwerte aus den Zahlungsreihen mit 6 % p.a.

$KW_{Malzwasser}$ = 41 TDM $KW_{Sternpils}$ = 39 TDM

Sternpils-Brauerei senkt den Höchstpreis für die Hopfenbräu-Brauerei um deren Kapitalwert, da beide Investitionen sich gegenseitig ausschließen, Malzwasser-Brauerei sollte in jedem Fall erworben werden

A 35 a) Aufstellung des Zahlungsstrommodelles, Berechnung des Kapitalwertes mit 8 % p.a.

Periode	0	1	2	3	4
Cash-flow in TDM	-80.000	22.500	33.000	39.000	21.000

Kapitalwert = 15.521 TDM

b) Aufstellung des Zahlungsstrommodelles unter Beachtung der neuen Bedingungen, erneute Berechnung des Kapitalwertes mit 8 % p.a.

Periode	0	1	2	3	4
Cash-flow in TDM	-80.000	17.500	27.000	36.500	31.000

Kapitalwert = 11.113 TDM

Zusatzauftrag lohnt nicht, da Kapitalwert gesunken

c) Berechnung der finanzmathematischen Durchschnittskosten unter Beachtung des Restwerterlöses und eines mindestens zu erzielenden Kapitalwertes von 15.521 TDM

Auszahlungen (incl. Abzug Restwerterlös) und Produktionsmengen:

Periode	0	1	2	3	4
Auszahlg. in TDM	80.000	170.000	198.000	226.000	194.000
Q in Tsd. ME/a		250	300	350	300

Barwert der Auszahlungen = 729.162 TDM
Barwert der Mengen = 987 Tsd. ME
finanzmathematischen Durchschnittskosten:

$$FMK = \frac{729.162 + 15.521}{987} = 754{,}47 \text{ DM/ME}$$

Mindestpreis ist 754,47 DM/ME

d) Bestimmung der Vorteilhaftigkeit der Varianten Zusatzauftrag von B oder sofortige Liquidation, dazu Berechnung des Zukunftserfolgswertes für den Zusatzauftrag

Zahlungsströme Zusatzauftrag:

Periode	0	1	2	3	4
Cash-flow in TDM		10.000	10.000	10.000	20.000

Zukunftserfolgswert = 43.709 TDM (bezogen auf t=1)
Zusatzauftrag ist der sofortigen Liquidation in jedem Falle vorzuziehen, da der Zukunftserfolgswert größer ist (43.709 TDM > 30.000 TDM)
→ damit Umbau vorteilhaft ist, muß diese Alternative mindestens einen Kapitalwert (Zukunftserfolgswert) von 43.709 TDM erzielen

Auszahlungen (incl. Abzug Restwerterlös) und Produktionsmengen bei Umbau:

Periode	0	1	2	3	4
Auszahlg. in TDM		20.000	140.000	154.000	170.000
Q in Tsd. ME/a			200	200	200

Barwert der Auszahlungen = 416.611 TDM (bezogen auf t=1)
Barwert der Mengen = 572,258 Tsd. ME (bezogen auf t=1)
finanzmathematischen Durchschnittskosten:

$$FMK = \frac{416.611 + 43.709}{572{,}258} = 804{,}40 \text{ DM/ME}$$

Mindestpreis ist 804,40 DM/ME

A 36 a) Vergleich anhand der finanzmathematischen Durchschnittskosten

Auszahlungen und Produktionsmengen:

Periode	0	1	2	3	4	5	6
Variante 1:							
Auszahlg. in TDM	-400	50	50	50	50		
Q in. ME/a		1.000	1.000	1.000	1.000		
Variante 2:							
Auszahlg. in TDM	-600	38,4	38,4	38,4	38,4	38,4	38,4
Q in. ME/a		960	960	960	960	960	960

	Variante 1	Variante 2
Barwert der Auszahlungen	558.493	767.242
Barwert der Mengen	3.170	4.181
FMK	176,19	183,50

Variante 1 ist kostengünstiger, Mindestpreis = 176,19 DM/Stück

b) Zahlungsströme der Varianten:

Periode	2	3	4
Verkauf in TDM	150	0	0
Weiterführung in TDM		80	80

$\text{Zukunftserfolgswert}_{\text{Weiterführung}}$ = 139 TDM < 150 TDM → Verkaufen!

c) Zahlungsstrom:

Periode	2	3	4	5
Cash-flow in TDM	-150	100	100	150

$\text{Kapitalwert}_{\text{Umbau}}$ = 136 TDM < 150 TDM → Verkaufen!

A 37 Berechnung des der Investition zurechenbaren Einsparungsbetrages B

- Lohnkosteneinsparung
  2 APL × 2,5 AK/APL × 60 TDM/AK/a = 300 TDM/a
- Materialkosteneinsparung
  0,5 l/ME × 20 DM/l × 10.000 ME/Monat × 12 Monate/a = 1.200 TDM/a
- zusätzliche Deckungsbeiträge
  2.000 ME/Monat × 12 Monate/a × 110 DM/ME = 2.640 TDM/a
- abzüglich zusätzlicher Instandhaltungskosten
  $-0,2 \times I_0$ = $-(0,2 \times I_0)$ TDM/a

B = 4.140 TDM/a - 0,2 I_0

Berechnung des zulässigen Investitionsaufwandes

$$I_{lim} = (4.140 - 0,2\ I_{lim}) \cdot DSF(10\ \%|5a)$$

$$I_{lim} = \frac{4.140 \cdot DSF}{1 + 0,2 \cdot DSF} \qquad DSF(10\ \%|5a) = 3,790787$$

$$I_{lim} = 8.926\ TDM$$

A 38 a) Bestimmung der nächstbesten Alternative nach dem Kapitalwert, Berechnung des Mindestpreises über die finanzmathematischen Durchschnittskosten für das Produkt unter Einbeziehung des Restwerterlöses und des Kapitalwertes der nächstbesten Alternative

Kapitalwert Festgeldanlage: 0 TDM

Kapitalwert Immobilienfond: $-800 + \frac{100}{0,1} = 200$ TDM

→ beste Alternative ist Immobilienfond, Sachinvestition muß mindestens Kapitalwert von 200 TDM erzielen

Zahlungsstrommodell Auszahlungen Sachinvestition:

Periode	0	1	2	3	4	5	6
Menge in ME/a		8.000	10.000	15.000	10.000	10.000	10.000
Auszahlungsstrom in TDM	1.000	600	700	950	700	700	650

Barwert der Auszahlungen: 4.117 TDM

Barwert der Absatzmengen: 45.491 ME

$$\text{FMK} = \frac{(4.117 + 200) \cdot 1.000}{45.491} = 94{,}91 \text{ DM/ME}$$

→ Mindestpreis von 94,91 DM/ME sichert Kapitalwert von 200 TDM für die Sachinvestition

b) Berechnung Summenbarwert der Rückflüsse für Betrieb B mit Preis 110 DM/ME (es gehen alle Zahlungen außer der Investitionssumme ein), Investitionssumme darf maximal auf Summenbarwert der Rückflüsse - Kapitalwertforderung steigen

Periode	0	1	2	3	4	5	6
Cash-flow		280	400	700	400	400	450

Summenbarwert der Rückflüsse: 1.887 TDM

max. zulässige Investitionssumme: 1.887 - 200 = 1.687 TDM

c) Berechnung des Kapitalwertes der Alternativanlage, Ermittlung der Differenz zum ursprünglichen Kapitalwert, Quotient $\frac{\Delta \text{KW}}{\Delta \text{Fläche}}$ gibt maximal zulässigen Entschädigungsaufwand bei Basisvariante an

Kapitalwert Alternative: 366 TDM

Kapitalwertverminderung (Δ KW): (1.887 - 1.000) - 366 = 521 TDM

maximal zulässiger Entschädigungsaufwand: $\frac{521 \cdot 1.000 \text{ DM}}{1000 \text{ m}^2} = 521 \text{ DM/m}^2$

A 39 Bewertung nach Opportunitätskostenkonzept, Basisvariante ist die Variante mit den geringsten Kosten (Variante B)

Ermittlung der Spielräume nach dem Quotienten $\frac{\Delta \text{Kostenbarwert}}{\Delta \text{Umsiedlungen}}$

Variante	Δ Barwert der Kosten	Δ Umsiedlungen	$\frac{\Delta \text{Kostenbarwert}}{\Delta \text{Umsiedlungen}}$
A	500 Mio DM	800	625 TDM/Person
C	300 Mio DM	300	1.000 TDM/Person

A 40 a) Berechnung des der Rationalisierung zurechenbaren Einsparungsbetrages B

- zusätzliche Deckungsbeiträge

$\Delta DB = (8.760\ h/a \cdot 0{,}5 \cdot Q_{e\,neu} - 8.760\ h/a \cdot 0{,}5 \cdot 100\ ME/h) \cdot (5 - 2 - (1 + \frac{100}{100}) \cdot 0{,}25)\ DM/ME$

$\Delta DB = (10.950 \cdot Q_{e\,neu} - 1.095.000)\ DM/a$

- Energiekosteneinsparung

$\Delta EK = 8.760\ h/a \cdot 0{,}5 \cdot Q_{e\,neu} \cdot ((1 + \frac{100}{100}) \cdot 0{,}25 - (1 + \frac{100}{Q_{e\,neu}}) \cdot 0{,}25)\ DM/ME$

$\Delta EK = (1.095 \cdot Q_{e\,neu} - 109.500)\ DM/a$

- Gesamteinsparung

$B = (12.045 \cdot Q_{e\,neu} - 1.204.500)\ DM/a$

Berechnung des zulässigen Investitionsaufwandes

$I_{max} = (12.045 \cdot Q_e - 1.204.500) \cdot DSF(4a|10\ \%)$

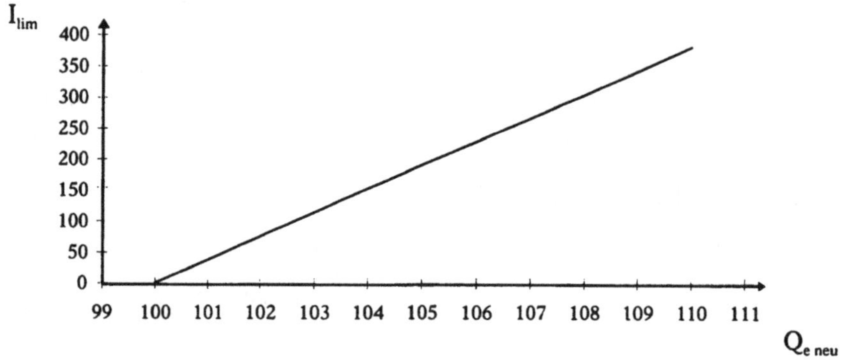

b) bei steigender Nutzungsdauer steigt auch I_{max}

bei steigendem Zins sinkt I_{max}

c) Berechnung von I_{max} durch Einsetzen in Formel aus a), Differenz $I_{max} - I_{eff}$ gibt den Kapitalwert der Rationalisierung an

KW der RI vor Preisänderung = 182 TDM → RI ist wirtschaftlich

mit Preisänderung: Überprüfung, ob unter den veränderten Bedingungen überhaupt noch positive Cash-flows in den Nutzungsperioden erwirtschaftet werden

$CF_{ohne\,RI} = 8.760\ h/a \cdot 0{,}5 \cdot 100 \cdot (4{,}50 - 2{,}50 - (1 + \frac{100}{100}) \cdot 0{,}25)\ DM/ME - 800.000\ DM/a$

$CF_{ohne\,RI} = -143\ TDM/a$

$CF_{mit\,RI} = 8.760\ h/a \cdot 0{,}5 \cdot 11 \cdot (4{,}50 - 2{,}50 - (1 + \frac{100}{110}) \cdot 0{,}25)\ DM/ME - 800.000\ DM/a$

$CF_{mit\,RI} = -66 DM/a$

→ Produktion ist insgesamt nicht wirtschaftlich

d) zurechenbare Cash-flows erhöhen sich um jeweils 150 TDM/a
Berechnung der Kapitalwerte der Varianten mit und ohne RI unter Beachtung des Restwerterlöses

$KW = -I_0 + CF \cdot DSF(4a|10\ \%) + R/1{,}1^4$

$KW_{ohne\ RI} = 7 \cdot 3{,}17 = 22{,}19$ TDM

$KW_{mit\ RI} = -200 + 84\ 3{,}17 + 30/1{,}1^4 = 86{,}77$ TDM

→ RI durchführen

e) Mindestpreis ist der Kapitalwert der besten Alternative (86,77 TDM)

A 41 Herstellung der Vergleichbarkeit der Varianten durch Verschiebung der Zahlungsströme, einheitlicher Produktionsbeginn ist das 7. Jahr, Berechnung der Barwerte der Investitionsaufwände bezogen auf das 1. Jahr mit den verschiedenen Zinssätzen

Barwerte der Investitionsaufwände:

Zins	5%	10%	15%
Var. 1	344,32	285,52	239,22
Var. 2	339,18	284,17	240,85
Var. 3	334,46	297,26	266,52

A 42 Vergleich durch Berechnung der Barwerte der Aufwendungen, dabei Ansatz verschiedener Nutzungsdauern

$$A_0 = \sum_{i=1}^{10} \frac{A_i}{q^i} + wh \cdot \frac{q'^n - 1}{q'^n \cdot (q'-1)} \cdot q^{-10} \qquad \text{wobei } q' = \frac{q}{1{,}02}$$

wh - Wasserhaltungskosten ab 11. Jahr
q - Zinsfaktor
q' - korrigierter Zinsfaktor

Barwerte der Aufwendungen in Mio DM

Zins	Wasser-haltungs-dauer	20 a	40 a	60 a	80 a	100 a
5%	Var. 1	165,76	169,00	169,81	170,02	170,07
5%	Var. 2	130,88	138,98	141,01	141,52	141,65
5%	Var. 3	131,37	137,84	139,47	139,88	139,98
5%	Var. 4	155,07	166,40	169,25	169,96	170,14
10%	Var. 1	137,64	138,20	138,25	138,26	138,26
10%	Var. 2	94,10	95,51	95,65	95,67	95,67
10%	Var. 3	93,66	94,78	94,89	94,90	94,91
10%	Var. 4	102,97	104,94	105,14	105,15	105,16
15%	Var. 1	118,17	118,28	118,28	118,28	118,28
15%	Var. 2	72,94	73,22	73,23	73,23	73,23
15%	Var. 3	71,46	71,68	71,69	71,69	71,69
15%	Var. 4	74,41	74,80	74,82	74,82	74,82

A 43 1. Berechnung des Volumens zu bewegender Erdmassen V

$V = 40.000 \text{ m} \cdot 9 \text{ m} \cdot 0{,}5 \text{ m}^3/\text{m}^2 = 180.000 \text{ m}^3$

2. Berechnung der Betriebszeit, Präsenzzeit und Objektrealisierungszeit

Varianten:	3 × 75 kW,	1-Schicht	→ V 1
	3 × 75 kW,	2-Schicht	→ V 2
	2 × 130 kW,	1-Schicht	→ V 3
	2 × 130 kW,	2-Schicht	→ V 4
	2 × 170 kW,	1-Schicht	→ V 5
	2 × 170 kW,	2-Schicht	→ V 6

- Berechnung der Betriebszeit BZ

$$BZ = \frac{\text{Volumen Erdmasse (V)}}{\text{Stundenleistung } (Q_e)}$$

V 1 und V 2: $BZ = 180.000 \text{ m}^3 : 60 \text{ m}^3/\text{h} = 3.000 \text{ h}$

V 3 und V 4: $BZ = 180.000 \text{ m}^3 : 120 \text{ m}^3/\text{h} = 1.500 \text{ h}$

V 5 und V 6: $BZ = 180.000 \text{ m}^3 : 150 \text{ m}^3/\text{h} = 1.200 \text{ h}$

- Berechnung der Präsenzzeit PZ_{erf}

$$PZ_{erf} = \frac{\text{Betriebszeit (BZ)}}{\text{Präsenzzeitauslastung } (\eta_T)}$$

V 1: PZ_{erf} = 3.000 : 0,75 = 4.000 h
V 2: PZ_{erf} = 3.000 : 0,65 = 4.615 h
V 3: PZ_{erf} = 1.500 : 0,75 = 2.000 h
V 4: PZ_{erf} = 1.500 : 0,65 = 2.308 h
V 5: PZ_{erf} = 1.200 : 0,75 = 1.600 h
V 6: PZ_{erf} = 1.200 : 0,65 = 1.846 h

- Berechnung der Objektrealisierungszeit ORZ

$$\text{ORZ[Jahre]} = \frac{\text{erforderl. Präsenzzeit } (PZ_{erf})}{\text{Anzahl der Raupen} \cdot \text{verfügbare PZ einer Raupe [h / a]}}$$

V 1: 4.000 h : 3 : 2.000 = 0,667 a = 8,0 Monate
V 2: 4.615 h : 3 : 4.000 = 0,385 a = 4,6 Monate
V 3: 2.000 h : 2 : 2.000 = 0,500 a = 6,0 Monate
V 4: 2.308 h : 2 : 4.000 = 0,289 a = 3,5 Monate
V 5: 1.600 h : 2 : 2.000 = 0,400 a = 4,8 Monate
V 6: 1.846 h : 2 : 4.000 = 0,231 a = 2,8 Monate

→ V1 und V 3 nicht im Zeitlimit (5 Monate)

3. Kostenkalkulation

Vorhaltekosten VK = Vorhaltekostensatz · Präsenzzeit
Energiekosten EK = spezif. Energieverbr. · Betriebszeit · Energiepreis · 1,25
Personalkosten PK = Anz. Arb.-plätze · Schichtfaktor · Personalko.-normativ
Schichtfaktor SF = Präsenzzeit : Arbeitszeitfond

	VKS	VK	e	EK	SF	PK	Summe	Gesamtkosten = Summe · 1,3
	DM/h PZ	DM	l/h BZ	DM	AN/APL	DM	DM	DM
V 2	35	161.538	9	38.813	2,5	173.077	373.428	485.456
V 4	59	136.154	17	36.656	2,5	100.962	273.772	355.903
V 5	128	204.800	22	37.950	1,25	70.000	312.750	406.575
V 6	84	155.077	22	37.950	2,5	80.769	273.796	355.935

A 44 1. Zeitfonds- und Leistungsberechnungen

verfügbare Präsenzzeit PZ = $(365 - 11 - 2 \cdot \frac{365}{7}) \cdot 8 \cdot 2 = 3.995$ h/a

Betriebszeit BZ = $3.995 \cdot 0{,}70 = 2.797$ h/a

effektiver Arbeitszeitfond AZF = $40 \cdot \frac{365}{7} - (30 + 20 + 11) \cdot 8 = 1.598$ h/Ana

Schichtfaktor SF = $\frac{3.995}{2.797} = 2{,}50$ AK/APL

Ladeleistung Radlader = $(36{,}5 \text{ lm}^3/\text{LKW} \cdot \frac{60 \text{ min/h}}{5 \text{ min/LKW}}) : 1{,}6 \text{ lm}^3/\text{fm}^3 = 273{,}75 \text{ fm}^3/\text{h}$

Förderleistung des Systems = 273,75 fm³/h · 2.797 h/a = 765.624 fm³/a

Anzahl erforderlicher LKW = $\frac{18,5 \text{ min/LKW}}{5 \text{ min/LKW}}$ = 3,7 → 4 LKW erforderlich

2. Kostenkalkulation

Gerät	Radlader	1 LKW
Kapitaldienst		
Abschreibungssatz (mit Berücks. Schichtz.) [%/a]	31,25	31,25
Abschreibungsbetrag [DM/a]	448.438	406.250
kalkulatorische Zinsen [DM/a]	60.988	55.250
Kapitaldienst [DM/a]	509.425	461.500
Personalkosten		
Anzahl zu besetzender Arbeitsplätze	1,00	1,00
Anzahl notwendiger Arbeitskräfte	2,50	2,50
Personalkosten [DM/a]	157.545	157.545
Energiekosten		
spezifischer Dieselkraftstoffverbrauch [l/h]	100,00	85,00
Energiekosten [DM/a]	251.712	213.955
Instandhaltungskosten und Reifen		
spezifische Kosten [DM/h]	85,49	73,99
Instandhaltungskosten [DM/a]	239.126	206.963
Zwischensumme	1.157.808	1.039.963
Sonstige Kosten [DM/a]	115.781	103.996
Gesamtkosten [DM/a]	1.273.589	1.143.960

Gesamtkosten des Systems = 1.273.589 + 4 · 1.143.960 = 5.849.429 DM/a

spezifische Gesamtkosten des Systems = $\frac{5.849.429 \text{ DM/a}}{765.624 \text{ fm}^3\text{/a}}$ = 7,64 DM/fm³

A 45 a) EW(KW) = 232,50,
δ = 64,02
δ' = 27,54 %

b)

	EW (KW)	δ
Experte 1	425	53,6
Experte 2	405	44,4

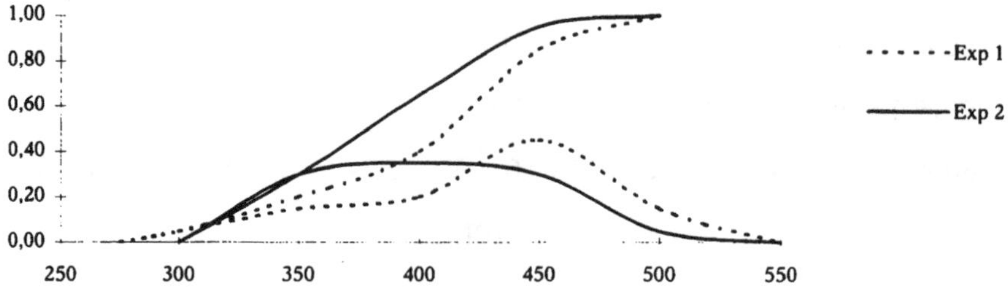

A 46 1. Berechnung des Erwartungswertes der Bestimmungsgrößen

allgemein: $EW = \sum_j \text{Gewicht}_j \cdot \sum_i \text{Wahrscheinlichkeit}_{ij} \cdot \text{Schätzwert}_{ij}$

Bsp. für Investitionen:

$$
\begin{aligned}
EW(I) &= 0{,}3 \cdot (0 \qquad\qquad + 0{,}2 \cdot 2.500 + 0{,}4 \cdot 3.000 + 0{,}3 \cdot 3.500 + 0{,}1 \cdot 4000) \\
&+ 0{,}3 \cdot (0{,}1 \cdot 2.000 + 0{,}3 \cdot 2.500 + 0{,}2 \cdot 3.000 + 0{,}2 \cdot 3.500 + 0{,}2 \cdot 4000) \\
&+ 0{,}4 \cdot (0{,}1 \cdot 2.000 + 0{,}1 \cdot 2.500 + 0{,}2 \cdot 3.000 + 0{,}4 \cdot 3.500 + 0{,}2 \cdot 4000) \\
&= 3.160
\end{aligned}
$$

Erwartungswerte:

Investitionen:	3.160 Mio. DM
Absatzmengen:	79.600 ME/a
Absatzpreis:	19.515 DM/ME
Betriebskosten:	10.910 DM/ME

daraus Erwartungswert des Kapitalwertes mit Zins = 12 % p.a.

$KW = -I_0 + (e - k_v) \cdot Q \cdot DSF + L_n \cdot q^{-n}$

EW(KW): 774.560 TDM

2. Berechnung der Extremwerte durch Berechnung des Kapitalwertes mit den jeweils günstigsten (→ maximaler KW) bzw. ungünstigsten (→ minimaler KW) Werten aus den Schätzgrößen

Günstigste Werte:

Investitionen:	2.000 Mio. DM
Absatzmengen:	100.000 ME/a
Absatzpreis:	21.000 DM/ME
Betriebskosten:	10.000 DM/ME

daraus Betrag des Kapitalwertes mit Zins = 10 % p.a.

KW_{Max}: 4.836.132 TDM

Ungünstigste Werte:

Investitionen:	4.000 Mio. DM
Absatzmengen:	60.000 ME/a
Absatzpreis:	18.000 DM/ME
Betriebskosten:	12.000 DM/ME

daraus Betrag des Kapitalwertes mit Zins = 12 % p.a.

EW_{Min}: -1.901.525 TDM

A 47 a) Berechnung der prozentualen Veränderung (Sensibilität) des Kapitalwertes bei einer um ±10 % des Erwartungswertes geänderten Einflußgröße:

	Investition	var. Kosten	Preis	Absatzmenge	Zins
+ 10 %	-40,80%	-63,35%	113,32%	49,97%	-24,46%
- 10 %	40,80%	63,35%	-113,32%	-49,97%	26,48%
Rang	4	2	1	3	5

b) Investition stark risikoempfindlich (resultiert aus dem vergleichsweise geringem Niveau des Kapitalwertes), besonders Absatzpreis und variable Kosten sind näherer Betrachtung und Prognose zu unterziehen

c) $KW = -I_0 + (e - k_v) \cdot Q \cdot DSF + L_n \cdot q^{-n} = 0$

mittels Einsetzen der Erwartungswerte der übrigen Einflußgrößen Berechnung des mindestens zu erzielenden Stückdeckungsbeitrages $db_{min} = (e - k_v)$, daraus Ableitung von Mindestpreis bzw. maximalen variablen Stückkosten

db_{min} = 6.883 DM/Stück

→ $Preis_{min}$ = 17.793 DM/Stück　　　var. $Kosten_{max}$ = 12.632 DM/Stück

A 48 Lösung mittels Vollenumeration

Wertetabelle (nach Sortierung nach KW)

k_v	p	db	$w(k_v)$	w(p)	KW	w(KW) = w (k_v) · w(p)	Σ w(KW)	1-Σ w(KW)
7,20	9,70	2,50	0,30	0,25	-78.315	0,07500	0,075	0,925
7,00	9,70	2,70	0,55	0,25	44.576	0,13750	0,213	0,788
7,20	10,00	2,80	0,30	0,60	106.022	0,18000	0,393	0,608
6,80	9,70	2,90	0,15	0,25	167.468	0,03750	0,430	0,570
7,00	10,00	3,00	0,55	0,60	228.913	0,33000	0,760	0,240
7,20	10,30	3,10	0,30	0,15	290.359	0,04500	0,805	0,195
6,80	10,00	3,20	0,15	0,60	351.805	0,09000	0,895	0,105
7,00	10,30	3,30	0,55	0,15	413.250	0,08250	0,978	0,023
6,80	10,30	3,50	0,15	0,15	536.142	0,02250	1,000	0,000

Risiko-Chancen-Profil

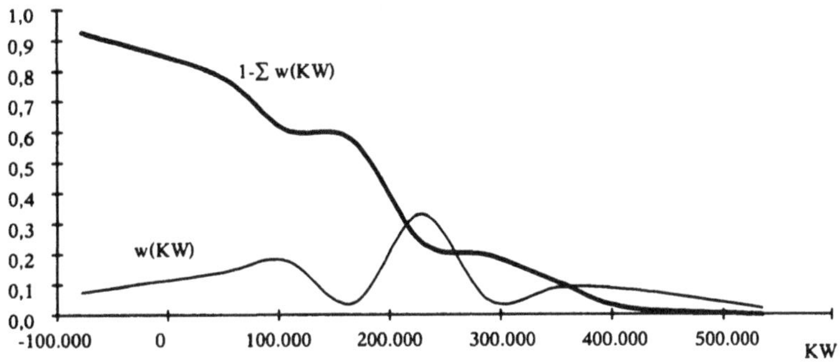

KW ≥ 100 TDM mit p ≈ 62 %

A 49 Entscheidungsbaum:

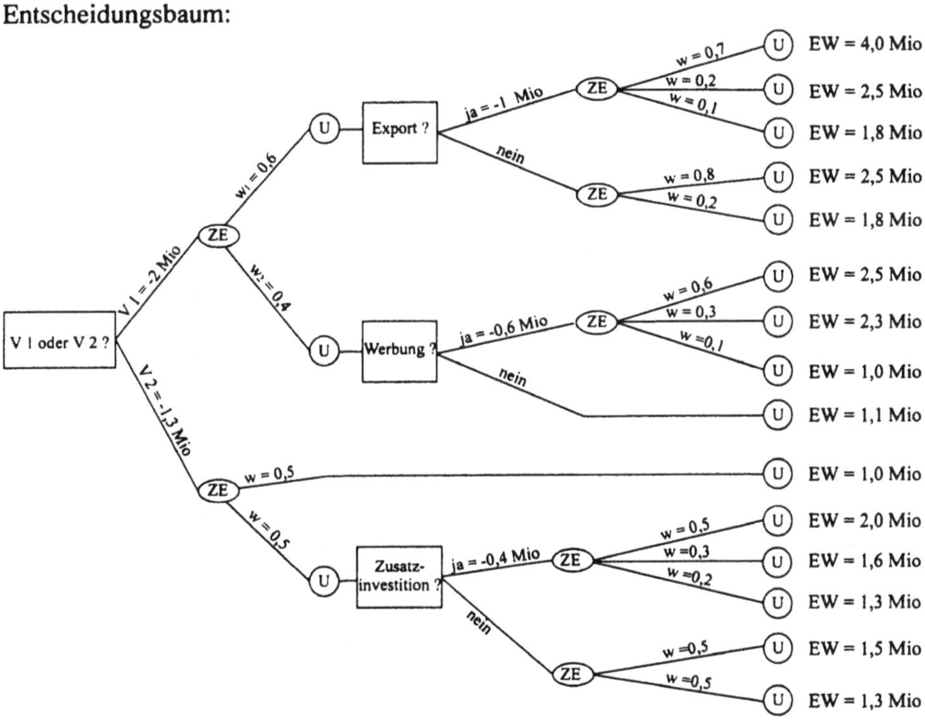

$KW_{V1} = 122$ TDM $\quad$ $KW_{V2} = 100$ TDM $\quad$ → V1 wählen

A 50 Entscheidungsbaum:

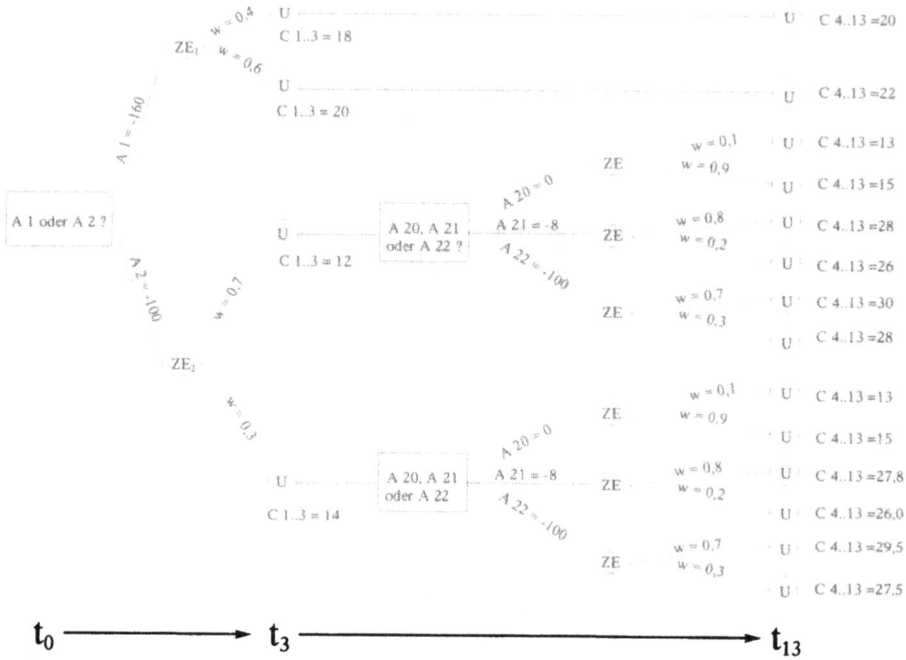

KW $_{A1}$ = -5,11 KW $_{A2}$ = 8,86 → A 2 wählen

A 51 Berechnung der korrigierten Zinsfaktoren, differenziert nach den Einflußgrößen

allgemein: $q' = \frac{q}{1+\frac{f_v}{100}}$ für Berücksichtigung von Mengen- und Preisänderungen

und $q' = q \cdot \left(1+\frac{f_{DM}}{100}\right)$ für Berücksichtigung von Inflation

a) ohne Tendenzfaktoren	q	DSF	TDM
Anfangsinvest.			2.200,00
Barwert der Erlöse	1,10	7,60608	10.648,51
Barwert der Materialkosten	1,10	7,60608	4.563,65
Barwert der Lohnkosten	1,10	7,60608	3.803,04
Kapitalwert			81,82

b) mit Mengenänderungen	f_{Menge}	$q'=q/f_{Menge}$	DSF	TDM
Anfangsinvest.				2.200,00
Barwert der Erlöse	1,000	1,100000	7,60608	10.648,51
Barwert der Materialkosten	0,985	1,116751	6,93069	4.158,42
Barwert der Lohnkosten	0,990	1,111111	7,14698	3.573,49
Kapitalwert				716,61

$f_{DM} = 1{,}02$

c) mit allen TF und Inflation	f_{Preis}	$q''=q' \cdot f_{DM}/f_{Preis}$	DSF	TDM
Anfangsinvest.				2.200,00
Barwert der Erlöse	1,010	1,110891	7,15564	10.017,89
Barwert der Materialkosten	1,020	1,116751	6,93069	4.158,42
Barwert der Lohnkosten	1,030	1,100324	7,59205	3.796,02
Kapitalwert				-136,55

d) nur bei langlaufenden Projekten, wenn differenzierte Informationen bzgl. der Veränderungsraten vorliegen und unter Beachtung wechselseitiger Abhängigkeiten der Tendenzfaktoren, z.B. im Fall tarifbedingter Lohnkostensteigerung auch Berücksichtigung von Produktivitätsentwicklungen

A 52 Lösungsweg vgl. A 51

Projekt A	ohne Tendenzfaktoren			mit Tendenzfaktoren		
	q	DSF	TDM	q'	DSF	TDM
Anfangsinvestition			2.800,00			2.800,00
Barwert der Erlöse	1,10	6,14457	10.445,76	1,089109	6,44291	10.952,94
Barwert der Materialk.	1,10	6,14457	4.608,43	1,089325	6,43678	4.827,59
Barwert der Lohnkosten	1,10	6,14457	3.072,28	1,084011	6,59037	3.295,18
Kapitalwert			-34,94			30,17

Projekt B	ohne TF und Inflation			mit allen TF und Inflation		
	q	DSF	TDM	q'	DSF	TDM
Anfangsinvestition			1.500,00			1.500,00
Barwert der Erlöse	1,10	6,14457	10.445,76	1,089109	6,44291	10.952,94
Barwert der Materialk.	1,10	6,14457	4.608,43	1,089325	6,43678	4.827,59
Barwert der Lohnkosten	1,10	6,14457	4.301,20	1,084011	6,59037	4.613,26
Kapitalwert			36,14			12,10

ohne Tendenzfaktoren → Projekt B ist vorteilhaft

mit Tendenzfaktoren → Projekt A ist vorteilhaft

A 53 Punktwertermittlung:

Schaufelradbagger		Eimerkettenbagger	
20 Punkte · 1,0	20,0	20 Punkte · 1,4	28,0
6 Punkte · 1,0	6,0	6 Punkte · 1,0	6,0
8 Punkte · 1,2	9,6	8 Punkte · 1,0	8,0
10 Punkte · 1,3	13,0	10 Punkte · 1,0	10,0
7 Punkte · 1,2	8,4	7 Punkte · 1,0	7,0
7 Punkte · 1,0	7,0	7 Punkte · 1,1	7,7
4 Punkte · 1,4	4,8	4 Punkte · 1,0	4,0
12 Punkte · 1,3	15,6	12 Punkte · 1,0	12,0
6 Punkte · 1,6	6,6	6 Punkte · 1,0	6,0
20 Punkte · 1,5	30,0	20 Punkte · 1,0	20,0
Summen	121,0		108,7

→ Entscheidung für Schaufelradbagger

A 54 a) durch zeilenweise Summierung der Matrixwerte Berechnung der absoluten Punktsumme jedes Kriteriums, mittels Division durch gesamte Punktsumme Normierung auf 1

Kriterium	Punktsumme	normierte Punktsumme	Rang
A	6,0	6,59 %	7
B	7,5	8,24 %	5
C	6,0	6,59 %	7
D	2,5	2,75 %	14
E	11,5	12,64 %	1
F	4,0	4,40 %	11
G	4,0	4,40 %	11
H	11,0	12,09 %	2
I	6,5	7,14 %	6
J	9,0	9,89 %	3
K	3,5	3,85 %	13
L	6,0	6,59 %	7
M	8,0	8,79 %	4
N	5,5	6,04 %	10
Summe	91,0	100,00 %	

b) $\text{Nutzwert}_{\text{Var.i}} = \sum_{j=A}^{N} \text{Skalenwert}_{ij} \cdot \text{Gewichtungsfaktor}_j$

Kriterium	Gewichtung [%]	Variante 1		Variante 2		Variante 3	
		Punktwert	gewichtet	Punktwert	gewichtet	Punktwert	gewichtet
A	6,59	1	0,066	6	0,396	3	0,198
B	8,24	3	0,247	3	0,247	4	0,330
C	6,59	2	0,132	5	0,330	3	0,198
D	2,75	2	0,055	3	0,082	5	0,137
E	12,64	4	0,505	2	0,253	4	0,505
F	4,40	5	0,220	1	0,044	4	0,176
G	4,40	8	0,352	1	0,044	1	0,044
H	12,09	2	0,242	5	0,604	3	0,363
I	7,14	3	0,214	6	0,429	1	0,071
J	9,89	3	0,297	3	0,297	4	0,396
K	3,85	5	0,192	2	0,077	3	0,115
L	6,59	1	0,066	6	0,396	3	0,198
M	8,79	7	0,615	2	0,176	1	0,088
N	6,04	4	0,242	3	0,181	3	0,181
Summe	100,00		3,445		3,555		3,000

Rangfolge: Var. 2 > Var. 1 > Var. 3

Finanzmathematische Tabellen für ausgewählte Zinssätze

Zins 6 % p.a. q = 1,06						
n	AUF q^n	ABF q^{-n}	DSF $\frac{q^n-1}{q^n\cdot(q-1)}$	KWF $\frac{q^n\cdot(q-1)}{q^n-1}$	EWSF $\frac{q^n-1}{q-1}$	EWVF $\frac{q-1}{q^n-1}$
1	1,060000	0,943396	0,943396	1,060000	1,000000	1,000000
2	1,123600	0,889996	1,833393	0,545437	2,060000	0,485437
3	1,191016	0,839619	2,673012	0,374110	3,183600	0,314110
4	1,262477	0,792094	3,465106	0,288591	4,374616	0,228591
5	1,338226	0,747258	4,212364	0,237396	5,637093	0,177396
6	1,418519	0,704961	4,917324	0,203363	6,975319	0,143363
7	1,503630	0,665057	5,582381	0,179135	8,393838	0,119135
8	1,593848	0,627412	6,209794	0,161036	9,897468	0,101036
9	1,689479	0,591898	6,801692	0,147022	11,491316	0,087022
10	1,790848	0,558395	7,360087	0,135868	13,180795	0,075868
11	1,898299	0,526788	7,886875	0,126793	14,971643	0,066793
12	2,012196	0,496969	8,383844	0,119277	16,869941	0,059277
13	2,132928	0,468839	8,852683	0,112960	18,882138	0,052960
14	2,260904	0,442301	9,294984	0,107585	21,015066	0,047585
15	2,396558	0,417265	9,712249	0,102963	23,275970	0,042963
16	2,540352	0,393646	10,105895	0,098952	25,672528	0,038952
17	2,692773	0,371364	10,477260	0,095445	28,212880	0,035445
18	2,854339	0,350344	10,827603	0,092357	30,905653	0,032357
19	3,025600	0,330513	11,158116	0,089621	33,759992	0,029621
20	3,207135	0,311805	11,469921	0,087185	36,785591	0,027185
25	4,291871	0,232999	12,783356	0,078227	54,864512	0,018227
30	5,743491	0,174110	13,764831	0,072649	79,058186	0,012649
40	10,285718	0,097222	15,046297	0,066462	154,761966	0,006462
50	18,420154	0,054288	15,761861	0,063444	290,335905	0,003444

Zins 7 % p.a. q = 1,07						
n	AUF q^n	ABF q^{-n}	DSF $\frac{q^n - 1}{q^n \cdot (q-1)}$	KWF $\frac{q^n \cdot (q-1)}{q^n - 1}$	EWSF $\frac{q^n - 1}{q - 1}$	EWVF $\frac{q-1}{q^n - 1}$
1	1,070000	0,934579	0,934579	1,070000	1,000000	1,000000
2	1,144900	0,873439	1,808018	0,553092	2,070000	0,483092
3	1,225043	0,816298	2,624316	0,381052	3,214900	0,311052
4	1,310796	0,762895	3,387211	0,295228	4,439943	0,225228
5	1,402552	0,712986	4,100197	0,243891	5,750739	0,173891
6	1,500730	0,666342	4,766540	0,209796	7,153291	0,139796
7	1,605781	0,622750	5,389289	0,185553	8,654021	0,115553
8	1,718186	0,582009	5,971299	0,167468	10,259803	0,097468
9	1,838459	0,543934	6,515232	0,153486	11,977989	0,083486
10	1,967151	0,508349	7,023582	0,142378	13,816448	0,072378
11	2,104852	0,475093	7,498674	0,133357	15,783599	0,063357
12	2,252192	0,444012	7,942686	0,125902	17,888451	0,055902
13	2,409845	0,414964	8,357651	0,119651	20,140643	0,049651
14	2,578534	0,387817	8,745468	0,114345	22,550488	0,044345
15	2,759032	0,362446	9,107914	0,109795	25,129022	0,039795
16	2,952164	0,338735	9,446649	0,105858	27,888054	0,035858
17	3,158815	0,316574	9,763223	0,102425	30,840217	0,032425
18	3,379932	0,295864	10,059087	0,099413	33,999033	0,029413
19	3,616528	0,276508	10,335595	0,096753	37,378965	0,026753
20	3,869684	0,258419	10,594014	0,094393	40,995492	0,024393
25	5,427433	0,184249	11,653583	0,085811	63,249038	0,015811
30	7,612255	0,131367	12,409041	0,080586	94,460786	0,010586
40	14,974458	0,066780	13,331709	0,075009	199,635112	0,005009
50	29,457025	0,033948	13,800746	0,072460	406,528929	0,002460

Zins 8 % p.a. q = 1,08						
n	AUF q^n	ABF q^{-n}	DSF $\frac{q^n-1}{q^n\cdot(q-1)}$	KWF $\frac{q^n\cdot(q-1)}{q^n-1}$	EWSF $\frac{q^n-1}{q-1}$	EWVF $\frac{q-1}{q^n-1}$
1	1,080000	0,925926	0,925926	1,080000	1,000000	1,000000
2	1,166400	0,857339	1,783265	0,560769	2,080000	0,480769
3	1,259712	0,793832	2,577097	0,388034	3,246400	0,308034
4	1,360489	0,735030	3,312127	0,301921	4,506112	0,221921
5	1,469328	0,680583	3,992710	0,250456	5,866601	0,170456
6	1,586874	0,630170	4,622880	0,216315	7,335929	0,136315
7	1,713824	0,583490	5,206370	0,192072	8,922803	0,112072
8	1,850930	0,540269	5,746639	0,174015	10,636628	0,094015
9	1,999005	0,500249	6,246888	0,160080	12,487558	0,080080
10	2,158925	0,463193	6,710081	0,149029	14,486562	0,069029
11	2,331639	0,428883	7,138964	0,140076	16,645487	0,060076
12	2,518170	0,397114	7,536078	0,132695	18,977126	0,052695
13	2,719624	0,367698	7,903776	0,126522	21,495297	0,046522
14	2,937194	0,340461	8,244237	0,121297	24,214920	0,041297
15	3,172169	0,315242	8,559479	0,116830	27,152114	0,036830
16	3,425943	0,291890	8,851369	0,112977	30,324283	0,032977
17	3,700018	0,270269	9,121638	0,109629	33,750226	0,029629
18	3,996019	0,250249	9,371887	0,106702	37,450244	0,026702
19	4,315701	0,231712	9,603599	0,104128	41,446263	0,024128
20	4,660957	0,214548	9,818147	0,101852	45,761964	0,021852
25	6,848475	0,146018	10,674776	0,093679	73,105940	0,013679
30	10,062657	0,099377	11,257783	0,088827	113,283211	0,008827
40	21,724521	0,046031	11,924613	0,083860	259,056519	0,003860
50	46,901613	0,021321	12,233485	0,081743	573,770156	0,001743

Zins 9 % p.a. q = 1,09						
n	AUF q^n	ABF q^{-n}	DSF $\frac{q^n-1}{q^n\cdot(q-1)}$	KWF $\frac{q^n\cdot(q-1)}{q^n-1}$	EWSF $\frac{q^n-1}{q-1}$	EWVF $\frac{q-1}{q^n-1}$
1	1,090000	0,917431	0,917431	1,090000	1,000000	1,000000
2	1,188100	0,841680	1,759111	0,568469	2,090000	0,478469
3	1,295029	0,772183	2,531295	0,395055	3,278100	0,305055
4	1,411582	0,708425	3,239720	0,308669	4,573129	0,218669
5	1,538624	0,649931	3,889651	0,257092	5,984711	0,167092
6	1,677100	0,596267	4,485919	0,222920	7,523335	0,132920
7	1,828039	0,547034	5,032953	0,198691	9,200435	0,108691
8	1,992563	0,501866	5,534819	0,180674	11,028474	0,090674
9	2,171893	0,460428	5,995247	0,166799	13,021036	0,076799
10	2,367364	0,422411	6,417658	0,155820	15,192930	0,065820
11	2,580426	0,387533	6,805191	0,146947	17,560293	0,056947
12	2,812665	0,355535	7,160725	0,139651	20,140720	0,049651
13	3,065805	0,326179	7,486904	0,133567	22,953385	0,043567
14	3,341727	0,299246	7,786150	0,128433	26,019189	0,038433
15	3,642482	0,274538	8,060688	0,124059	29,360916	0,034059
16	3,970306	0,251870	8,312558	0,120300	33,003399	0,030300
17	4,327633	0,231073	8,543631	0,117046	36,973705	0,027046
18	4,717120	0,211994	8,755625	0,114212	41,301338	0,024212
19	5,141661	0,194490	8,950115	0,111730	46,018458	0,021730
20	5,604411	0,178431	9,128546	0,109546	51,160120	0,019546
25	8,623081	0,115968	9,822580	0,101806	84,700896	0,011806
30	13,267678	0,075371	10,273654	0,097336	136,307539	0,007336
40	31,409420	0,031838	10,757360	0,092960	337,882445	0,002960
50	74,357520	0,013449	10,961683	0,091227	815,083556	0,001227

Zins 10 % p.a. q = 1,10						
n	AUF q^n	ABF q^{-n}	DSF $\frac{q^n-1}{q^n\cdot(q-1)}$	KWF $\frac{q^n\cdot(q-1)}{q^n-1}$	EWSF $\frac{q^n-1}{q-1}$	EWVF $\frac{q-1}{q^n-1}$
1	1,100000	0,909091	0,909091	1,100000	1,000000	1,000000
2	1,210000	0,826446	1,735537	0,576190	2,100000	0,476190
3	1,331000	0,751315	2,486852	0,402115	3,310000	0,302115
4	1,464100	0,683013	3,169865	0,315471	4,641000	0,215471
5	1,610510	0,620921	3,790787	0,263797	6,105100	0,163797
6	1,771561	0,564474	4,355261	0,229607	7,715610	0,129607
7	1,948717	0,513158	4,868419	0,205405	9,487171	0,105405
8	2,143589	0,466507	5,334926	0,187444	11,435888	0,087444
9	2,357948	0,424098	5,759024	0,173641	13,579477	0,073641
10	2,593742	0,385543	6,144567	0,162745	15,937425	0,062745
11	2,853117	0,350494	6,495061	0,153963	18,531167	0,053963
12	3,138428	0,318631	6,813692	0,146763	21,384284	0,046763
13	3,452271	0,289664	7,103356	0,140779	24,522712	0,040779
14	3,797498	0,263331	7,366687	0,135746	27,974983	0,035746
15	4,177248	0,239392	7,606080	0,131474	31,772482	0,031474
16	4,594973	0,217629	7,823709	0,127817	35,949730	0,027817
17	5,054470	0,197845	8,021553	0,124664	40,544703	0,024664
18	5,559917	0,179859	8,201412	0,121930	45,599173	0,021930
19	6,115909	0,163508	8,364920	0,119547	51,159090	0,019547
20	6,727500	0,148644	8,513564	0,117460	57,274999	0,017460
25	10,834706	0,092296	9,077040	0,110168	98,347059	0,010168
30	17,449402	0,057309	9,426914	0,106079	164,494023	0,006079
40	45,259256	0,022095	9,779051	0,102259	442,592556	0,002259
50	117,390853	0,008519	9,914814	0,100859	1.163,90853	0,000859

Zins 12 % p.a. q = 1,12						
n	AUF q^n	ABF q^{-n}	DSF $\frac{q^n-1}{q^n\cdot(q-1)}$	KWF $\frac{q^n\cdot(q-1)}{q^n-1}$	EWSF $\frac{q^n-1}{q-1}$	EWVF $\frac{q-1}{q^n-1}$
1	1,120000	0,892857	0,892857	1,120000	1,000000	1,000000
2	1,254400	0,797194	1,690051	0,591698	2,120000	0,471698
3	1,404928	0,711780	2,401831	0,416349	3,374400	0,296349
4	1,573519	0,635518	3,037349	0,329234	4,779328	0,209234
5	1,762342	0,567427	3,604776	0,277410	6,352847	0,157410
6	1,973823	0,506631	4,111407	0,243226	8,115189	0,123226
7	2,210681	0,452349	4,563757	0,219118	10,089012	0,099118
8	2,475963	0,403883	4,967640	0,201303	12,299693	0,081303
9	2,773079	0,360610	5,328250	0,187679	14,775656	0,067679
10	3,105848	0,321973	5,650223	0,176984	17,548735	0,056984
11	3,478550	0,287476	5,937699	0,168415	20,654583	0,048415
12	3,895976	0,256675	6,194374	0,161437	24,133133	0,041437
13	4,363493	0,229174	6,423548	0,155677	28,029109	0,035677
14	4,887112	0,204620	6,628168	0,150871	32,392602	0,030871
15	5,473566	0,182696	6,810864	0,146824	37,279715	0,026824
16	6,130394	0,163122	6,973986	0,143390	42,753280	0,023390
17	6,866041	0,145644	7,119630	0,140457	48,883674	0,020457
18	7,689966	0,130040	7,249670	0,137937	55,749715	0,017937
19	8,612762	0,116107	7,365777	0,135763	63,439681	0,015763
20	9,646293	0,103667	7,469444	0,133879	72,052442	0,013879
25	17,000064	0,058823	7,843139	0,127500	133,333870	0,007500
30	29,959922	0,033378	8,055184	0,124144	241,332684	0,004144
40	93,050970	0,010747	8,243777	0,121304	767,091420	0,001304
50	289,002190	0,003460	8,304498	0,120417	2.400,01825	0,000417

Zins 15 % p.a. q = 1,15						
n	AUF q^n	ABF q^{-n}	DSF $\frac{q^n-1}{q^n\cdot(q-1)}$	KWF $\frac{q^n\cdot(q-1)}{q^n-1}$	EWSF $\frac{q^n-1}{q-1}$	EWVF $\frac{q-1}{q^n-1}$
1	1,150000	0,869565	0,869565	1,150000	1,000000	1,000000
2	1,322500	0,756144	1,625709	0,615116	2,150000	0,465116
3	1,520875	0,657516	2,283225	0,437977	3,472500	0,287977
4	1,749006	0,571753	2,854978	0,350265	4,993375	0,200265
5	2,011357	0,497177	3,352155	0,298316	6,742381	0,148316
6	2,313061	0,432328	3,784483	0,264237	8,753738	0,114237
7	2,660020	0,375937	4,160420	0,240360	11,066799	0,090360
8	3,059023	0,326902	4,487322	0,222850	13,726819	0,072850
9	3,517876	0,284262	4,771584	0,209574	16,785842	0,059574
10	4,045558	0,247185	5,018769	0,199252	20,303718	0,049252
11	4,652391	0,214943	5,233712	0,191069	24,349276	0,041069
12	5,350250	0,186907	5,420619	0,184481	29,001667	0,034481
13	6,152788	0,162528	5,583147	0,179110	34,351917	0,029110
14	7,075706	0,141329	5,724476	0,174688	40,504705	0,024688
15	8,137062	0,122894	5,847370	0,171017	47,580411	0,021017
16	9,357621	0,106865	5,954235	0,167948	55,717472	0,017948
17	10,761264	0,092926	6,047161	0,165367	65,075093	0,015367
18	12,375454	0,080805	6,127966	0,163186	75,836357	0,013186
19	14,231772	0,070265	6,198231	0,161336	88,211811	0,011336
20	16,366537	0,061100	6,259331	0,159761	102,443583	0,009761
25	32,918953	0,030378	6,464149	0,154699	212,793017	0,004699
30	66,211772	0,015103	6,565980	0,152300	434,745146	0,002300
40	267,863546	0,003733	6,641778	0,150562	1779,09031	0,000562
50	1.083,65744	0,000923	6,660515	0,150139	7217,71628	0,000139

Zins 20 % p.a. q = 1,20						
n	AUF q^n	ABF q^{-n}	DSF $\frac{q^n-1}{q^n\cdot(q-1)}$	KWF $\frac{q^n\cdot(q-1)}{q^n-1}$	EWSF $\frac{q^n-1}{q-1}$	EWVF $\frac{q-1}{q^n-1}$
1	1,200000	0,833333	0,833333	1,200000	1,000000	1,000000
2	1,440000	0,694444	1,527778	0,654545	2,200000	0,454545
3	1,728000	0,578704	2,106481	0,474725	3,640000	0,274725
4	2,073600	0,482253	2,588735	0,386289	5,368000	0,186289
5	2,488320	0,401878	2,990612	0,334380	7,441600	0,134380
6	2,985984	0,334898	3,325510	0,300706	9,929920	0,100706
7	3,583181	0,279082	3,604592	0,277424	12,915904	0,077424
8	4,299817	0,232568	3,837160	0,260609	16,499085	0,060609
9	5,159780	0,193807	4,030967	0,248079	20,798902	0,048079
10	6,191736	0,161506	4,192472	0,238523	25,958682	0,038523
11	7,430084	0,134588	4,327060	0,231104	32,150419	0,031104
12	8,916100	0,112157	4,439217	0,225265	39,580502	0,025265
13	10,699321	0,093464	4,532681	0,220620	48,496603	0,020620
14	12,839185	0,077887	4,610567	0,216893	59,195923	0,016893
15	15,407022	0,064905	4,675473	0,213882	72,035108	0,013882
16	18,488426	0,054088	4,729561	0,211436	87,442129	0,011436
17	22,186111	0,045073	4,774634	0,209440	105,930555	0,009440
18	26,623333	0,037561	4,812195	0,207805	128,116666	0,007805
19	31,948000	0,031301	4,843496	0,206462	154,740000	0,006462
20	38,337600	0,026084	4,869580	0,205357	186,688000	0,005357
25	95,396217	0,010483	4,947587	0,202119	471,981083	0,002119
30	237,376314	0,004213	4,978936	0,200846	1.181,88157	0,000846
40	1.469,77157	0,000680	4,996598	0,200136	7.343,85784	0,000136
50	9.100,43815	0,000110	4,999451	0,200022	45.497,1908	0,000022

Literaturverzeichnis

Busse von Colbe, Walther; Laßmann, Gert: Betriebswirtschaftstheorie, Band 3 Investitionstheorie. Springer Verlag, Berlin Heidelberg 1990

Haase, Bernd-Uwe: Inhaltlich-methodische Grundlagen der Vorauskalkulation des Aufwandes bei der Vorbereitung von Tagebauinvestitionen. Dissertation, Bergakademie Freiberg, Freiberg 1985

Hering, Thomas: Investitionstheorie aus der Sicht des Zinses. Deutscher Universitäts Verlag, Wiesbanden 1995

Hax, Herbert: Investitionstheorie. Physica-Verlag, Heidelberg 1993

Kling, Siegfried: Abschreibungen und Investitionsverhalten. Verlag Peter Lang, Frankfurt am Main 1992

Köhler, Harald: Finanzmathematik. Carl Hanser Verlag, München Wien 1992

Kruschwitz, Lutz: Investitionsrechnung. Verlag Walter de Gruyter, Berlin New York 1992

Lorenz, Steffen: Wirtschaftlicher Erneuerungszyklus von Tagebaugroßgeräten. Dissertation, Bergakademie Freiberg, Freiberg 1986

Seicht, Gerhard: Investition und Finanzierung. Linde Verlag, Wien 1992

Slaby, Dieter u.a.: Lehrbriefreihe Grundfondsökonomie (Heft 1 bis 10). WIZ der Bergakademie Freiberg, Freiberg 1979/1982

Slaby, Dieter; Haase, Bernd-Uwe; Lorenz, Steffen: Probleme der Kostenvorkalkulation in frühen Stadien der Vorbereitung von Tagebauinvestitionen. Zeitschrift Neue Bergbautechnik, 14. Jg. (1984) Heft 12, S. 455-459

Slaby, Dieter: Grundzüge einer entscheidungsorientierten Betriebswirtschaft im Gewinnungsbergbau und Sanierung. GDMB Informationsgesellschaft, Clausthal-Zellerfeld 1994

Slaby, Dieter; Krasselt, René: Industriebetriebslehre - Anlagenwirtschaft. R. Oldenbourg Verlag, München 1997

Stolzenburg, Holger: Methodische Grundlagen der Vorauskalkulation des Aufwandes für neue Verfahren der Kohleveredlung. Dissertation, Bergakademie Freiberg, Freiberg 1988

Swoboda, Peter: Investition und Finanzierung. Verlag Vandenhoeck u. Ruprecht, Göttingen 1992

Zimmermann, Helga: Ökonomische Analyse technologischer Prozesse als Grundlage der Ableitung von Rationalisierungsschwerpunkten. Dissertation, Bergakademie Freiberg 1984

Stichwortverzeichnis

www.ingramcontent.com/pod-product-compliance
Lightning Source LLC
LaVergne TN
LVHW060624300926
849162LV00008B/1708